KUNST begrijpen

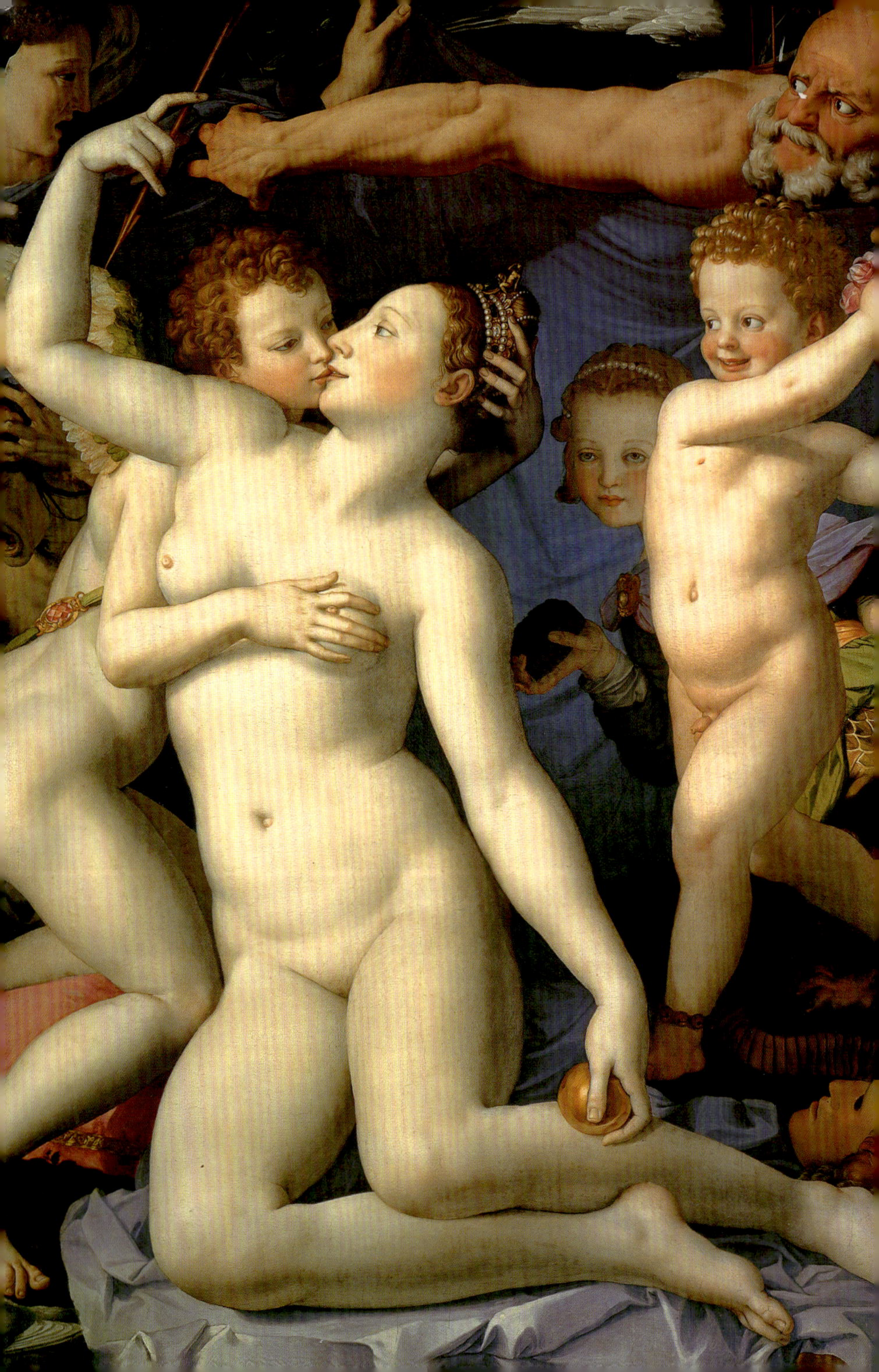

KUNST begrijpen

Inzicht krijgen in de belangrijkste kunststromingen

STEPHEN LITTLE

Librero

Inhoud

RENAISSANCE

Renaissance
12

Internationale gotiek
16

Classicisme
18

Secularisme
20

Monumentalisme
24

Humanisme
26

Idealisme
28

Perspectivisme
30

Illusionisme
34

Naturalisme
36

Maniërisme
38

BAROK & ROCOCO

Barok
42

Allegorisme
46

Barok-classicisme
48

Piëtisme
50

Sektarisme
52

Gesturalisme
54

Emotionalisme
56

Caravaggisme
58

Absolutisme
60

Rococo
62

Academisme
64

Neoclassicisme
66

DE 19E EEUW

19e eeuw
70

Romantiek
72

Oriëntalisme
74

Mediëvalisme
76

Prerafaëlisme
78

Realisme
80

Materialisme
82

Impressionisme
84

Neo-impressionism
86

Secessionisme
88

Estheticisme
90

Symbolisme
92

Postimpressionism
94

MODERNISME

Modernisme
98

Fauvisme
100

Primitivisme
102

Expressionisme
104

Kubisme
106

Futurisme
108

Dadaïsme
110

Suprematisme
112

Constructivisme
Russisch en internationaal
114

Neoplasticisme
116

Surrealisme
118

Spatialisme
120

Abstract expressionisme
122

Sociaal-realisme
126

POSTMODERNISME

Postmodernisme
130

Conceptualisme
132

Neoconceptualisme
134

Neo-expressionisme
136

Minimalisme
138

Sensationalisme
140

Digitalisme
142

Activisme
144

Superflat
146

Internationalisme
148

BIJLAGEN

Inleiding
6

Hoe gebruikt u dit boek?
8

Lijst van kunstenaars
152

Lijst met handige begrippen
160

Chronologie van stromingen
164

Lijst van te bezoeken musea
166

Fotoverant-woording
167

Inleiding

Dit boek is een handige inleiding tot veel van de kunststromingen ('ismen') die de geschiedenis van de westerse kunst hebben gevormd, van de vroege renaissance tot heden. Het is geen uitputtende opsomming van alle stromingen, maar behandelt wel de belangrijkste. Hieronder worden vier soorten stromingen omschreven. Als u de definities ervan kent, zult u dit boek met meer plezier gebruiken en krijgt u een idee van de manier waarop de kunstgeschiedenis is gevormd en betwist door kunstenaars, critici en historici. Sommige ismen zijn gedefinieerd door kunstenaars, sommige zijn vastgesteld door historici, andere omvatten brede artistieke stromingen en weer andere zijn onderdeel van een grotere beweging die de kunst ontstijgt en andere cultuurdomeinen betreedt.

Voordat u begint aan dit boek is het belangrijk te beseffen dat sommige kunst en kunstenaars tot meer dan één stroming en sommige tot geen enkele stroming behoren. Stromingen zijn niet altijd vastomlijnde categorieën, en binnen elke stroming zijn er soms ontwikkelingen, veranderingen en afwijkingen die wezenlijke verschillen kunnen uitmaken tussen kunstenaars die onder dezelfde stroming worden geschaard. Een definitie van een stroming kan nooit definitief of beslissend zijn. Daarom is de vraag gegrond wat een bepaalde stroming inhoudt en hoe een kunstenaar of kunstwerk zich verhoudt (of niet verhoudt) tot die stroming.

Soms is het gemakkelijker om een definitie van een stroming te geven door te zeggen wat het niet is of waar het een reactie op was, dan door simpelweg de belangrijkste kenmerken op te sommen. Sommige stromingen zijn scherp omlijnd, sommige zijn vaag, en nadenken over stromingen vereist dat u gemakkelijk kunt switchen tussen details en algemeenheden, waardoor u uw vragen wellicht gaandeweg kunt vervangen door antwoorden. Sommige stromingen worden evenzeer gedefinieerd door de vragen die ze oproepen als door de antwoorden die ze geven. Waarom hielden kubisten van collages? Eén reden was dat collages hen in staat stelden om verwarring te zaaien tussen het verticale oppervlak van het werk en het horizontale oppervlak van een tafelblad; en daarmee komen we meteen tot een deel van een bruikbare definitie van het kubisme: het speelt met onze waarneming (en verkeerde waarneming) van horizontale en verticale vlakken door middel van collages.

Pas in de negentiende eeuw begonnen veel kunstenaars zich te organiseren in zelfbedachte ismen, zoals 'impressionisme' en 'naturalisme'. In de twintigste eeuw en met de komst van het modernisme waren de meeste kunstenaars op enig moment in hun carrière actief betrokken bij het omschrijven en vormen van een stroming als een specifieke kunstbeweging. Deze trend zet zich voort in de eenentwintigste eeuw, maar kunstenaars zijn nu terughoudender om hun werk in verband te brengen met een isme, uit vrees dat ismen te sterk aan mode onderhevig zijn.

Kunst begrijpen is een flexibele gids over kunstgeschiedenis, die zal bijdragen aan uw kennis over en plezier met kunst. Het is niet bedoeld om uw vermogen tot het labelen of identificeren van kunst te testen in veertig stappen!

DE VIER SOORTEN STROMINGEN

1 STROMING IN DE BEELDENDE KUNST

bijvoorbeeld perspectivisme, illusionisme

SBK

Deze stromingen zijn specifiek voor de beeldende kunst en vormen een brede stroming die invloed heeft op het werk van veel verschillende kunstenaars. Het perspectivisme bijvoorbeeld, speelt een rol in het werk van de meeste renaissancekunstenaars, maar geen van die kunstenaars zou zichzelf omschreven hebben als 'perspectivist'. Dit type isme identificeert een stroming in de beeldende kunst, zodat we de rol en het belang van de stroming gemakkelijker kunnen bepalen.

2 EEN BREDE CULTURELE STROMING

bijvoorbeeld romantiek, classicisme

BCS

Deze stroming beïnvloedt kunst als gevolg van zijn invloed op cultuur in het algemeen. Het is de meest uitgebreide stroming van de vier die hier worden genoemd. Sommige kunstenaars identificeren zich met de stroming, andere niet, maar het werk van de meeste kunstenaars kan worden besproken in het kader van de stroming, omdat die wijdverspreid is in de algemene cultuur. De romantiek had invloed op de cultuur en politiek in de negentiende eeuw. Sommige kunstenaars noemden zichzelf romantici – of identificeerden zich met romantische waarden – en andere niet, maar de romantiek was zo'n brede culturele stroming dat het meesterwerk uit deze periode in relatie tot die stroming kan worden besproken. We kunnen bijvoorbeeld de vraag stellen: wat is er romantisch aan het werk van Delacroix? En we kunnen ook vragen: waarom verzette Ingres zich tegen de romantiek?

3 DOOR DE KUNSTENAAR GEDEFINIEERDE BEWEGING

bijvoorbeeld futurisme, suprematisme

KGB

De twintigste eeuw vormde het hoogtepunt van stromingen die gedefinieerd en gepropageerd werden door de kunstenaars zelf. Deze stromingen kunnen worden beschouwd als relatief onafhankelijke groepen kunstenaars die gemeenschappelijke doelstellingen hebben. Veel kunstenaars, zoals de futuristen, stelden manifesten op en legden openbare verklaringen af over de betekenis van een isme, de ambities ervan en het gevoel van verwantschap met de kunst van het verleden en de toekomst. Dit zijn vaak de gemakkelijkste stromingen om te omschrijven.

4 ACHTERAF AANGEBRACHT LABEL

bijvoorbeeld maniërisme, postimpressionisme

AAL

Sommige stromingen zijn gedefinieerd door critici of historici, en over de betekenis of toepasbaarheid ervan wordt vaak getwist. De term 'maniërisme' is niet bedacht door de 'maniëristische' kunstenaars, maar door kunstenaars die kritiek hadden op hun werk. Kunsthistorici onderzoeken de evolutie van deze termen. Veel ervan, zoals het maniërisme, hebben aanvankelijk een ongunstige en minachtende bijklank en worden later gevestigde begrippen die verwijzen naar de kunst van een bepaalde periode.

Gewoonlijk passen kunsthistorici dergelijke termen toe om gemeenschappelijke elementen in het werk van verschillende kunstenaars te benoemen. De term postimpressionisme werd bedacht door Roger Fry in een poging aandacht te krijgen voor het gemeenschappelijke karakter in het werk van uiteenlopende kunstenaars als Gauguin en Delaunay.

Hoe gebruikt u dit boek?

BCS Er worden symbolen gebruikt om de vier soorten stromingen te onderscheiden, zodat u in één oogopslag kunt zien of het een brede culturele stroming is (**BCS**), een stroming binnen de beeldende kunst (**SBK**), een door de kunstenaars zelf gedefinieerde beweging (**KGB**), of een stroming die later is gedefinieerd door critici en historici en achteraf een label heeft gekregen (**AAL**).

INLEIDING

Het eerste deel van elke stroming is een korte inleiding, met daarin een beknopte samenvatting van de hoofdkenmerken.

BELANGRIJKE KUNSTENAARS

Dit is een lijst met de belangrijkste kunstenaars die verbonden zijn met de stroming. Als u het werk van deze kunstenaars bestudeert, krijgt u een beeld van de stroming.

SLEUTELWOORDEN

Deze woorden sommen begrippen, stijlen of vraagstukken op die te maken hebben met de stroming. De sleutelwoorden vormen een reeks associaties, waardoor u een stroming snel kunt plaatsen en de kenmerken ervan gemakkelijker kunt onthouden.

HOOFDDEFINITIE

In de hoofddefinitie wordt de stroming uitgebreider onderzocht dan in de korte inleiding; de betekenis, de geschiedenis en de ideeën, methoden of stijlkenmerken die het onderscheiden van, of in verband brengen met, andere stromingen.

BELANGRIJKSTE WERKEN

Elke stroming wordt geïllustreerd aan de hand van een of twee belangrijke werken die gekozen zijn uit toonaangevende musea.

24 **Monumentalisme** SBK **Monumentalisme** 25

Monumentale kunst wordt gedefinieerd door de fysieke schaal, de verscheidenheid van de inhoud en de ambitie om blijvend belangrijk te zijn. Tijdens de renaissance moedigden machtige beschermheren de ontwikkeling van monumentale kunst aan; dat werd voortgezet in de barok.

LEON BATTISTA ALBERTI (1404–1472); **DONATO BRAMANTE** (ca. 1444–1514); **FILIPPO BRUNELLESCHI** (1377–1446); **LORENZO GHIBERTI** (ca.1378–1455); GIORGIO DA'CASTEL FRANCO bekend als **GIORGIONE** (ca. 1477–1510); **HUGO VAN DER GOES** (CA. 1440–1480); **ANDREA MANTEGNA** (ca. 1430–1506); **MICHELANGELO BUONARROTI** (1475–1564); RAFFFAELLO SANZIO bekend als **RAFAËL** (1483–1520); JACOPO ROBUSTI bekend als **TINTORETTO** (ca. 1518–1594)

politieke ambitie, grandeur, intellectuele synthese, verhevenheid

Paus Julius II, die van 1503 tot 1513 de pauselijke troon bezette, gaf de aanzet tot het monumentalisme van de hoge renaissance toen hij de architect Bramante de opdracht gaf om de St.-Pieter te verbouwen. De politiek ambitieuze paus instrueerde Bramante om iets te ontwerpen en te bouwen dat alle belangrijke monumentale gebouwen van de antieke oudheid, waaronder het Parthenon en de basiliek van Constantijn, in zijn schaduw zou stellen.

Bramantes oorspronkelijke ontwerp voor de St.-Pieter (1506) was volledig symmetrisch en voorzag in vier identieke façades. Hij overleed in 1514, en het gebouw was nog in aanbouw in 1546, toen Michelangelo de leiding van het project overnam. De St.-Pieter was nog steeds niet af toen Michelangelo in 1564 overleed. De koepel die hij ontwierp, werd pas in 1590 voltooid.

Michelangelo muntte ook uit in de monumentale schilder- en beeldhouwkunst. Op zijn fresco's in de Sixtijnse kapel spelen honderden naakten de hoofdrol in een epische vertelling over de schepping, de ondergang, de verlossing en het oordeel van de mens. Zijn reusachtige figuren hebben allemaal heroïsche, gespierde lichamen. Michelangelo's David, het eerste monumentale beeldhouwwerk uit de renaissance, is vier meter hoog en was bedoeld als symbool voor de Florentijnse republiek.

BELANGRIJKSTE WERKEN in Rome

→ *Het laatste oordeel*, **1534–1541, MICHELANGELO BUONARROTI,**
De Sixtijnse kapel, St.-Pieter, Rome
Het laatste oordeel is monumentaal qua afmetingen, net als de atletisch gevormde figuren die zich verdringen rond Christus, maar het is ook een enorme intellectuele prestatie, waarin de christelijke theologie met de klassieke mythologie wordt gecombineerd. De oordelende Christus overheerst de bovenkant van het fresco, terwijl rechtsonder Charon, een figuur uit de klassieke mythologie, zieltjes overzet over de rivier de Styx naar Hades, de wereld van de doden.

↓ **Brokstukken van het standbeeld van Constantijn,**
Palazzo dei Conservatori, Campidoglio, Rome
Michelangelo modelleerde de Campidoglio tot een van de belangrijkste stedelijke omgevingen die gecreëerd zijn tijdens de renaissance. Het openbare plein geeft de indruk van een stad die wordt geregeerd door orde en grandeur, maar de monumentale afmetingen van de Campidoglio bevestigen meer dan de macht van Rome. De bedoeling van Michelangelo was om natuurlijke, spirituele en politieke autoriteiten samen te voegen: als zodanig werd het de perfecte plek voor de brokstukken van een monumentaal standbeeld van Constantijn.

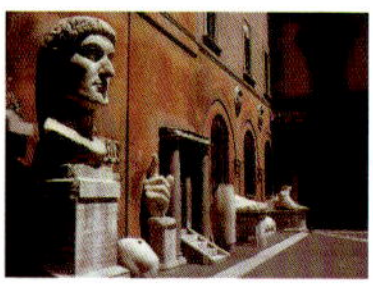

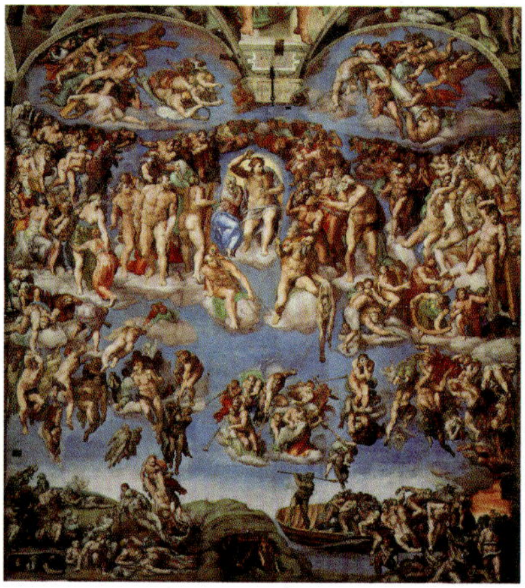

ANDERE WERKEN in Rome

St.-Pieter, Rome, 1506–1590, **BRAMANTE** en **MICHELANGELO**

De schepping van Adam, 1508–1512, **MICHELANGELO**, Sixtijnse kapel, het Vaticaan, Rome

De verdrijving uit het paradijs, 1508–1512, **MICHELANGELO**, Sixtijnse kapel, het Vaticaan, Rome

Mozes, ca.1513–1515, Tombe van Julius II, **MICHELANGELO**, St.-Pieter, Rome

classicisme, secularisme, absolutisme

rococo, mediëvalisme, prerafaëlisme, estheticisme, secessionisme, modernisme, postmodernisme

De belangrijkste werken zijn geselecteerd omdat ze de kenmerken van de stroming toelichten die besproken zijn bij de Inleiding, Sleutelwoorden en Hoofddefinitie.

ANDERE WERKEN

Deze lijst is een aanvulling op de belangrijkste werken. Alle andere werken zijn goede voorbeelden van de stroming die ze illustreren. Bovendien zijn ze te vinden in hetzelfde museum als de geïllustreerde belangrijke werken. Daardoor kunt u een isme uitvoeriger bestuderen tijdens uw bezoek aan de galerie of het museum.

ZIE OOK

Stromingen zijn vaak aan elkaar verwant. De stromingen die zijn verzameld onder Zie ook hebben een affiniteit, idee of methode gemeen met de stroming die besproken wordt…

KIJK NIET NAAR

… En stromingen zijn vaak tegengesteld aan elkaar! Of berusten op onderling uitgesloten en onverenigbare aannames, methoden of ideeën. De stromingen onder Kijk niet naar vallen op een bepaalde manier uit de toon bij de stroming die besproken is.

Andere bronnen in dit boek

LIJST VAN KUNSTENAARS

Kunstenaars die zijn aangemerkt als belangrijk zijn in deze alfabetische lijst verzameld om ze gemakkelijk terug te kunnen vinden. De lijst met kunstenaars bevat ook geboorte- en sterfdata, voor zover bekend en relevant, en het isme of de ismen waarmee de kunstenaar het meest wordt vereenzelvigd.

LIJST MET BEGRIPPEN

Deze verklarende woordenlijst bevat technische termen die zijn gebruikt in de definitie van de stromingen (bijvoorbeeld 'verkorten') en een algemene verzameling begrippen die u kunt tegenkomen als u musea en galerieën bezoekt, maar die niet per se zijn gebruikt in de definities (bijvoorbeeld 'lithografie').

CHRONOLOGIE

De chronologie toont de levensduur van alle stromingen die in het boek zijn behandeld. U zult zien dat de ismen die brede culturele stromingen of brede stromingen binnen de beeldende kunst zijn, vaak een langere levensduur hebben dan ismen die gedefinieerd zijn door kunstenaars, critici of historici. Stromingen die zijn omschreven door kunstenaars zijn het gemakkelijkst te dateren door de beschikbaarheid van historisch materiaal en de actieve rol die kunstenaars, vooral modernisten, hebben gehad in het aankondigen van het begin of het einde van de bewegingen die zij hebben helpen vormgeven. Stromingen die gedefinieerd zijn door critici of historici zijn soms minder gemakkelijk te dateren. Vaak is de periode die wordt ingenomen door een isme een van de twistpunten tussen critici en historici. Gewoonlijk bestaat er echter grofweg een algemene consensus over de periode (bijvoorbeeld niet 1894, maar zeker aan het einde van dat decennium). In dat soort gevallen volgt de tijdbalk de geldende consensus. Brede stromingen, zowel in de cultuur als in de beeldende kunst, zijn het moeilijkst te dateren, omdat ze zeer waarschijnlijk een rol spelen in het werk van opeenvolgende generaties kunstenaars.

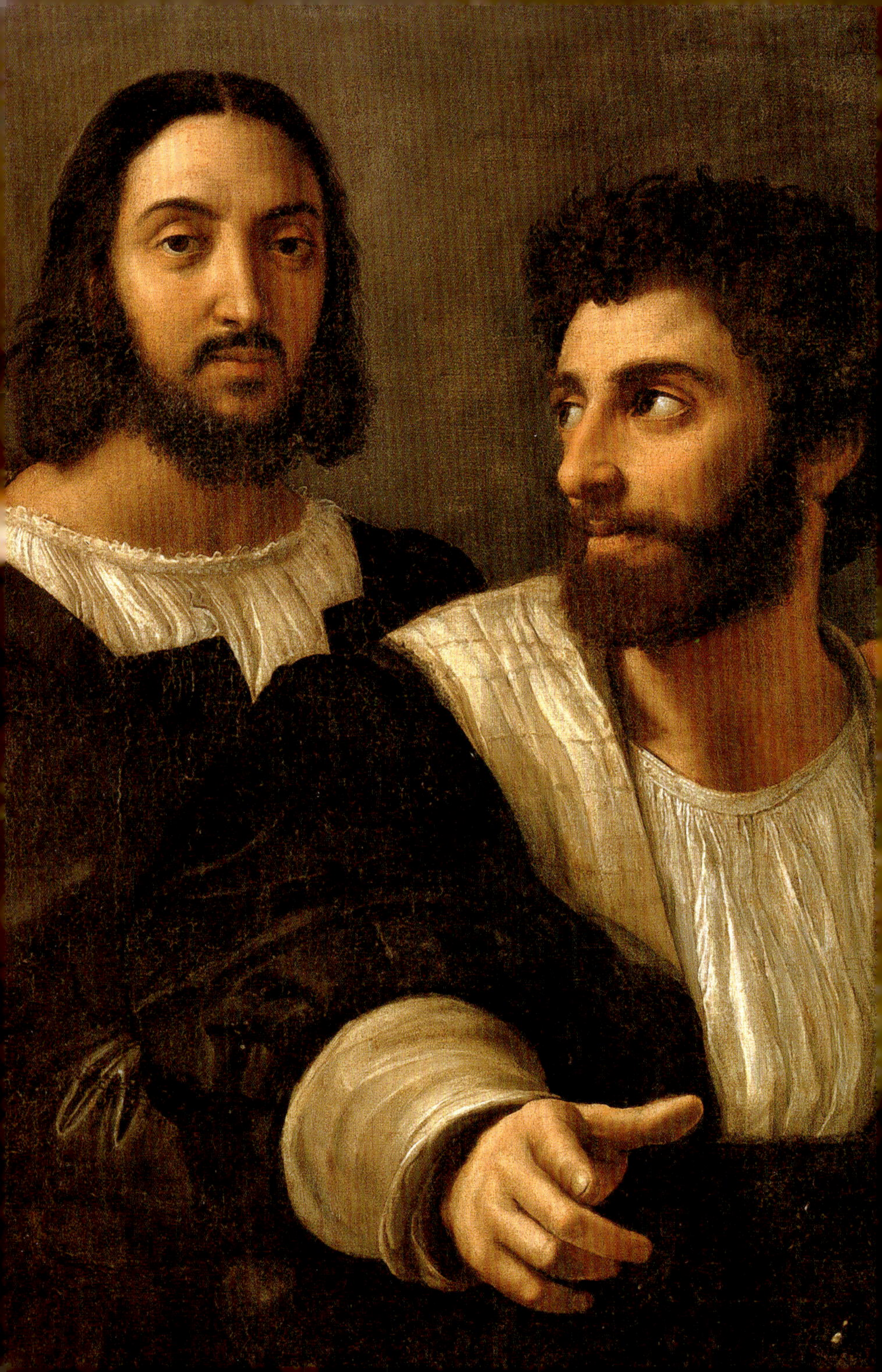

I

RENAISSANCE

Renaissance

Renaissance betekent 'wedergeboorte' en verwijst naar een periode in de ontwikkeling van de westerse kunst en cultuur die begint omstreeks 1300 en eindigt rond 1600. Het was een tijd van herontdekkingen, ambities en veranderingen die werd gedomineerd door een aantal stromingen en tegenstrijdigheden. De renaissance wordt meestal geassocieerd met Italië, maar ook Noord-Europa heeft eraan bijgedragen, vooral door de ontwikkeling van het naturalisme.

orde, symmetrie, perspectief, klassiek, ruimte, beweging

De renaissance was getuige van een heropleving van de interesse in het klassieke verleden. Individuen, in plaats van academische instituten, namen het voortouw. Het bestuderen van het klassieke Griekenland en Rome stond centraal in het humanisme van de renaissance. Dit is een brede, filosofische stroming waarin vragen over menselijke relaties (sociaal, religieus en politiek) worden beantwoord met behulp van rede en reflectie op ervaringen, en niet door te verwijzen naar spirituele autoriteiten. Het centrale, immens ambitieuze en uiteindelijk tegenstrijdige doel van de renaissance was het samengaan van klassieke of humanistische waarden met het christendom. Giorgio Vasari, auteur van *De levens van de grootste schilders, beeldhouwers en architecten* (1550 en 1568) vond dat renaissancekunstenaars het klassieke verleden overtroffen hadden, omdat zij deze eenheid hadden bereikt.

Het humanisme was de drijvende kracht achter de opkomst van klassieke onderwerpen in de renaissancistische kunst. Er ontstond vooral interesse voor de goden en helden uit de heidense mythologie en geschiedenis, en voor de heropleving van de klassieke architectuur met haar rationele ontwerpprincipes en haar nadruk op symmetrie en verhoudingen. Ook natuurgetrouwe voorstellingen werden belangrijker in de renaissance. Kunstenaars waren vastberaden om systematische methoden voor het afbeelden van de wereld onder de knie te krijgen; het duidelijkste voorbeeld daarvan is het 'lineaire perspectief'.

BELANGRIJKSTE WERKEN in het Uffizi, Florence

→ *Madonna met kind (Madonna in de grot),*
ca. 1446, ANDREA MANTEGNA

Net als veel andere renaissancekunstenaars werd Mantegna sterk beïnvloed door de klassieke beeldhouwkunst. Zijn Christuskind heeft een ongelooflijke lichamelijke compactheid. Mantegna situeert zijn Madonna met kind in een alledaags Italiaans landschap. Dat benadrukt hun gewone menselijkheid. Alleen de aureool onderscheidt Maria van een gewone vrouw.

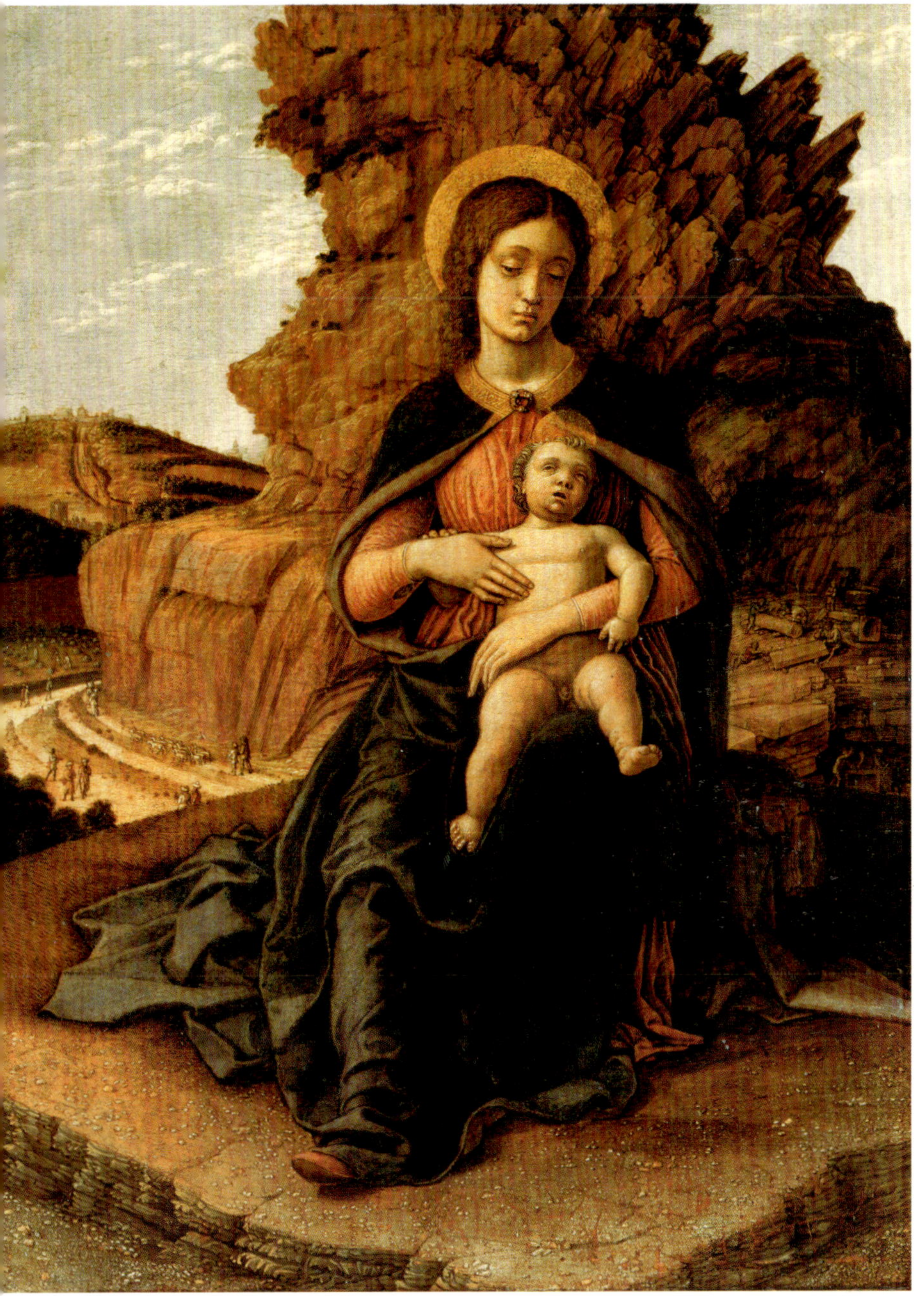

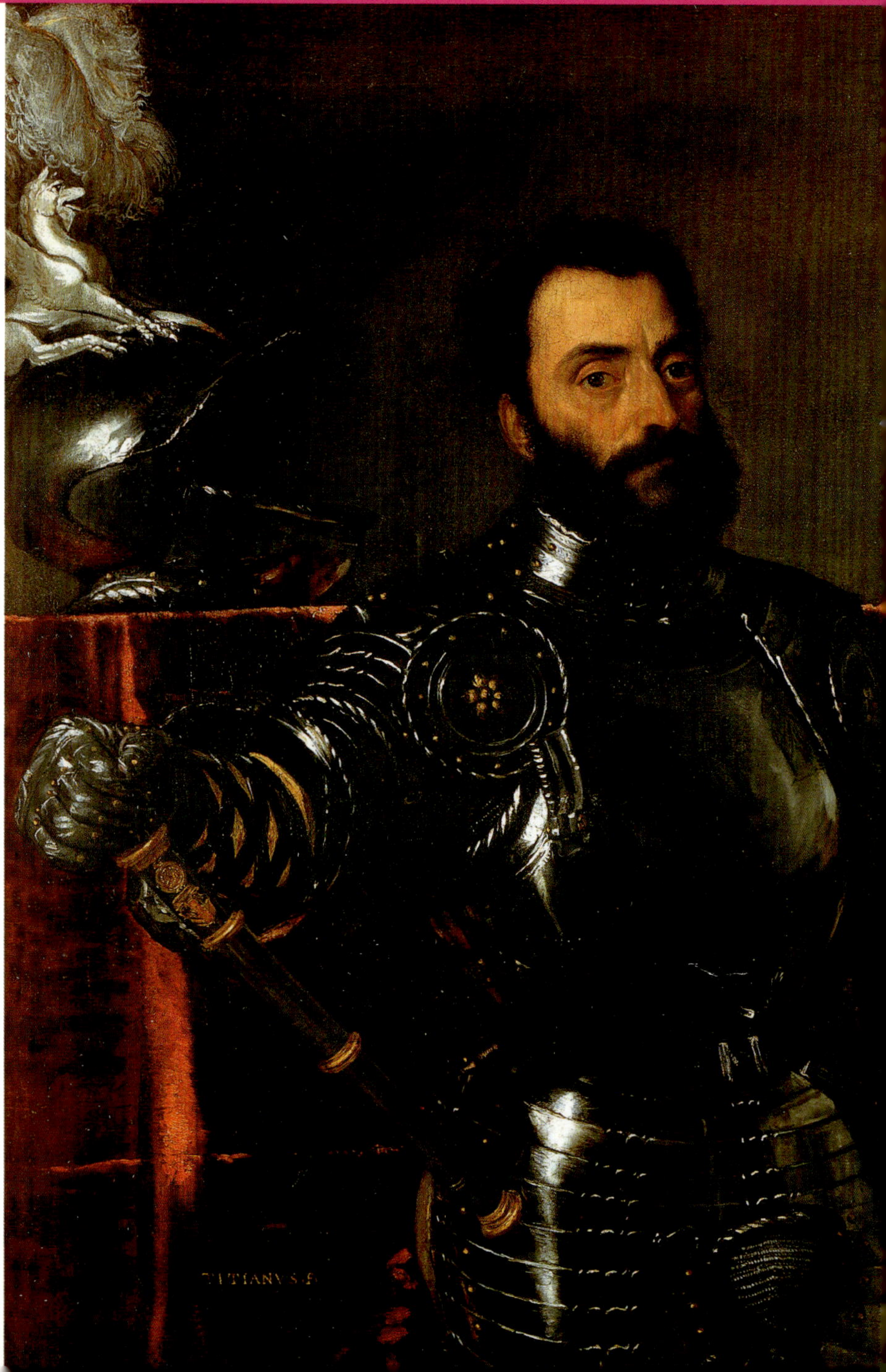
TITIANVS.F.

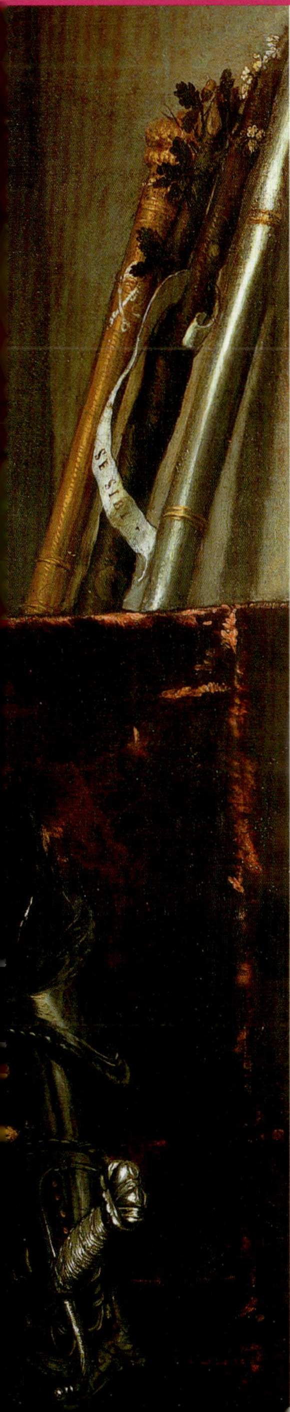

Toen renaissancekunstenaars met elkaar gingen concurreren in een vastbesloten poging de kunst van de oude wereld te overtreffen, veranderde hun status en werden ze boven vaklieden en ambachtslieden geplaatst. Het individuele talent en de vernieuwingen en ideeën van kunstenaars begonnen een groter cultureel belang te krijgen. Het is dan ook geen wonder dat de renaissance wordt geassocieerd met artistieke genialiteit. Maar achter een figuur als Leonardo da Vinci lagen de politieke ambities van opeenvolgende pausen (die hoopten Italië te verenigen tegen de dreiging van een Franse verovering en Rome als machtscentrum te herstellen) en belangrijke beschermheren. Intussen vormden klassieke theorieën over het karakter van de staat de voedingsbodem voor een hervonden vertrouwen in de uitdrukking en versterking van de wereldlijke macht.

← *Francesco Maria della Rovere*, 1536–1538, TITIAAN
Tijdens de renaissance bereikten kunstenaars als Titiaan nieuwe niveaus van natuurgetrouwe detaillering. Ze ontdekten hoe ze het effect van licht en schaduw op verschillende vlakken in hun werk konden vangen, waardoor ze een harnas konden laten glimmen door gereflecteerd licht. Titiaans portret staat bol van dergelijke naturalistische effecten. Het is ook een sterk statement van wereldse macht en autoriteit.

ANDERE WERKEN in het Uffizi, Florence

Madonna en kind met twee engelen, ca.1464, **FRA FILIPPO LIPPI**

Primavera, 1477–1480, **SANDRO BOTTICELLI**

Piëta, 1493–1494, PIETRO VANNUCCI bekend als **PERUGINO**

De doop van Christus, ca. 1475, **ANDREA VERROCCHIO** en **LEONARDO DA VINCI**

De heilige familie (Doni Tondo), 1504, **MICHELANGELO BUONARROTI**

Madonna en kind met de jonge heilige Johannes (Madonna del Cardelino), 1505–1506, RAFFAELLO SANZIO bekend als **RAFAËL**

Internationale gotiek

Deze elegante variant op de gotiek domineerde West-Europa tussen circa 1375 en 1425. Beide varianten worden gekenmerkt door de nadruk op decoratie, patroon en kleur.

FRA ANGELICO (ca. 1400–1455); **JACOPO DI CIONE** (1362–ca.1398); **GENTILE DE FABRIANO** (ca.1385–1427); **LIMBOURG BROTHERS** (alle overleden omstreeks 1416); **LORENZO MONACO** (ca.1370– ca.1423); **GIOVANNI DEI GRASSI** (werkzaam 1389–1398); ANTONIO PISANO, bekend als **PISANELLO** (ca.1395–1455); **GIOVANNI DAL PONTE** (ca.1385–ca. 1440)

hoofs, geïdealiseerd, ceremonieel, goddelijk

De internationale gotiek ontwikkelde zich uit een algemenere gotische stijl waarmee het enkele overeenkomsten heeft. Figuren en objecten in de gotische kunst zijn, door het ontbreken van een samen - hangende theorie over perspectief, vaak geordend volgens decoratieve wetten in plaats van dat ze de indruk geven dat ze 'echte' ruimte innemen. Vervormingen van omvang en schaal zijn gemeengoed in alle vormen van de gotische kunst. Het meest typerende kenmerk is de neiging om belangrijke figuren, bijvoorbeeld koningen, koninginnen, Christus of de maagd Maria, een groter lichaam te geven dan andere, minder belangrijke figuren.

De ontwikkeling van de internationale gotiek verliep naast de renaissance en omvatte werk van een aantal vroege renaissancekunstenaars als Fra Angelico. Het is wel omschreven als 'zelfbewust' en ten onrechte getypeerd als conservatief en reactionair vergeleken met de kunst van de renaissance. Op zijn best combineert de internationale gotische stijl ornamentiek, rijke kleuren en poëtische details, vaak met een overdadig gebruik van verguldsel. De inhoud is gewoonlijk religieus en is vaak gericht op de samenkomst van wereldlijke en goddelijke hoven. Het wereldlijke onderwerp werd vaak geïdealiseerd of was stereotiep en gericht op hoofse activiteiten als jagen of het lezen van verluchte boeken.

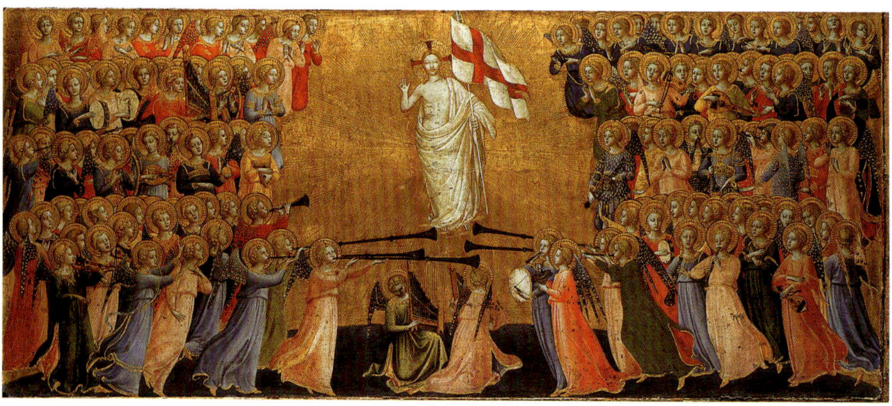

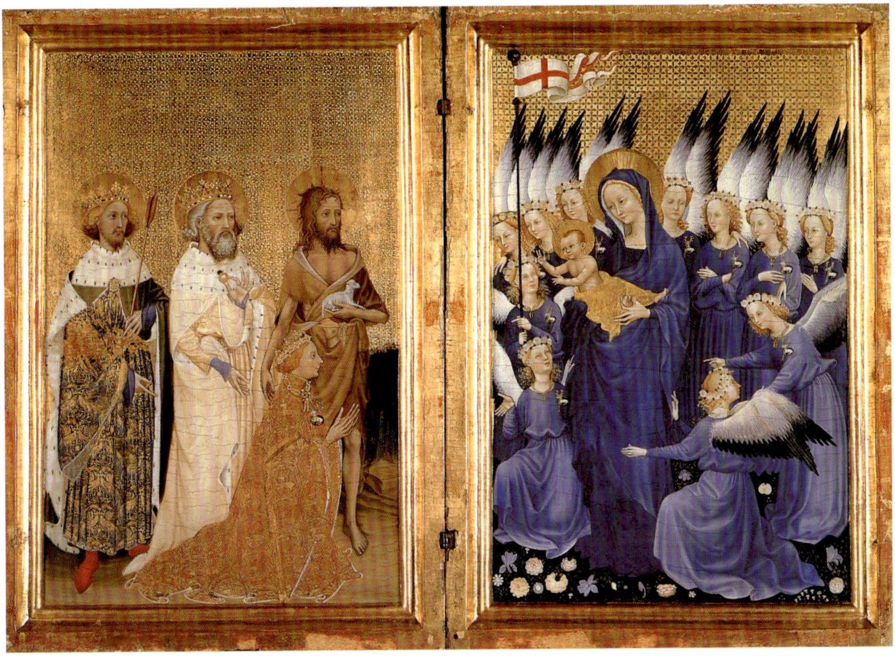

BELANGRIJKSTE WERKEN in de National Gallery, Londen

***Het Wilton-diptiek: Richard II wordt voorgesteld aan de madonna met kind door zijn beschermheer de heilige Johannes de Doper en de heiligen Edward en Edmund*, ca.1395–1399, ENGELSE OF FRANSE SCHOOL**
De kunstenaars die dit draagbare altaarstuk maakten voor koning Richard II van Engeland kunnen Engels, Frans of Italiaans zijn geweest, vandaar het 'internationalisme' van de internationale gotiek. Het exorbitante gebruik van bladgoud maakt van dit werk een geschikt object voor de privé-gebeden van een koning. Richard is afgebeeld met zijn twee voorgangers, Edward en Edmund, die beiden vereerd werden als heiligen. Het diptiek (tweeluik) stelt de ceremoniële introductie voor van de koning van Engeland aan God, de koning van de hemel. Typerend is dat de figuren zijn geordend volgens een decoratief principe waarin weinig gevoel voor ruimtelijke diepte bestaat.

***Christus aanbeden in de hemelse hof*, ca.1423–1424, FRA ANGELICO**
Dit paneel van een altaarstuk voor de kerk van San Domenico in het Italiaanse Fiesole toont een drukke hemelse feestscène waarin de felgekleurde kleding van heiligen en engelen prachtig contrasteert met Fra Angelico's extensieve gebruik van bladgoud.

ANDERE WERKEN in de National Gallery, Londen
De kruisiging, ca.1368–1370 **JACOPO DI CIONE**

Madonna met kind en engelen, 1425, **GENTILE DA FABRIANO**

De kroning van Maria met heiligen, 1407–1409, **LORENZO MONACO**

De tenhemelopneming van de heilige Johannes de Evangelist, met heiligen, ca.1410–1420 **GIOVANNI DAL PONTE**

naturalisme, mediëvalisme, prerafaëlisme

perspectivisme, illusionisme, humanisme, classicisme, secularisme

Classicisme

Veel kunstenaars uit de renaissance associeerden de middeleeuwen met cultureel verval en distantieerden zich ervan. Ze bestudeerden de kunst van de oude Grieken en Romeinen; ze wilden hun verrichtingen evenaren maar ook overtreffen. Dat was kenmerkend voor de fascinatie voor de waarden van het klassieke Griekenland en Rome.

LEON BATTISTA ALBERTI (1404–1472); **SANDRO BOTTICELLI** (ca.1445–1510); **DONATO BRAMANTE** (ca.1444–1514); **FILIPPO BRUNELLESCHI** (1377–1446); DONATO DI BETTO BARDI, bekend als **DONATELLO** (ca.1386–1466); **ANDREA MANTEGNA** (ca.1430–1506); TOMMASO GUIDI bekend als **MASACCIO** (1401–1428); **MICHELANGELO BUONARROTI** (1475–1564); RAFFAELLO SANZIO, bekend als **RAFAËL** (1483–1520); PIETRO VANUCCI bekend als **PERUGINO** (ca.1450–1523); TIZIANO VECELLIO, bekend als **TITIAAN** (ca.1485–1576)

ratio; symmetrie, verhoudingen, synthese, mythe, eruditie

De invloed van het klassieke verleden deed zich gelden op alle gebieden van de kunst. Of het nu om architectuur, beeldhouwkunst of schilderkunst ging: renaissancekunstenaars streefden ernaar kunstwerken te maken die een eenheid vormden door de samenhangende ontwerpprincipes die ze onderscheidden in de klassieke kunst en architectuur. Het classicisme in de renaissance wordt ook gekenmerkt door een heropleving van klassieke onderwerpen uit de klassieke mythologie en geschiedenis.

In de schilderkunst bracht Masaccio een radicale verandering teweeg in de voorstelling van ruimte door een consequent gebruik van perspectief. Hij leende niet alleen klassieke motieven; hij deed een bewuste poging om te werken op basis van klassieke principes.

Donatello leverde een vergelijkbare bijdrage aan de beeldhouwkunst. Zijn David was het eerste vrijstaande mannelijk naakt dat sinds de oudheid was gemaakt. Tijdgenoten prezen het om zijn levensechtheid en zijn sterke gevoel voor beweging. Er is wel discussie over welke klassieke mythe het voorstelt; sommigen denken dat het Mercurius is die het hoofd van Argus draagt.

De meest drastische breuk met het middeleeuwse verleden werd in eerste instantie veroorzaakt door architecten uit de renaissance, met name Brunelleschi en Alberti, die afstand deden van de gotische architectuur en de klassieke architectonische stijlvormen in ere herstelden. Ze bestudeerden veel van de overgebleven klassieke gebouwen in Italië en bliezen de principes van de constructie ervan nieuw leven in, in plaats van de stijlkenmerken klakkeloos te kopiëren. Brunelleschi en Alberti ontwierpen hun gebouwen op basis van wiskundige verhoudingen met als doel symmetrie en eenheid. Veel van hun gebouwen werden rechtstreeks geïnspireerd door, of gemodelleerd naar, klassieke gebouwen. Bramantes Tempietto in Rome (1502–1511) bijvoorbeeld, was gevormd naar de Romeinse tempel van Hercules Victor.

Een andere architect, Sebastiano Serlio, classificeerde de principes van de klassieke architectuur zo uitgebreid dat zijn werk de standaard van de klassieke architectuur voor generaties architecten definieerde.

Bramante en Alberti hielpen het klassieke geloof te doen herleven dat de natuur (waarvan de mens de hoogste uitdrukking is) wordt bestuurd door rationele wetten die we kunnen begrijpen en toepassen op onze creaties.

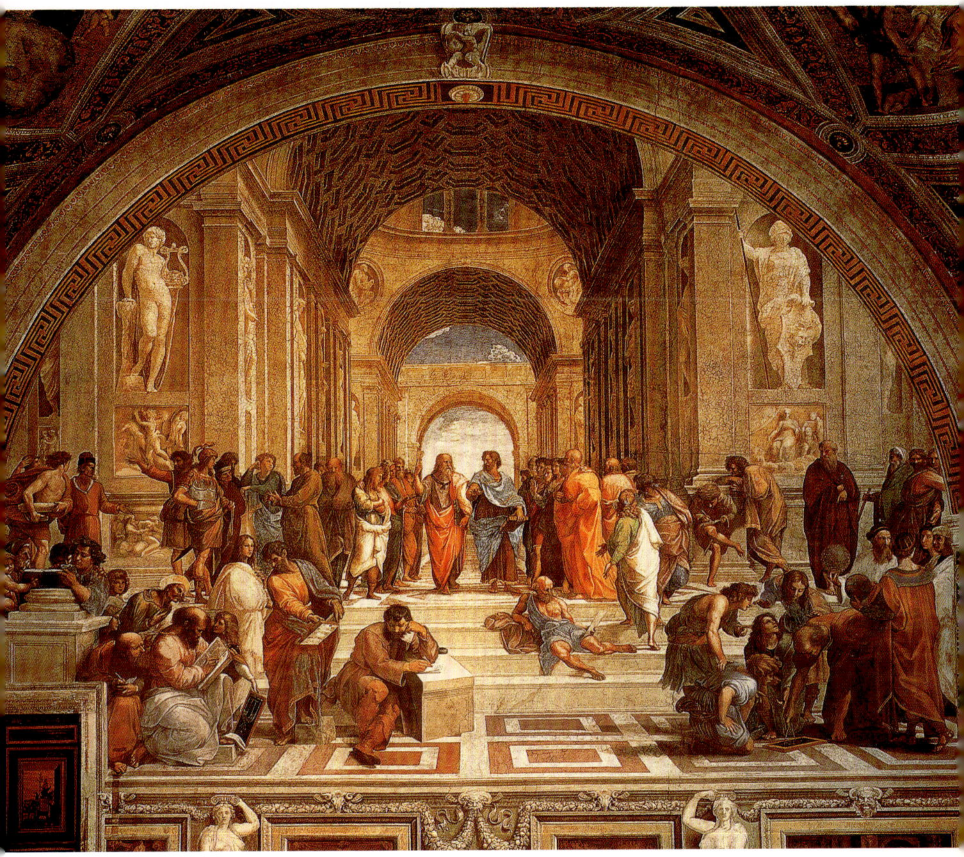

BELANGRIJKSTE WERKEN in het Vaticaan, Rome

↑ *De School van Athene*, **1510–1511,** Stanza della Segnatura, RAFFAELLO SANZIO bekend als **RAFAËL**
Rafaël schilderde deze ruimte met een voorstelling van de School van Athene, die was opgericht door de klassieke filosofen Plato en Aristoteles en door de kerk werd gesloten in 529 na Christus. De School van Athene was het belangrijkste filosofiecentrum in de klassieke wereld. Rafaëls werk is een zeer ingewikkelde synthese van klassieke filosofie en christelijke theologie, en dit schilderij wordt beschouwd als een van zijn grootste meesterwerken. Plato en Aristoteles staan midden op de schildering, geflankeerd door beelden van Apollo en Athena. Het gebouw, klassiek qua architectuur en perfect perspectivisch, is eigenlijk een schilderkunstige voorstelling van de nieuwe St.-Pieter.

ANDERE WERKEN in Rome

De sleuteloverdracht, 1482, **PERUGINO**, Sixtijnse kapel, Vaticaan, Rome

Het Tempietto, 1502–1511, **DONATO BRAMANTE**, S.-Pietro in Montorio, Rome

Galatea, 1513, **RAFAËL**, Villa Farnese, Rome

Ruiterstandbeeld van Marcus Aurelius, 161–80 n. Chr., Piazza del Campidoglio, Rome

naturalisme, perspectivisme, illusionisme, secularisme, humanisme, monumentalisme, academisme, neoclassicisme, kubisme

internationale gotiek, dadaïsme, surrealisme

Secularisme

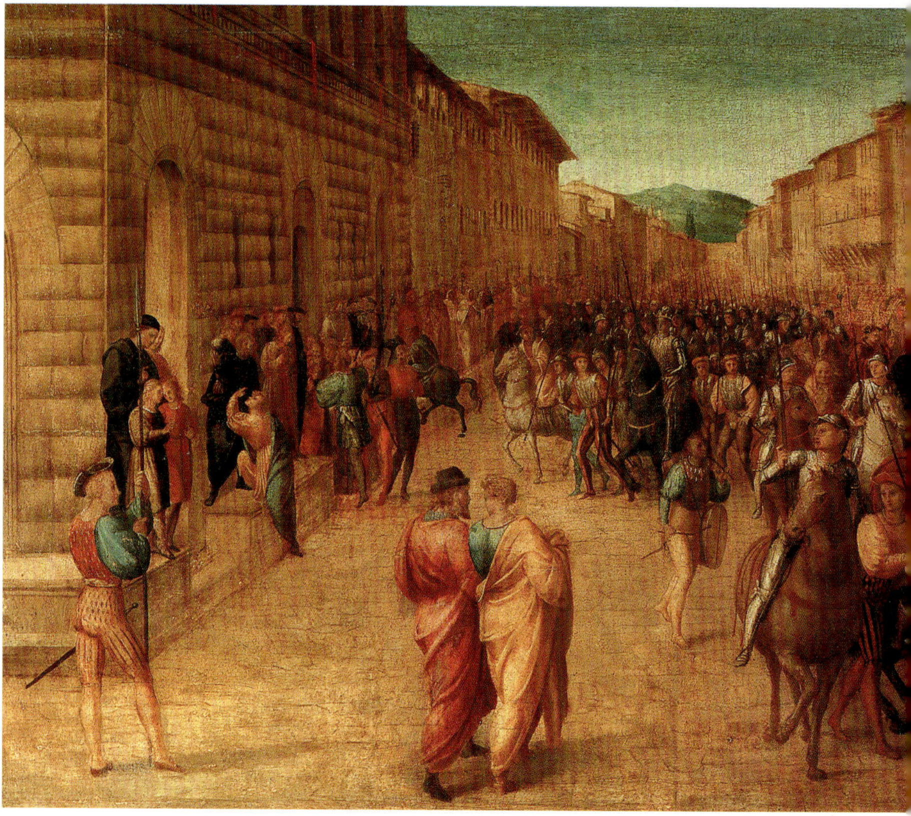

Het secularisme is een algemene tendens om menselijke relaties te bespreken, onafhankelijk van religieuze waarden, gewoonten en instituties. Tijdens de renaissance nam de hoeveelheid kunst toe die werd beïnvloed door wereldlijke thema's. Secularisme omvat ook onderwerpen, figuren en principes uit de klassieke (of heidense) mythologie en geschiedenis.

LEON BATTISTA ALBERTI (1404–1472); **GIOVANNI ANTONIO BOLTRAFFIO** (ca. 1467–1516); **SANDRO BOTTICELLI** (ca. 1445–1510); **DONATO BRAMANTE** (ca. 1444–1514); **FILIPPO BRUNELLESCHI** (1377–1446); **VITTORE CARPACCIO** (ca. 1463–ca. 1526); **DONATO DI BETTO BARDI,** bekend als DONATELLO (ca. 1386–1466), **GIORGIO DA'CASTELFRANCO,** bekend als GIORGIONE (ca. 1477–1510); **LEONARDO DA VINCI** (1452–1519); **ANDREA MANTEGNA** (ca. 1430–1506); **MICHELANGELO BUONARROTI** (1475–1564); **SEBASTIANO DEL PIOMBO** (ca. 1485–1547); TIZIANO VECELLIO, bekend als **TITIAAN** (ca. 1485–1576)

rede, heidendom, politieke macht, het individu

In zijn verhandeling over architectuur, *De re aedificatoria*, verwierp Leon Battistta Alberti de middeleeuwse traditie van het ontwerpen van gebouwen om christelijke waarheden te symboliseren. In plaats daar-

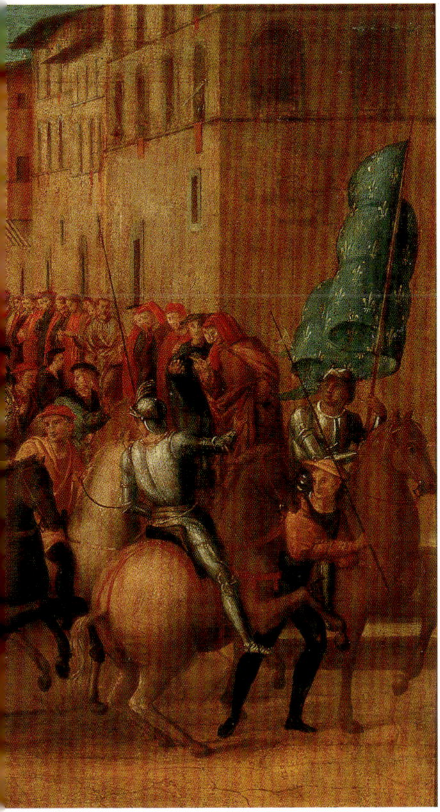

van bepleitte hij de symmetrische vormen, wiskundige verhoudingen en proporties met een menselijke maat van de klassieke architectuur. Veel van de kunst en architectuur die in opdracht werd gegeven door de kerk was bedoeld om een indruk van continuïteit en erfelijkheid van het klassieke tijdperk te creëren. Het werd onmogelijk om over beschaving en kunst te denken in zuiver theologische termen.

Een cruciale verschuiving in deze periode was het groeiende belang dat werd gehecht aan schilderijen. Schilderijen die in opdracht werden gemaakt voor particulieren werden zeer begerenswaardig en gaven kunstenaars een nieuwe bron van inkomsten buiten de opdrachten voor kerkversieringen. Titiaan speelde een belangrijke rol in deze ontwikkeling; hij had een koninklijke cliëntèle.

Belangrijke gebeurtenissen uit de tijd, met de nadruk op prominente publieke figuren, vormden een duidelijke inspiratiebron voor wereldlijke onderwerpen tijdens de renaissance. Andere factoren in de secularisatie van de renaissancistische kunst waren de verstedelijking, de versterking van de wereldlijke macht, de toename van de welvaart die voor nieuwe beschermheren voor de kunst zorgde en de stabiele groei van de markt in kunst waarin klassieke thema's, voorstellingen en principes centraal stonden. Deze wereldlijke stroming kwam tijdens de barok tot ontplooiing.

←**BELANGRIJKSTE WERKEN** in het Uffizi, Florence

Intocht van Karel VIII in Florence, ca.1518, FRANCESCO GRANACCI
Dit grootschalige werk in grootse stijl van Granacci huldigt de triomftocht van Karel VIII, koning van Frankrijk, door Italië. Charles veroverde Pavia, Florence, Rome en Napels, voordat hij gedwongen werd zich terug te trekken. Zijn militaire campagne was de oorzaak van de verspreiding van de renaissancekunst in Frankrijk.

↓

De geboorte van Venus, ca.1482, SANDRO BOTTICELLI
Botticelli's verleidelijke afbeelding van een gebeurtenis uit de klassieke mythologie – de godin op het moment dat ze geboren wordt uit de zee – maakt het werk representatief voor de wereldlijke stroming in de renaissance.

ANDERE WERKEN in het Uffizi, Florence

De Venus van Urbino, ca.1538, TITIAAN

Flora, ca.1515, TITIAAN

De dood van Adonis, begin 16e eeuw, SEBASTIANO DEL PIOMBO

De dichter Cassio, ca.1490–1500, GIOVANNI ANTONIO BOLTRAFFIO

Krijgers en oude mannen, 1493–1500, VITTORE CARPACCIO

humanisme, classicisme, idealisme, perspectivisme

sektarisme, piëtisme

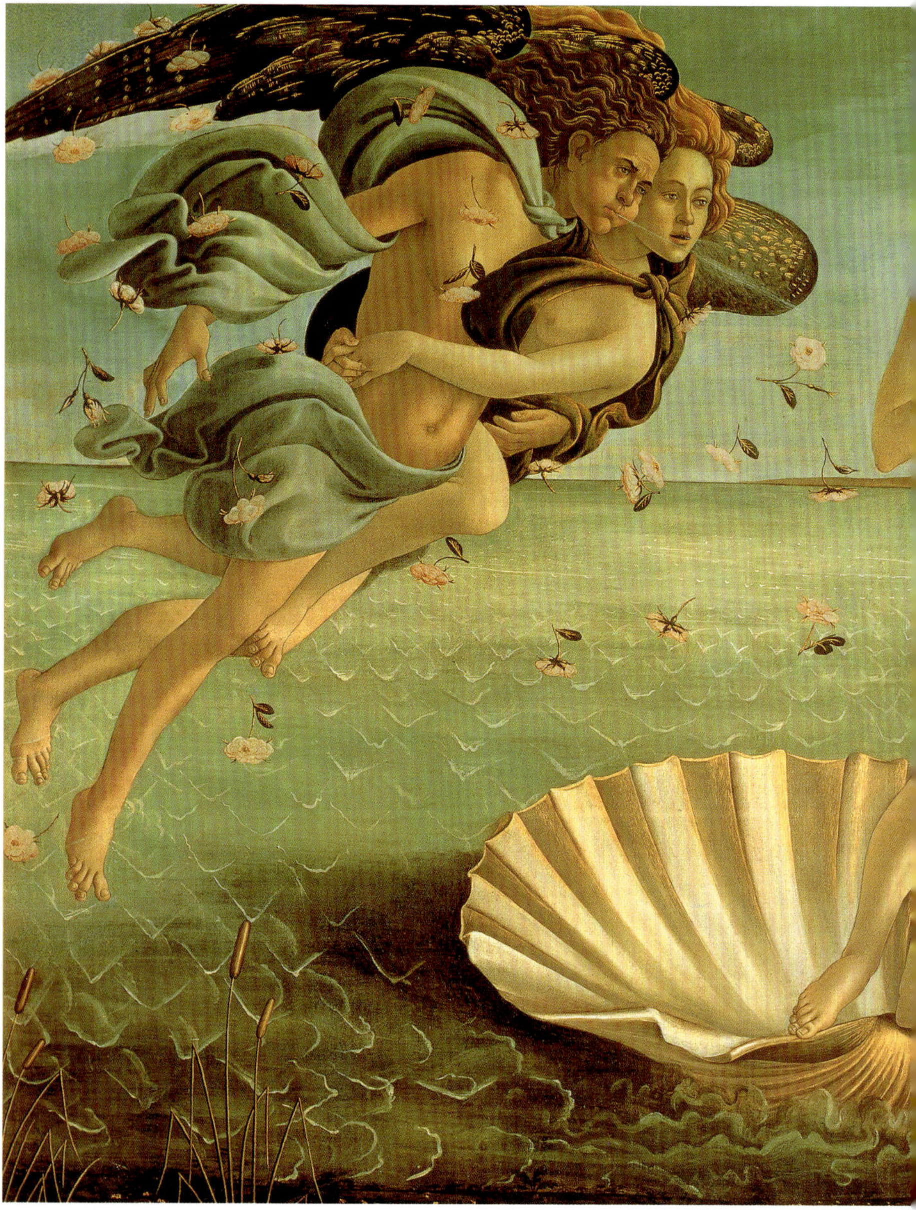

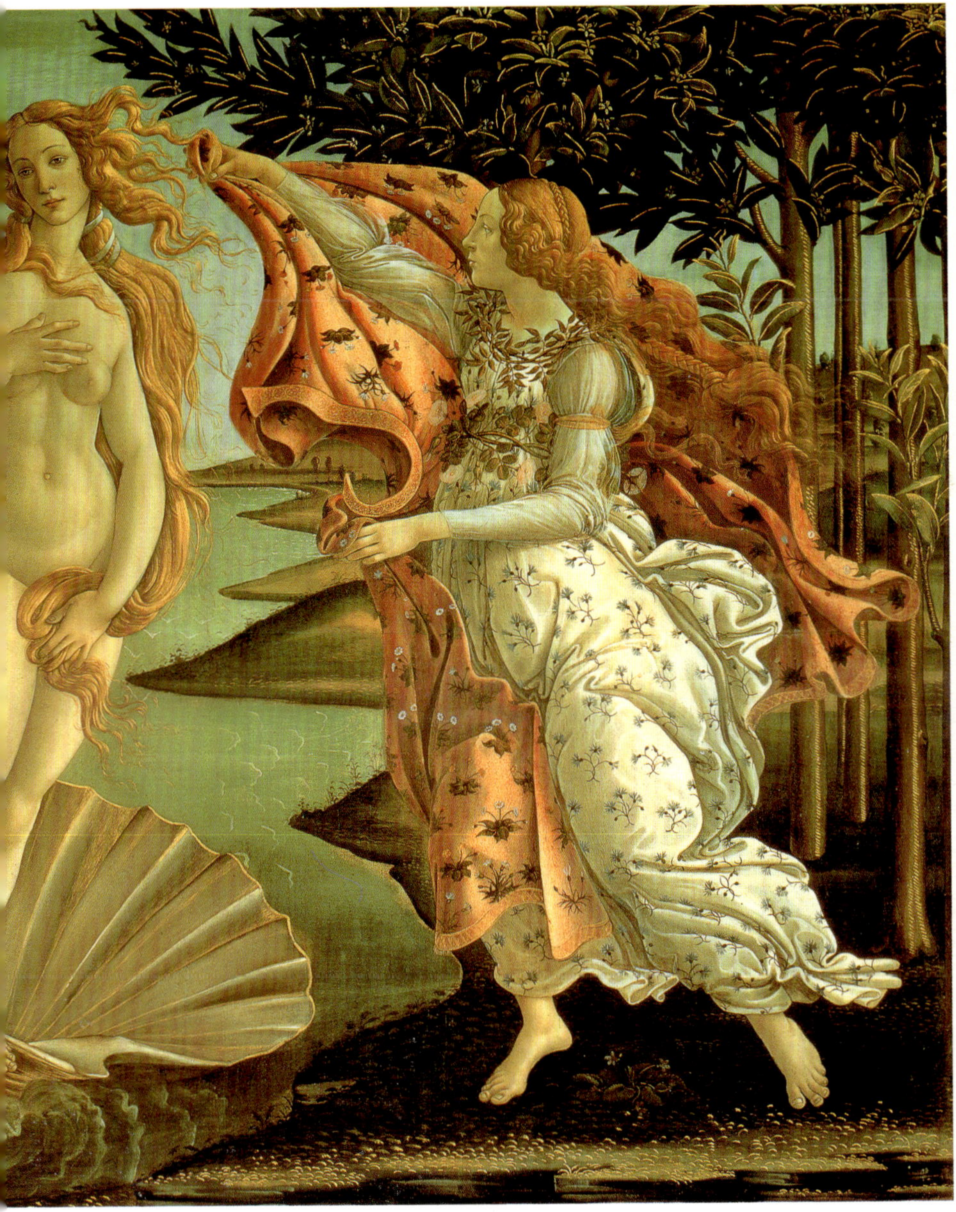

Monumentalisme

Monumentale kunst wordt gedefinieerd door de fysieke schaal, de verscheidenheid van de inhoud en de ambitie om blijvend belangrijk te zijn. Tijdens de renaissance moedigden machtige beschermheren de ontwikkeling van monumentale kunst aan; dat werd voortgezet in de barok.

LEON BATTISTA ALBERTI (1404–1472); **DONATO BRAMANTE** (ca. 1444–1514); **FILIPPO BRUNELLESCHI** (1377–1446); **LORENZO GHIBERTI** (ca.1378–1455); GIORGIO DA'CASTEL FRANCO bekend als **GIORGIONE** (ca. 1477–1510); **HUGO VAN DER GOES** (CA. 1440–1480); **ANDREA MANTEGNA** (ca. 1430–1506); **MICHELANGELO BUONARROTI** (1475–1564); RAFFFAELLO SANZIO bekend als **RAFAËL** (1483–1520); JACOPO ROBUSTI bekend als **TINTORETTO** (ca. 1518–1594)

politieke ambitie, grandeur, intellectuele synthese, verhevenheid

Paus Julius II, die van 1503 tot 1513 de pauselijke troon bezette, gaf de aanzet tot het monumentalisme van de hoge renaissance toen hij de architect Bramante de opdracht gaf om de St.-Pieter te verbouwen. De politiek ambitieuze paus instrueerde Bramante om iets te ontwerpen en te bouwen dat alle belangrijke monumentale gebouwen van de antieke oudheid, waaronder het Parthenon en de basiliek van Constantijn, in zijn schaduw zou stellen.

Bramantes oorspronkelijke ontwerp voor de St.-Pieter (1506) was volledig symmetrisch en voorzag in vier identieke façades. Hij overleed in 1514, en het gebouw was nog in aanbouw in 1546, toen Michelangelo de leiding van het project overnam. De St.-Pieter was nog steeds niet af toen Michelangelo in 1564 overleed. De koepel die hij ontwierp, werd pas in 1590 voltooid.

Michelangelo muntte ook uit in de monumentale schilder- en beeldhouwkunst. Op zijn fresco's in de Sixtijnse kapel spelen honderden naakten de hoofdrol in een epische vertelling over de schepping, de ondergang, de verlossing en het oordeel van de mens. Zijn reusachtige figuren hebben allemaal heroïsche, gespierde lichamen. Michelangelo's David, het eerste monumentale beeldhouwwerk uit de renaissance, is vier meter hoog en was bedoeld als symbool voor de Florentijnse republiek.

BELANGRIJKSTE WERKEN in Rome

→ ***Het laatste oordeel*, 1534–1541, MICHELANGELO BUONARROTI,**
De Sixtijnse kapel, St.-Pieter, Rome
Het laatste oordeel is monumentaal qua afmetingen, net als de atletisch gevormde figuren die zich verdringen rond Christus, maar het is ook een enorme intellectuele prestatie, waarin de christelijke theologie met de klassieke mythologie wordt gecombineerd. De oordelende Christus overheerst de bovenkant van het fresco, terwijl rechtsonder Charon, een figuur uit de klassieke mythologie, zieltjes overzet over de rivier de Styx naar Hades, de wereld van de doden.

↓ **Brokstukken van het standbeeld van Constantijn,**
Palazzo dei Conservatori, Campidoglio, Rome
Michelangelo modelleerde de Campidoglio tot een van de belangrijkste stedelijke omgevingen die gecreëerd zijn tijdens de renaissance. Het openbare plein geeft de indruk van een stad die wordt geregeerd door orde en grandeur, maar de monumentale afmetingen van de Campidoglio bevestigen meer dan de macht van Rome. De bedoeling van Michelangelo was om natuurlijke, spirituele en politieke autoriteiten samen te voegen: als zodanig werd het de perfecte plek voor de brokstukken van een monumentaal standbeeld van Constantijn.

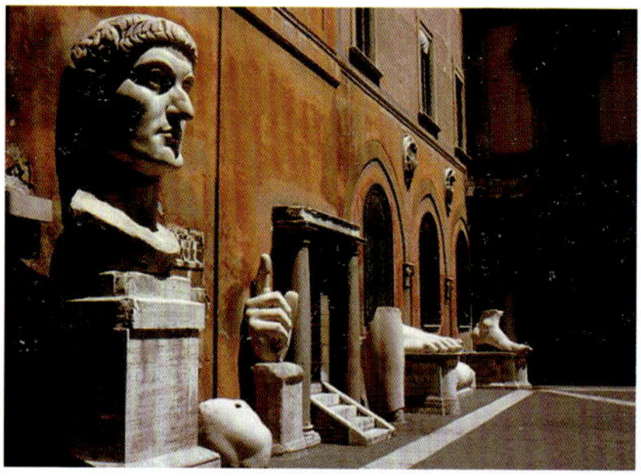

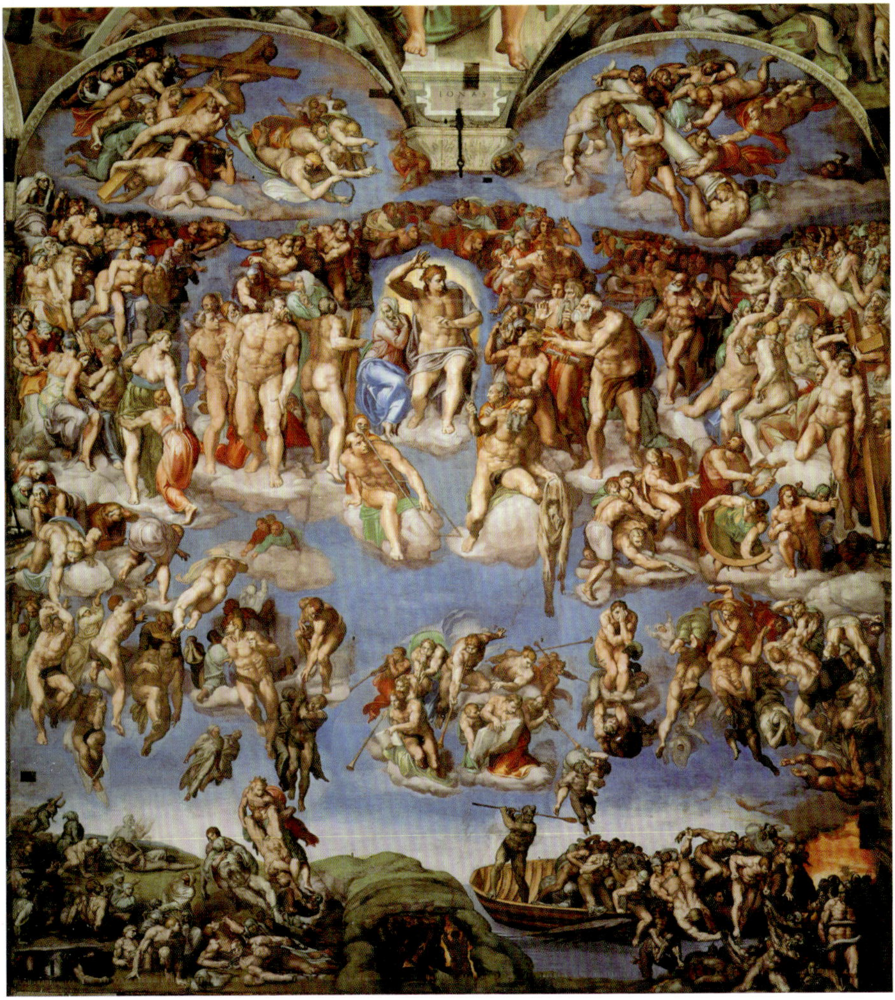

ANDERE WERKEN in Rome

St.-Pieter, Rome, 1506–1590, **BRAMANTE** en **MICHELANGELO**

De schepping van Adam, 1508–1512, **MICHELANGELO**, Sixtijnse kapel, het Vaticaan, Rome

De verdrijving uit het paradijs, 1508–1512, **MICHELANGELO**, Sixtijnse kapel, het Vaticaan, Rome

Mozes, ca. 1513–1515, Tombe van Julius II, **MICHELANGELO**, St.-Pieter, Rome

classicisme, secularisme, absolutisme

rococo, mediëvalisme, prerafaëlisme, estheticisme, secessionisme, modernisme, postmodernisme

Humanisme

Het humanisme, bijna synoniem met de renaissance, heeft twee hoofdbestanddelen: de vernieuwde aandacht voor de kunst en waarden van de klassieke wereld én een nieuw geloof in het vermogen van het individu om zowel zichzelf als de wereld te begrijpen en te veranderen door rationele, in plaats van religieuze, antwoorden te zoeken.

GIOVANNI BELLINI (ca. 1430–1516); DONATO DI BETTO BARDI, bekend als **DONATELLO** (ca. 1386–1466); **DOMENICO GHIRLANDAIO** (1449–1494); GIORGIO DA'CASTEL FRANCO bekend als **GIORGIONE** (ca. 1477–1510); **LEONARDO DA VINCI** (1452–1519); **MICHELANGELO BUONARROTI** (1475–1564); RAFFAELLO SANZIO, bekend als **RAFAËL** (1483–1520); JACOPO ROBUSTI bekend als **TINTORETTO** (ca. 1518–1594) TIZIANO VECELLIO, bekend als **TITIAAN** (ca. 1485–1576)

rede, filosofisch onderzoek, privéwetenschap, menselijke emotie, vriendschap, optimisme

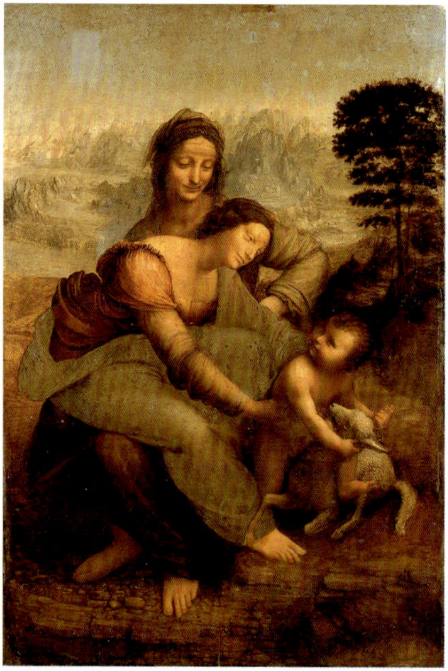

De term 'humanist' werd voor het eerst in de veertiende eeuw gebruikt om te verwijzen naar de leraren van de Romeinse vrije kunsten (geometrie, grammatica, poëzie, retorica en morele filosofie). Geleidelijk werd de term gebruikt voor iedere geschoolde persoon met een serieuze interesse in de klassieke wereld en in de waarde van menselijke emoties en relaties.

Het humanisme stimuleerde nieuwe aandacht voor kunstenaars als 'belangrijke personen' die een grote rol konden spelen in de ontdekking van het klassieke verleden en de menselijke aard. Het humanisme was het begin van de overgang van een wereld waarin kunstenaars vaklieden waren naar een wereld waarin ze belangrijke dingen te zeggen hadden over het leven.

Door het belang van de rede en van rationeel onderzoek te benadrukken, zette het humanisme vraagtekens bij de traditionele overheersing van de theologie met haar verheffing van het goddelijke en haar verwerping van het aardse als zondig en corrupt. Kunstenaars begonnen heiligheid in gewone mensen af te beelden: na eeuwen van vergulde glorie als de koningin van de hemel werd de maagd Maria afgebeeld als een eenvoudig meisje. Deze trend is goed te zien bij Leonardo en leidde uiteindelijk tot het werk van Caravaggio.

Humanisten geloofden in het belang van educatie, omdat ze ervan overtuigd waren dat het rationele vermogen van de menselijke geest de logische patronen van het universum kon bevatten. Een dergelijke redenering bevorderde het geloof dat kunst kon worden vastgelegd in regels met als doel om ze te doseren. Dat leidde weer tot de oprichting van kunstacademies. In Frankrijk was Poussin de kunstenaar die de meeste invloed had op de lessen op de academies; hij was een openlijke humanist en een van de eerste grote kunstenaars-intellectuelen.

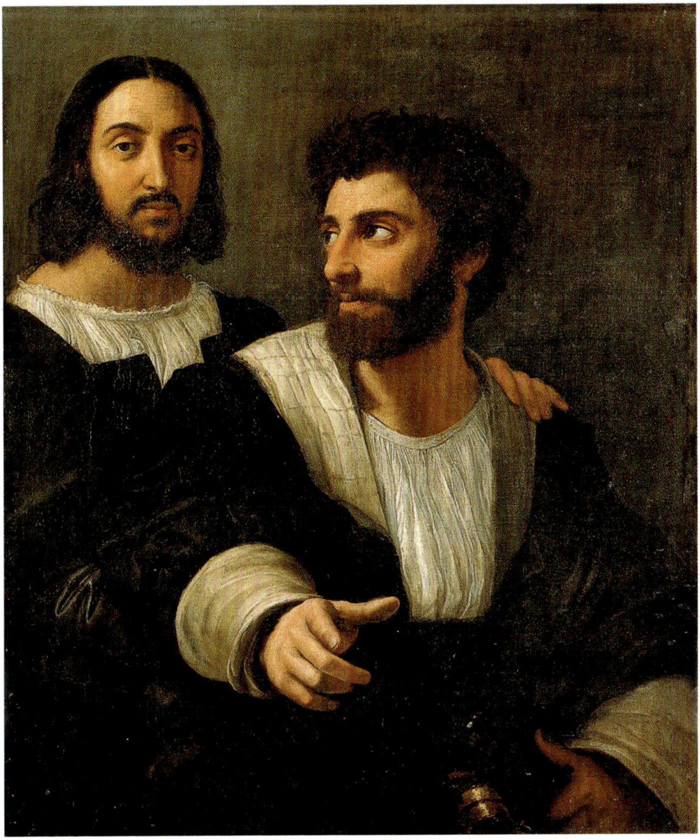

BELANGRIJKSTE WERKEN in het Louvre, Parijs

← *Madonna met kind en de heilige Anna*, **1510, LEONARDO DA VINCI**
In dit werk zit Maria op schoot bij de heilige Anna, en beiden glimlachen naar Christus die ondeugend aan de oren van een lam trekt. Leonardo typeert deze centrale figuren in het christelijke geloof door ze te portretteren met gewone, menselijke emoties.

↑ ***Portret van de kunstenaar met een vriend***, ca. 1518
RAFFAELLO SANZIO bekend als **RAFAËL**
Het humanisme benadrukte, zoals vaak in de klassieke filosofie, het belang van vriendschap boven romantische of seksuele liefde. Rafaëls portret met zijn vriend illustreert deze tendens. Het is een tedere en intieme voorstelling van vriendschap, waarin zuiver menselijke emotionele banden worden geroemd en bevestigd.

ANDERE WERKEN in het Louvre, Parijs

Portret van een oude man en een jongen, ca. 1480, **DOMENICO GHIRLANDAIO**

Madonna met kind, ca. 1490, **DOMENICO GHIRLANDAIO**

Portret van Mona Lisa (La Gioconda), 1503–1506, **LEONARDO DA VINCI**

Portret van een dame aan het hof van Milaan, ca. 1490–1495, **LEONARDO DA VINCI**

Apollo en Marsyas, ca. 1509, **PERUGINO**

individualisme, idealisme, academisme, secularisme, naturalisme, barok, classicisme

absolutisme, materialisme, dadaïsme, surrealisme, postmodernisme

Idealisme

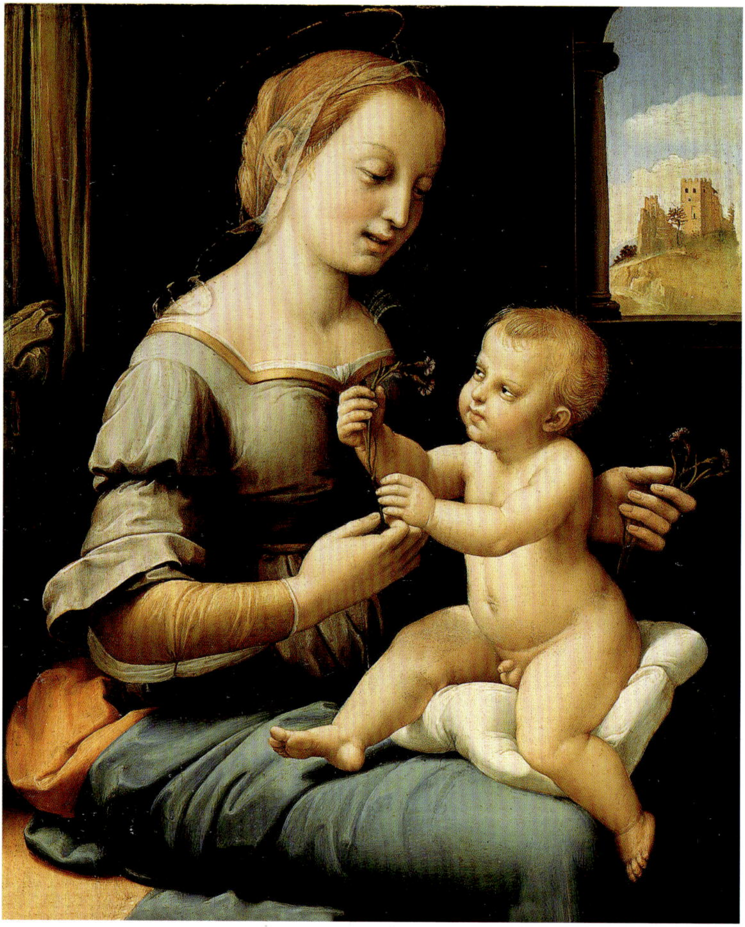

Het idealisme stelt dat de fysieke wereld minder belangrijk is dan de geest of de ziel die de wereld gestalte geeft en opwekt. Idealisten verkiezen de ziel of de psyche boven het lichaam, het materiële en het historische. Wanneer idealen (bijvoorbeeld over uiterlijk of verhoudingen) bepalen hoe een kunstenaar de wereld afbeeldt, kan zijn werk worden omschreven als idealistisch.

DONATO DI BETTO BARDI, bekend als **DONATELLO** (ca. 1386–1466); **ALBRECHT DÜRER** (1471–1528); **LORENZO GHIBERTI** (ca.1378–1455); **LEONARDO DA VINCI** (1452–1519); **ANDREA MANTEGNA** (ca. 1430–1506); TOMMASO GUIDO, bekend als **MASACCIO** (1401–1428); **MICHELANGELO BUONARROTI** (1475–1564); RAFFAELLO SANZIO, bekend als **RAFAËL** (1483–1520)

bestendigheid, orde, idee boven waarneming, eenvoud, helderheid

Plato's theorie van de vormen was de belangrijkste klassieke invloed op het idealisme uit de renaissance. De *ideeën*, of *vormen*, bevatten alles wat nodig en universeel is, en zijn daarom volmaakt en onveranderlijk, terwijl de materiële wereld simpelweg bestaat uit een bedrieglijke reeks veranderende uiterlijkheden die niet realistischer zijn dan schaduwen.

De belangrijkste kunstenaars van de hoge renaissance – Leonardo, Rafaël en Michelangelo – worden allemaal geassocieerd met verschillende vormen van het idealisme. Michelangelo werd het meest geïdentificeerd met de platonische vormen, vanwege zijn vertrouwen op '*disegno*' (ontwerp). De term wordt gebruikt om kunst te beschrijven die eerder is gevormd door de fantasie van de kunstenaar dan door zijn imiteren of kopiëren van een natuurlijk model. In Michelangelo's kunst werd ook het lichaam geïdealiseerd door het monumentale proporties te geven. Zijn figuren zijn gewoonlijk ongelooflijk gespierd.

Rafaëls figuren zijn net zo geïdealiseerd, maar ze worden gekenmerkt door bekoorlijke gelaatsuitdrukkingen, waardigheid, elegantie, klare lijnen en prachtige kleuren, in plaats van fysieke grandeur. Leonardo's idealisme was weer anders. Het werd gekarakteriseerd door de nadruk op het zoeken naar het goddelijke in het volmaakt menselijke. Schoonheid, subtiele gelaatsuitdrukkingen, de eenheid van de figuren met hun omgeving en het weglaten van overbodige details om emoties op te roepen, waren allemaal aspecten van zijn idealisme.

Renaissancekunstenaars streefden ernaar het ideaal te schilderen, niet omdat ze de wereld niet wilden zien, maar omdat ze de absolute en universele waarheid wilden vangen die erin verborgen ligt.

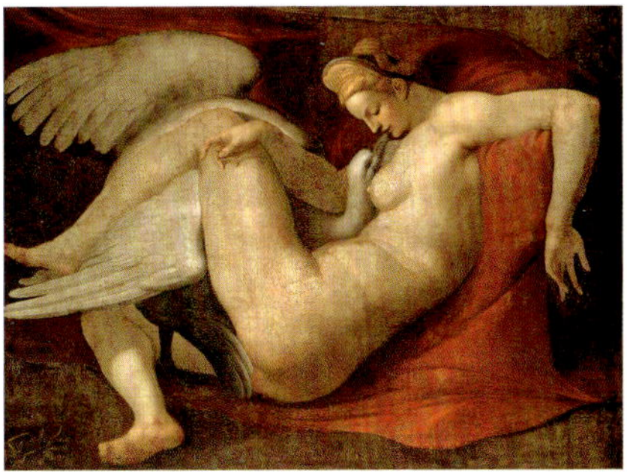

BELANGRIJKSTE WERKEN in de National Gallery, Londen

← *De madonna met de anjers*, ca.1506–1507, RAFFAELLO SANZIO bekend als **RAFÄEL**
Rafaël bestudeerde Leonardo's *Benois Madonna* (Hermitage, St.-Petersburg) voordat hij zijn eigen *Madonna met de anjers* schilderde. Leonardo's werk stimuleerde Rafaël om de madonna met kind in menselijke termen af te beelden, wat ze een zeer alledaags, niet-verheven plezier oplevert. Toch idealiseerde Rafaël ze op zijn eigen manier. Beide figuren zijn mooi van vorm en kleur. De compositie is heel eenvoudig en versterkt de indruk bij de toeschouwer van eenvoud en helderheid; twee belangrijke idealen die Rafaël voortdurend in zijn werk nastreefde.

↓ *Leda en de zwaan*, ca.1530, naar **MICHELANGELO BUONARROTI**
Dit werk naar Michelangelo toont zijn ideale menselijke fysiek in al zijn atletische grandeur. Michelangelo's lichamen zijn gevormd naar dit idee van het ideale in plaats van naar observatie van echte lichamen. Zijn figuren hebben dezelfde proporties als monumentale beeldhouwwerken.

ANDERE WERKEN in de National Gallery, Londen

De heilige Catherina van Alexandrië, ca.1507–1508, **RAFÄEL**

Madonna met kind (De Mackintosh-madonna), ca.1510–1512, **RAFAËL**

Madonna in de grot (Maria met de kleine heilige Johannes de Doper die het kindje Jezus aanbidt, vergezeld van een engel), ca.1493–1499 en ca.1506–1508, **LEONARDO DA VINCI**

Maria met kind met de heilige Anna en de heilige Johannes de Doper, ca.1499–1500, **LEONARDO DA VINCI**

humanisme, academisme, neoplasticisme, estheticisme, secessionisme, neoclassicisme

caravaggisme, realisme, sociaal-realisme, maniërisme, expressionisme, dadaïsme, surrealisme, postmodernisme

Perspectivisme

Het perspectivisme omvat verschillende technieken voor het uitdrukken van diepte door een illusie van drie dimensies te creëren op een tweedimensionaal vlak. Het perspectief ontwikkelde zich tijdens de vroege renaissance in het midden van de vijftiende eeuw als een samenhangend stelsel van regels en theorieën, maar aan het einde van de vijftiende eeuw liepen kunstenaars, met name Da Vinci, al op tegen de beperkingen en dubbelzinnigheden ervan.

LEON BATTISTA ALBERTI (1404–1472); **GIOTTO DI BONDONE** (ca. 1270–1337); **FILIPPO BRUNELLESCHI** (1377–1446); **VINCENZO DI BIAGIO CATENA** (ca. 1470–1531); **LORENZO DI CREDI** (ca. 1459–1537); **PIERO DELLA FRANCESCA** (ca. 1415–1492) **FRANCESCO GRANACCI** (1477–1543); **ANDREA MANTEGNA** (ca. 1430–1506); TOMMASO GUIDO, bekend als **MASACCIO** (1401–1428); PIETRO VANUCCI, bekend als **PERUGINO** (ca. 1450–1523); **PAOLO UCCELLO** (ca. 1397–1475) **LEONARDO DA VINCI** (1452–1519)

driedimensionaal, diepte, lineair, atmosferisch, eenheid, doorlopend

Giotto was een van de eerste kunstenaars die de illusie van diepte in zijn schilderijen opriep door gebouwen vanaf de zijkant zodanig af te beelden dat de muren schuin van de kijker weg leken te lopen naar een denkbeeldige plek 'in' het schilderij. Hij gebruikte verschillende technieken om vergelijkbare ruimtelijke effecten te creëren. Andere kunstenaars, vooral in Noord-Europa, schilderden diepte door voorwerpen die verder weg waren, kleiner te schilderen.

De grote vernieuwing in perspectiefbeelden kwam met Brunelleschi's experiment met wiskundig geconstrueerde perspectieftekeningen en Alberti's *De pictura* ('Over schilderen'; 1435 en 1436). Beide kunstenaars kwamen tot wat men noemt 'lineair perspectief'. Andere termen die

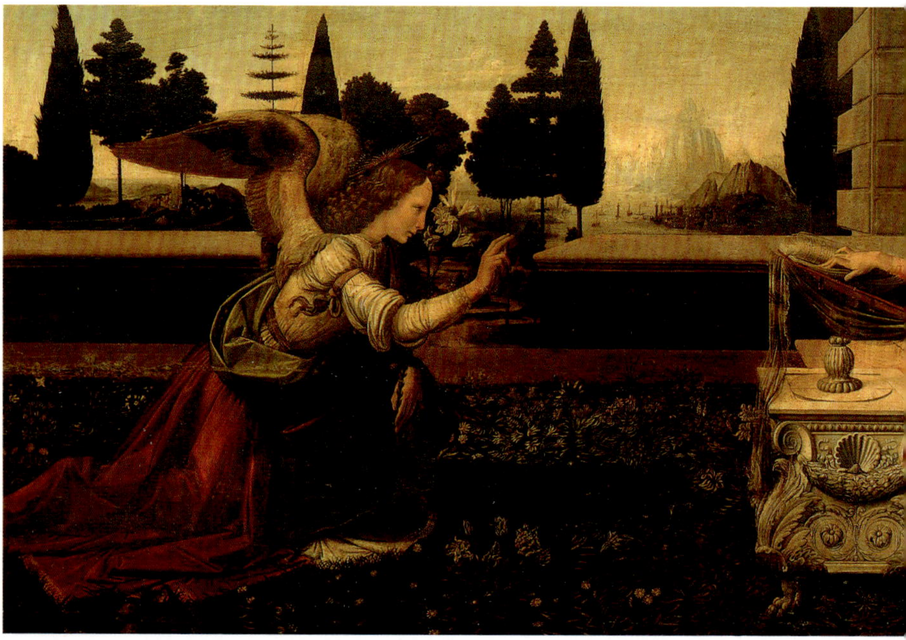

daarvoor gebruikt worden, zijn wiskundig, wetenschappelijk, geometrisch, optisch en renaissancistisch perspectief, maar lineair perspectief is de meest gebruikte term.

Bij deze techniek wordt een verdwijnpunt aan de horizon gebruikt, met twee belangrijke gevolgen voor het schilderen. Alle denkbeeldige of werkelijke lijnen in het schilderij die naar de horizon lopen, komen samen in dat ene verdwijnpunt. Ten tweede kan de schaal van alles in het schilderij precies worden uitgewerkt in relatie tot het verdwijnpunt.

Leonardo da Vinci was de eerste die een overtuigend 'atmosferisch perspectief' bereikte; een term die hij zelf bedacht. In onze perceptie van de wereld lijken objecten die ver weg zijn bleker en blauwer door het effect van de atmosfeer. Bij het atmosferisch perspectief wordt dit principe in de kunst toegepast om een indruk van ruimte te creëren via een zorgvuldig gebruik van kleur en toon.

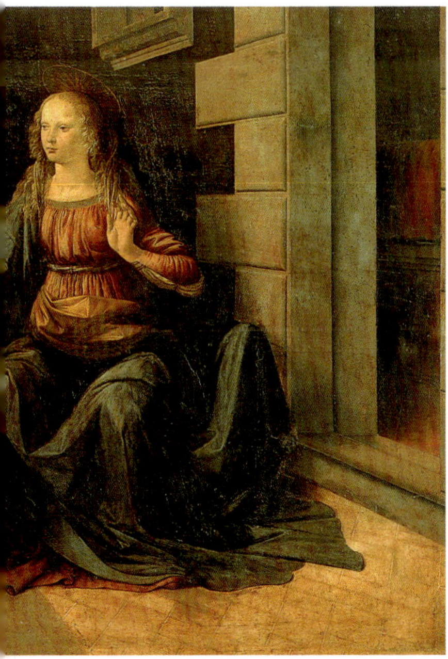

BELANGRIJKSTE WERKEN in het Uffizi, Florence

↙ *Annunciatie*, **1474, LEONARDO DA VINCI**
In de *Annunciatie* maakt Leonardo op een dramatische en overtuigende manier gebruik van het lineair perspectief. Alles in het schilderij loopt weg naar één verdwijnpunt aan de horizon. Dat geeft de indruk dat de engel en de maagd dezelfde ruimte delen die zich helemaal om hen heen uitbreidt.

↓ *Episodes uit de Slag bij San Romano*, **ca.1456, PAOLO UCCELLO**
De hoek van de lansen links en rechts van het strijdperk laat zien dat Uccello begreep hoe je perspectief kon gebruiken om een indruk van diepte te creëren. Het perspectief is echter nog niet helemaal gelijkgeschakeld, aangezien de figuren in de achtergrond een enigszins verkeerde schaal hebben, en het schilderij concentreert zich op de actie op de voorgrond ten koste van de ruimtelijkheid.

ANDERE WERKEN in het Uffizi, Florence

Piëta, ca.1493–1494, **PERUGINO**

Annunciatie, ca.1480, **LORENZO DI CREDI** (lineair en atmosferisch perspectief)

Entry of Charles VIII into Florence, c.1518, **FRANCESCO GRANACCI**

Het avondmaal in Emmaüs, 1520–1530, **VINCENZO DI BIAGIO CATENA**

Portret van een onbekende man, ca.1503–1504, **RAFÄEL** (atmosferisch perspectief)

illusionisme, naturalisme, classicisme, realisme

internationale gotiek, maniërisme, modernisme, postmodernisme

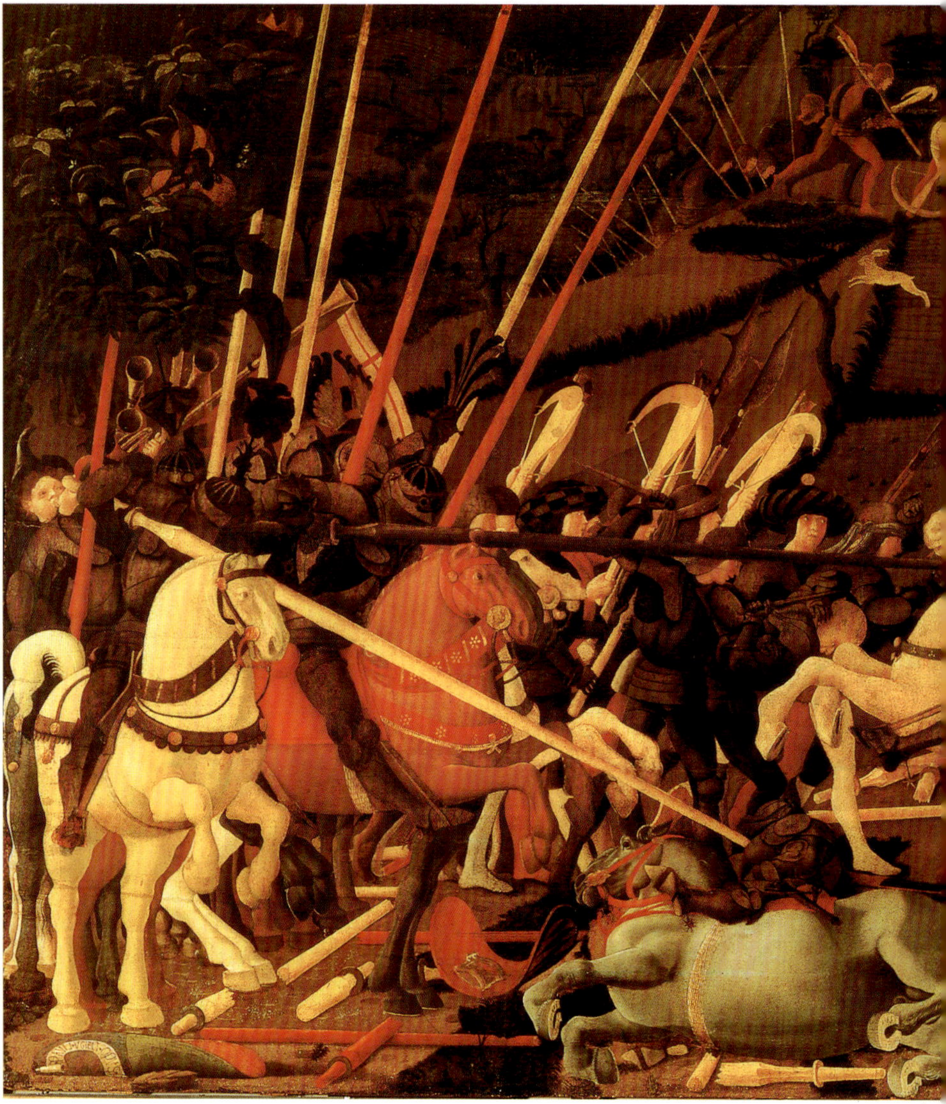

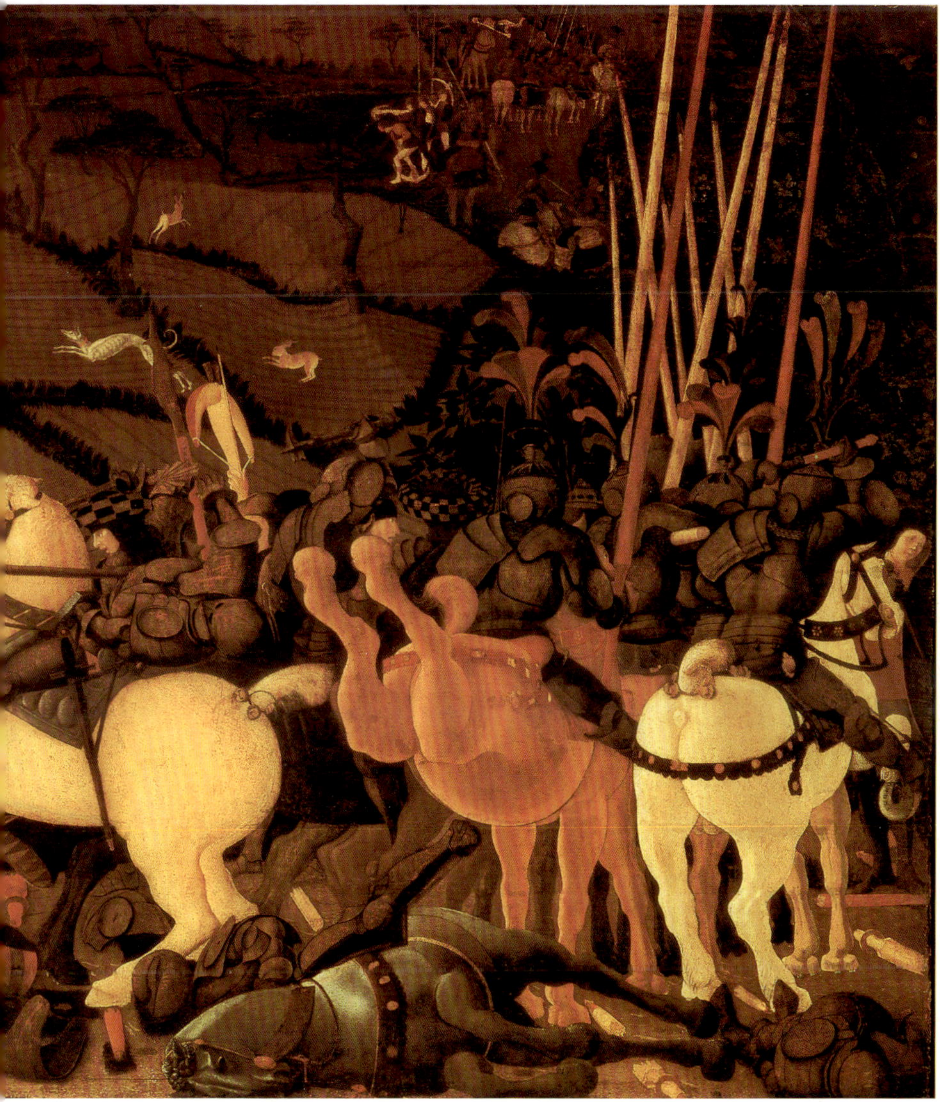

Illusionisme

Het illusionisme is een zeer specifieke variant van het naturalisme, waarin de kunstenaar probeert de kijker zodanig op het verkeerde been te zetten dat hij geschilderde objecten aanziet voor echte. Dat staat centraal in de renaissancekunst, die sterk werd beïnvloed door de klassieke ambitie om natuurgetrouwe kunst te maken.

DONATO BRAMANTE (ca. 1444–1514); ANTONIO ALLEGRI, bekend als **CORREGGIO** (ca. 1494–1534); **DONATO DI BETTO BARDI**, bekend als **DONATELLO** (ca. 1386–1466); **JAN VAN EYCK** (ca. 1390–1441); **ANDREA MANTEGNA** (ca. 1430–1506)

misleiding, imitatie, trompe l'oeil, kwadratuur, verkorting

De twee belangrijke technische termen die gebruikt worden in het illusionisme zijn 'trompe l'oeil' en 'kwadratuur'. Trompe l'oeil is Frans voor 'misleid het oog' en wordt normaalgesproken gebruikt voor een schilderij dat de kijker bijvoorbeeld laat denken dat hij naar een echte appel kijkt in plaats van naar een geschilderde. De term wordt vooral toegepast bij stillevens of andere werken waarop kleinere voorwerpen in intieme, vaak huiselijke ruimten staan.

'Kwadraturen' zijn grootschalige misleidingen, waarin een schilderij of fresco wordt verward met het gebouw waarin het wordt tentoongesteld. De kunstenaar bereikt dat door de architectuur van het gebouw in zijn kunstwerk te imiteren. Daarom zijn kwadraturen gewoonlijk specifiek voor één plek. Ze zijn overtuigender als de setting altijd op dezelfde manier wordt verlicht. De kunstenaar kan het effect van de verlichting van het gebouw dan verweven in zijn kunstwerk.

De technieken van het illusionisme zijn verkorting, perspectief en clair-obscur. Ze zijn allemaal ontwikkeld in de vroege klassieke periode (ca. 480–450 v. Chr.) en werden volledig uitgebuit door de kunstenaars uit de renaissance. Mantegna was de eerste renaissancekunstenaar die illusionistische plafonddecoraties gebruikte. Hij 'vergrootte' de afmetingen van de bruidskamer in het Palazzo Ducale van de familie Gonzaga op een listige manier. Dit vernieuwende gebruik van kwadratuur vormde de inspiratiebron voor Correggio's versiering van de koepel van de San Giovanni Evangelista in Parma. Beide zijn uitstekende voorbeelden van een vorm van illusie die *di sotto in sù* wordt genoemd, wat 'van onderaf gezien' betekent.

BELANGRIJKSTE WERKEN in het Palazzo Ducale van de familie Gonzaga, Mantua

→ ***Bruidskamer*, Palazzo Ducale van de familie Gonzaga, 1465–1474, ANDREA MANTEGNA**
Als u in de bruidskamer (*camera degli sposi*) staat en naar boven kijkt, is het alsof u in een put zit. Het plafond lijkt via een ronde muur uit te komen in de openlucht. Het effect is vooral verwarrend voor een bruidskamer; het roept een gevoel op van publieke inbreuk in een privé-omgeving. Mantegna gebruikte verkorting, wat het best te zien is in de figuren van de putti, en kwadratuur, voor een dramatisch, illusionistisch effect.

ANDERE WERKEN in Italië uit de renaissance

De koepel van de St.-Johannes de Doper, Parma, 1520–1524, **CORREGGIO**

De koepel van de kathedraal van Parma, 1526–1530, **CORREGGIO**

ANDERE WERKEN in Italië uit de barok

Allegorie van goddelijke voorzienigheid en de macht van de Barberini, Gran Salone, Palazzo Barberini in Rome, 1633–1639, **PIETRO DI CORTONA**

Vijf plafonds, Palazzo Pitti in Florence, 1640–1647, **PIETRO DI CORTONA**

De tenhemelopneming van Maria, 1625–1627, San Andre della Valle in Rome, **GIOVANNI LANFRANCO**

perspectivisme, naturalisme

modernisme, postmodernisme

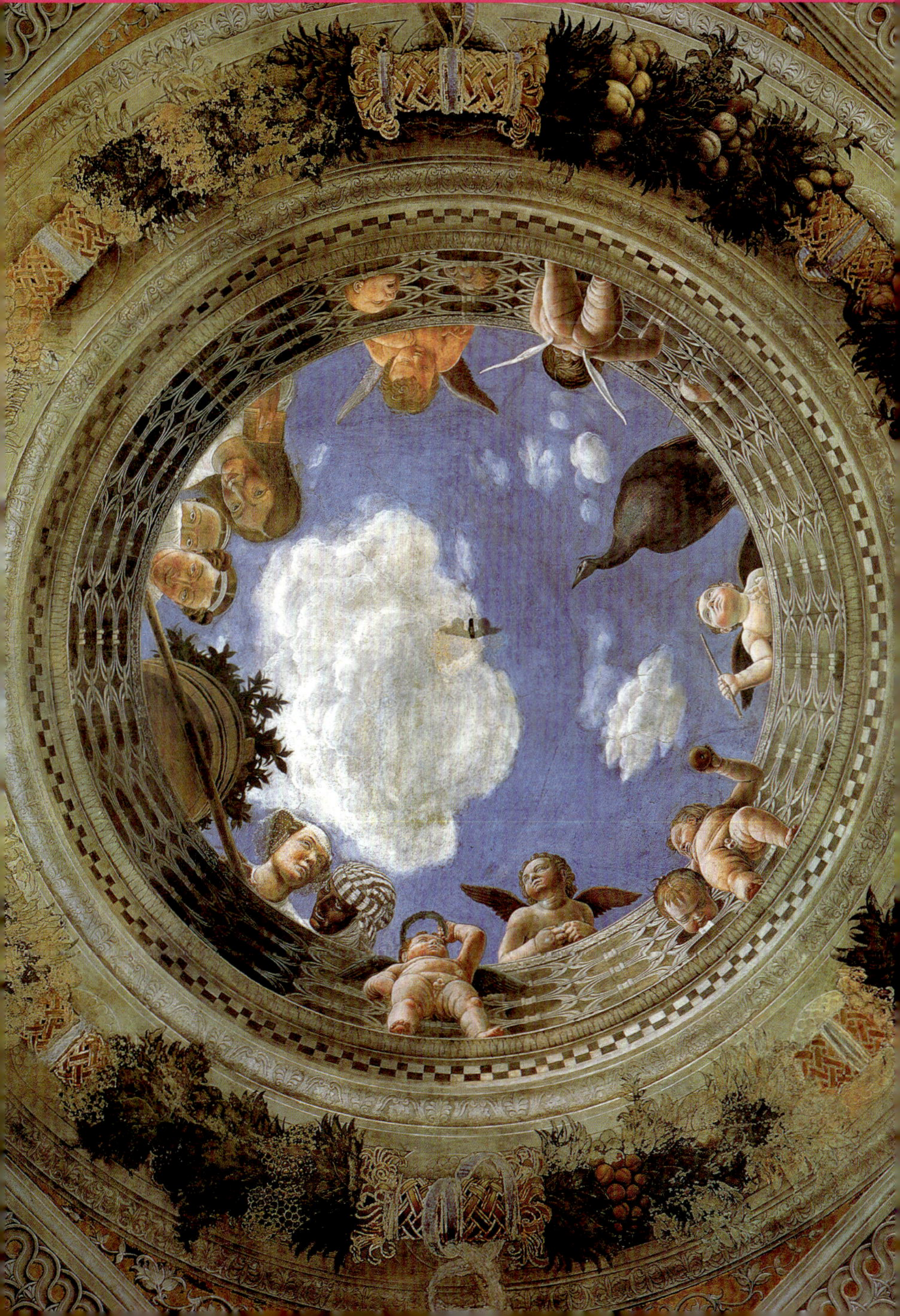

Naturalisme

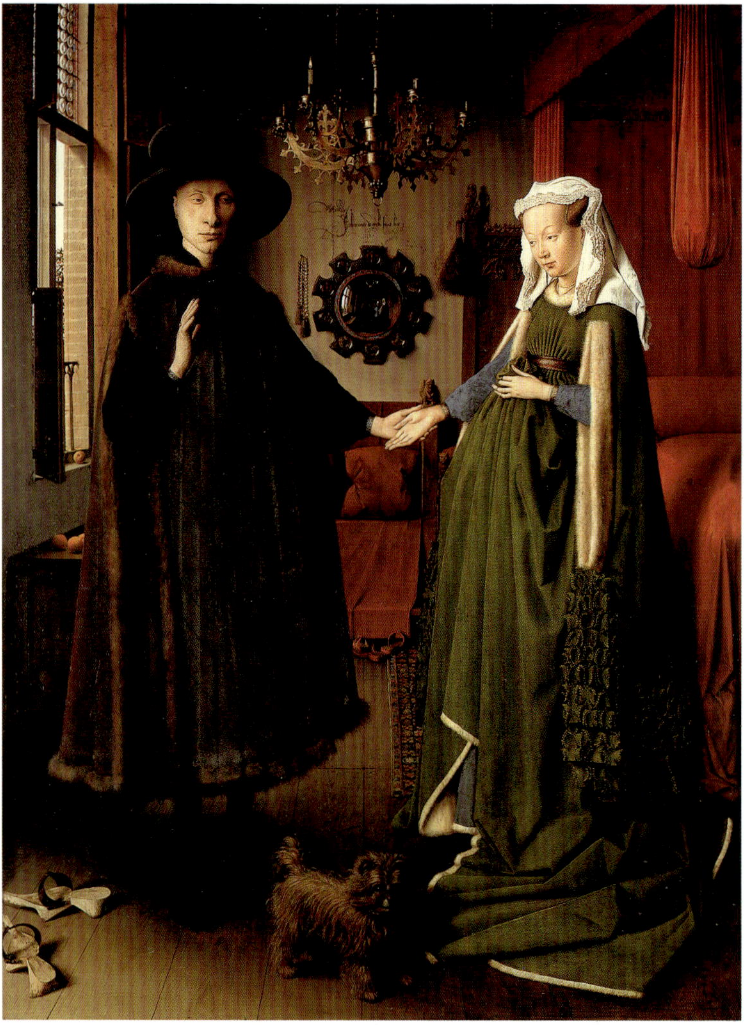

Het naturalisme is de afbeelding van de wereld met een minimum aan ab - stractie of stilistische vervorming. Het wordt gekenmerkt door overtuigende lichteffecten en oppervlaktestructuren en het oproepen van gevoelens en sferen. Het naturalisme kwam tijdens de renaissance opnieuw op als een dominerende kunststroming.

GIOVANNI BELLINI (ca. 1433–1516); **PIETER BRUEGEL** (ca. 1525–1569); **JAN VAN EYCK** (ca. 1390–1441); **HUGO VAN DER GOES** (CA. 1440–1480); GIORGIO DA'CASTEL FRANCO bekend als **GIORGIONE** (ca. 1477–1510); **LEONARDO DA VINCI** (1452–1519)

licht, structuur, tonen, subtiliteit, olieverf, Noord-Europa, Venetië

Het naturalisme uit de renaissance wordt gekenmerkt door een algemeen streven naar natuurgetrouwe voorstellingen. Dat wordt bereikt door licht, structuur, kleur en toon in al hun verscheidenheid uit te drukken, maar dan wel volkomen consequent.

Het naturalisme bood renaissancekunstenaars de kans om opnieuw na te denken over wat kunst is en de culturele waarde ervan te vergroten. Leonardo da Vinci's ontwikkeling van atmosferisch perspectief bijvoorbeeld was een poging om een overtuigendere naturalistische schilderstijl te bereiken, waarin strakke regels over compositie, zoals lineair perspectief, minder duidelijk waren voor de kijker. De beste renaissancekunstenaars streefden ernaar perspectief onopvallend toe te passen en ze begonnen al snel kunstenaars te bekritiseren wier gebruik ervan te duidelijk was, waardoor ze onze waarneming van het kunstwerk verstoren door de aandacht te vestigen op maar één aspect van de compositie.

Er waren twee andere bijdragen beslissend voor de ontwikkeling van het naturalisme. Jan van Eyck bereikte een verbazingwekkend niveau van natuurgetrouwe detaillering in de afbeelding van licht en structuur, waardoor hij in heel Europa bekend werd. Kunstenaars die in Venetië werkten, verkozen kleur en stemming boven de lijn en vorm van de Florentijnse kunstenaars. De Florentijnse coloristen zijn onder anderen Bellini, Tintoretto, Veronese, Giorgione en Titiaan. Het gebruik van een sfeerlandschap als voertuig voor menselijke emoties en stemmingen wordt toegeschreven aan Giorgione. Het naturalisme leidde in de jaren erna tot de ontwikkeling van de landschaps- en stillevensschilderkunst; genres die nog zeldzaam waren in de renaissance.

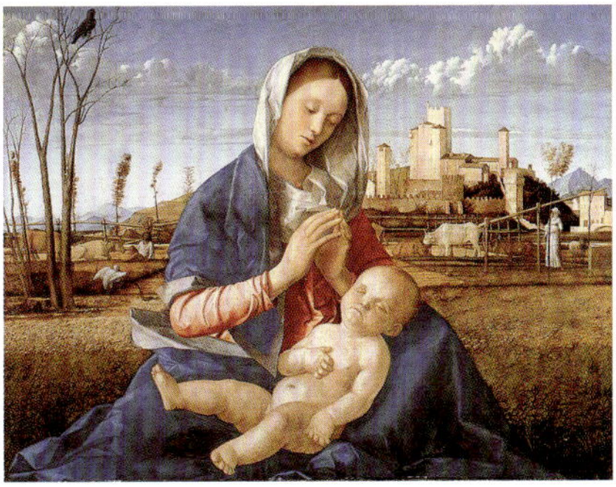

BELANGRIJKSTE WERKEN in de National Gallery, Londen

← *Portret van Giovanni Arnolfini en zijn vrouw: het Arnolfini-portret*, 1434, JAN VAN EYCK
Van Eyck wordt genoemd als uitvinder van de olieverf. Hoewel dat niet helemaal juist is, was hij zeker de eerste die de mogelijkheden van olieverf liet zien als medium dat geschikt is voor het naturalisme. De subtiele en overtuigende uitbeelding van licht op vlakken met een verschillende structuur, maakt *Het Arnolfini-portret* tot een van de belangrijkste werken van het naturalisme.

↓ *Madonna van de weide*, 1500, GIOVANNI BELLINI
Als Van Eycks werk de overwinning van het naturalisme met betrekking tot licht en structuur vertegenwoordigt, doet Bellini's werk dat voor de overwinning van het naturalisme als middel om herkenbare sferen en emoties in de schilderkunst uit te beelden. Zijn Madonna van de weide is zeer teder, door gewone, natuurlijke houdingen. Het is een intiem werk, waarin de warmte en het verdriet van de madonna onderdeel van de natuur zelf lijken te zijn. Op de achtergrond is Venetiaanse landbouwgrond te zien in plaats van een geïdealiseerd landschap.

ANDERE WERKEN in de National Gallery, Londen

De doop van Christus, 1450–1460, PIERRO DELLA FRANCESCO

Venus en Mars, ca.1485, SANDRO BOTTICELLI

De madonna in de grot, 1493–1494 en 1506–1508, LEONARDO DA VINCI

De afgezanten, 1533, HANS HOLBEIN DE JONGERE
Landschap met een voetbrug, 1518–1520, ALBRECHT ALTDORFER

humanisme, classicisme, illusionisme, perspectivisme, realisme

maniërisme, absolutisme, modernisme, postmodernisme

Maniërisme

In de breedste zin verwijst het maniërisme naar kunst die in de tweede helft van de zestiende eeuw is gemaakt, na de hoge renaissance en voor de barok. De term wordt ook met een negatieve klank gebruikt, vooral in de achttiende en negentiende eeuw, toen het maniërisme vaak werd beschouwd als een kunstmatige achteruitgang na de hoge renaissance.

NICCOLÒ DELL'ABATE (ca. 1509–1571); **GIUSEPPE ARCIMBOLDO** (1527–1593); **AGNOLO BRONZINO** (1503–1572); ANTONIO ALLEGRI, bekend als **CORREGGIO** (ca. 1494–1534); GIROLAMO FRANCESCO MARIA MAZZOLA bekend als **PARMIGIANINO** (1503–1540); JACOPO CARUCCI bekend als **PONTORMO** (1494–1556); **GIOVANNI** BATTISTA DI JACOPO ROSSO bekend als **ROSSO FLORENTINO** (1496–1540); **ANDREA DEL SARTO** (1486–1530)

verdraaiing, dubbelzinnigheid

De Italiaanse schrijver Vasari gebruikte de term 'maniërisme' voor het eerst in de zestiende eeuw om stijlvolle schilderkunst vol elegantie en verfijning aan te duiden. Vanaf de achttiende eeuw begon de reputatie van maniëristische schilders te verslechteren. Vergeleken met het werk van de meesters uit de hoge renaissance werden ze beschouwd als minder begaafd. Kenmerken van de maniëristische stijl, zoals de vreemde poses en uitgerekte figuren, werden afgedaan als symptomen van niets meer dan virtuositeit en effectbejag. In de twintigste eeuw werd het maniërisme echter steeds vaker bestudeerd als een afzonderlijke, late fase van de renaissance.

Maniëristen hechtten minder waarde aan harmonieuze, uitgebalanceerde composities dan de kunstenaars van de hoge renaissance, en de hele stroming kan worden beschouwd als een afwijzing, of aanpassing, van het classicisme uit die periode. Het maniërisme wordt gekenmerkt door een grote verscheidenheid aan onderwerpen, poses, perspectieven en kleuren, waaraan de klassieke lijn, de harmonie en het perspectief ondergeschikt zijn gemaakt. Met betrekking tot het menselijk lichaam verdraaiden maniëristen dat wat in de hoge renaissance werd geïdealiseerd. De figuren op maniëristische schilderijen lijken vaak in een beweging te zijn vastgelegd, in vreemde poses en met buitenproportionele kenmerken, terwijl de kijker aangemoedigd wordt om het verhaal dat wordt verteld, te herkennen. De moraal en ideeën van de maniëristische schilderkunst zijn minder verheven dan die van de hoge renaissance. Er is meer dubbelzinnigheid en meer ruimte voor interpretatie. Deze kenmerken van het maniërisme maakten de stroming smakeloos voor degenen die de directheid, grandeur en eenvoud van de hoge renaissance waardeerden.

BELANGRIJKSTE WERKEN in de National Gallery, Londen

↓ ***Een allegorie met Cupido en Venus*, 1540–1550, AGNOLO BRONZINO**
Deze krachtig gekleurde maniëristische compositie is, heel typerend, bevolkt met gebarende figuren in merkwaardige poses. Het jonge meisje op de achtergrond is geen geïdealiseerde figuur, maar een hybride die wel-

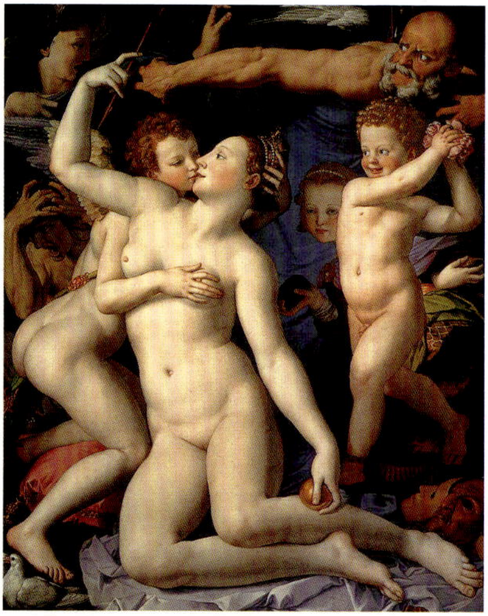

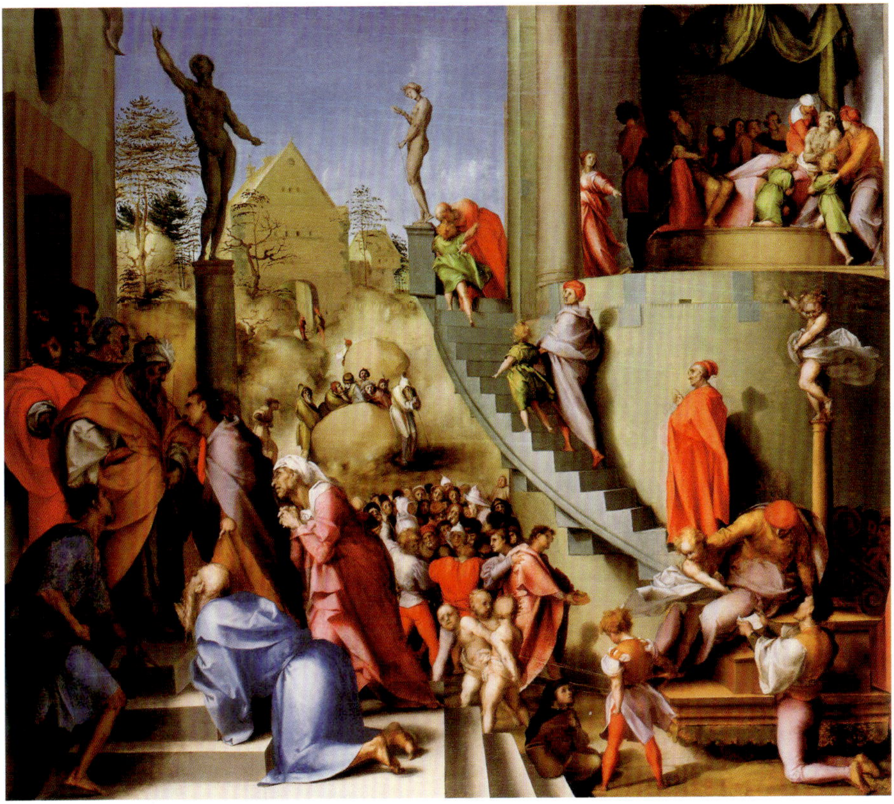

de bedrieglijke aard van het genot vertegenwoordigt. De ingewikkelde, allegorische betekenis van het schilderij is niet meer duidelijk te begrijpen, en het is daarom een uitstekend voorbeeld van de verwarring van interpretaties die kenmerkend is voor het maniërisme.

↑ *Jozef en Jakob in Egypte*, 1518,
JACOPO CARUCCI bekend als **PONTORMO**
Dit maniëristische schilderij vertelt vier verhalen tegelijkertijd: Jozef die Jakob aan de farao voorstelt, Jozef op een kar die een smeekbede aanhoort, Jozef die een trap bestijgt om Jakob te bezoeken en Jakob die Jozefs zonen op zijn sterfbed zegent. Op het schilderij staat ook een kind op een zuil dat klassieke poses nadoet. De eenvoudige eenheid van ruimte is vervangen door overlappende dramatische omgevingen, waarin perspectief en proporties niet strikt nageleefd worden en waarin het grootse vervangen is door een felgekleurde warboel van details.

ANDERE WERKEN in de National Gallery, Londen
Madonna en kind met de heilige Johannes de Doper en een vrouwelijke heilige, waarschijnlijk de heilige Anna, 1540–1550, **AGNOLO BRONZINO**

Madonna en kind met heiligen, 1526–1527, **PARMIGIANINO**

Het mystieke huwelijk van de heilige Catherina, 1527–1532, **PARMIGIANINO** *Jozef wordt aan Potiphar verkocht*, 1515, **PONTORMO**

Farao met bediende en bakker, 1515, **PONTORMO**

gesturalisme, emotionalisme, allegorisme

naturalisme, perspectivisme, illusionisme, classicisme, neoclassicisme, academisme, realisme, modernisme, postmodernisme

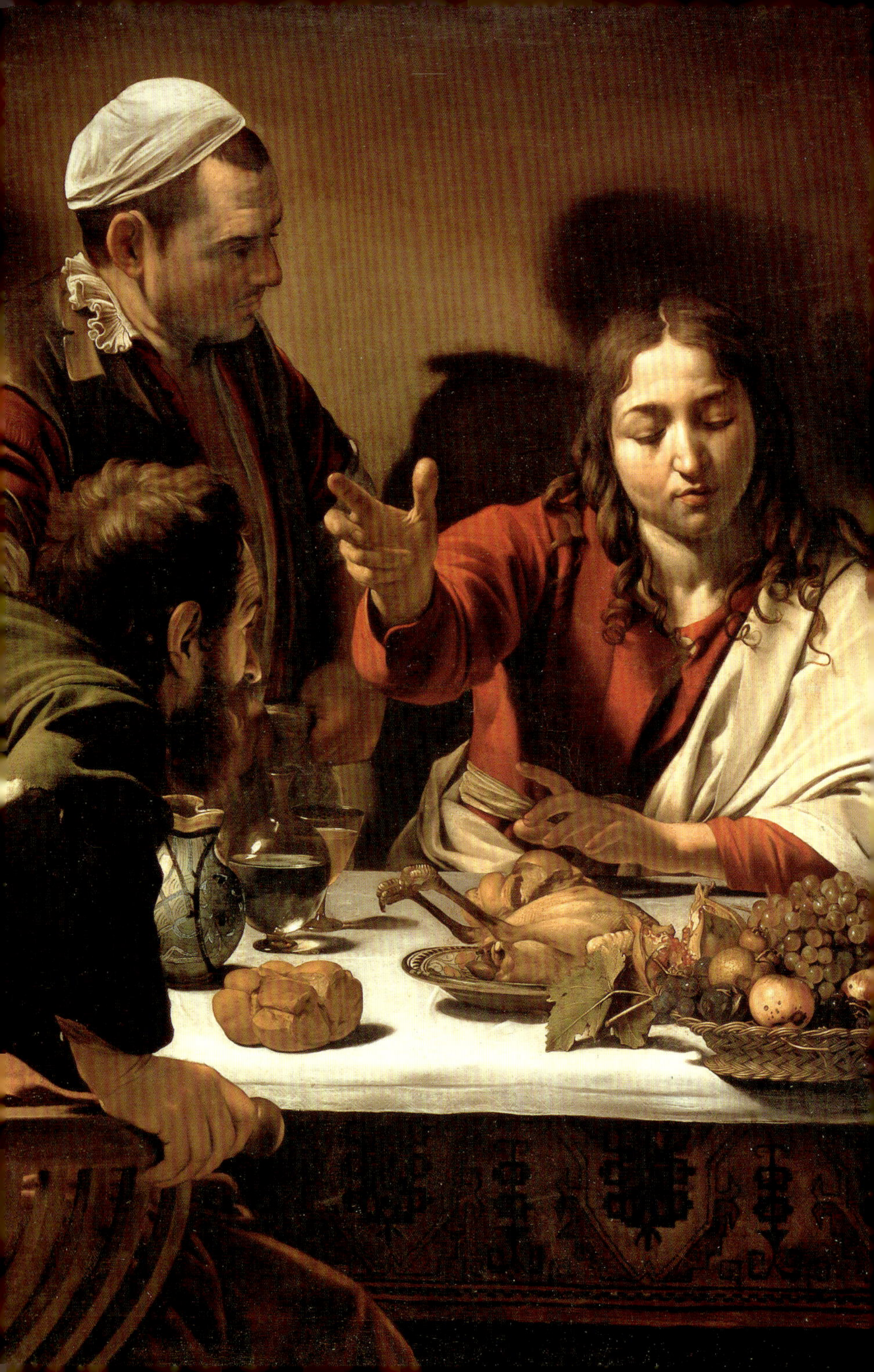

2

BAROK & ROCOCO

Barok

De kunst en cultuur van de zeventiende eeuw worden de 'barok' genoemd. De term werd voor het eerst gebruikt om kunstwerken te kleineren die een gebrek aan klassieke proporties zouden hebben. Kunstenaars uit de barok waardeerden, net als hun renaissancistische voorlopers, algemene eenheid van ontwerp en uitvoering. Wat de barok onderscheidt, is de onophoudelijke beweging en vervorming. De barok was ook een reactie op het maniërisme.

drama, transformatie, conflict, manipulatie, retoriek, allegorie, meditatie, absolute macht, nieuwe genres

De barokkunst staat bol van de beweging: fysieke, emotionele of spirituele. De symmetrie en proporties van de renaissance zijn minder duidelijk dan de kronkelende vormen, felle kleuren en vaak dramatische contrasten tussen licht en donker. Overtuigen, transformeren, misleiden via illusie: stuk voor stuk kenmerken van de barok. De kunstwerken lijken alle kanten op te gaan, in een poging om elke psychologische afstand tot de kijker te overbruggen. De barokkunstenaars gebruikten de kracht van de uitdrukking om hun publiek te bekeren of te overtuigen.

Kunst uit de barok wordt vaak geassocieerd met politiek absolutisme en met de katholieke Contrareformatie. De kunst uit het baroktijdperk was zonder twijfel ontvankelijk voor politiek gebruik en sektarische conflicten: veel van de meesterstukken zijn de vieringen van macht en spirituele orthodoxie. De barokkunst van de protestantse Republiek der Nederlanden verschilt enorm van de barokkunst uit het katholieke Italië: zulke verschillen zijn typerend voor de barok en komen voort uit de culturele, politieke en religieuze conflicten die het tijdperk gestalte gaven.

De barokperiode werd gekarakteriseerd door een steeds grotere verscheidenheid aan beschermheren die van stillevens, genrestukken en landschappen hielden, vaak gemaakt op doeken die in privé-verblijven konden worden opgehangen, in plaats van de fresco's, paleisdecoraties en altaarstukken die de beeldende kunst in de renaissance domineerden. Deze ontwikkelingen zijn het best te zien in de Gouden Eeuw van de Nederlandse kunst, waarin stads- en zeegezichten, interieurs en stillevens een nieuw stadium van populariteit en verfijning bereikten.

De barokbeweging was niet alleen naar buiten gericht, maar ook naar binnen. Sterk drama en hevige emoties zouden de hoofdrolspelers in het verhaal van de kunst uit de barok kunnen zijn, maar de intimiteit, subtiliteit en diepzinnigheid van zijn kalme, meer naar binnen gerichte genres zijn even essentieel.

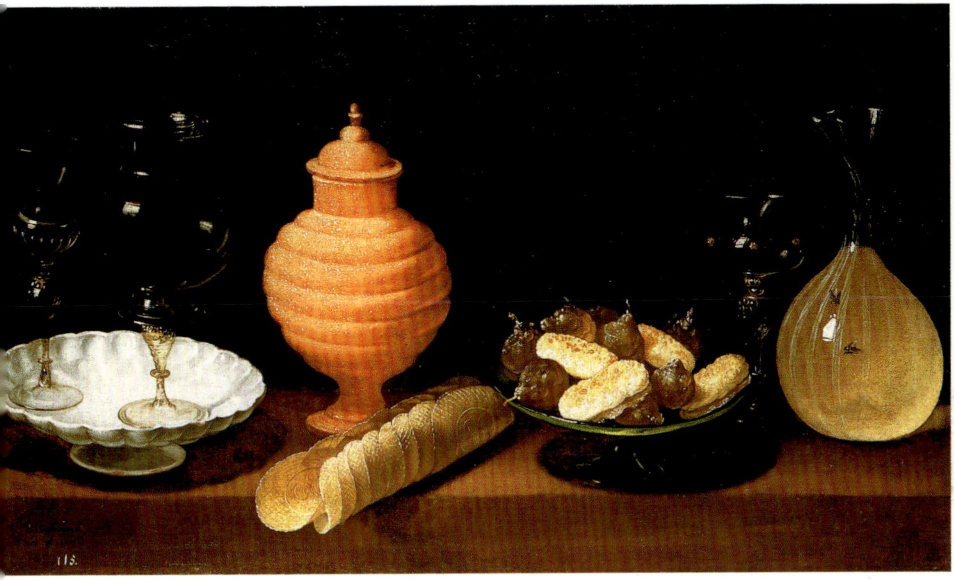

BELANGRIJKSTE WERKEN in het Prado, Madrid

↑ *Stilleven met zoetigheden en glas*, 1622, JUAN VAN DER HAMEN

Stillevens – schilderijen van alledaagse voorwerpen, variërend van vazen tot fruit en bloemen – werden zeer populair tijdens de barok, vooral in de Republiek der Nederlanden. De markt voor schilderijen werd groter naarmate meer mensen kunst voor hun huis konden kopen. Barokke stillevens zijn een bron van contemplatie en meditatie, maar wekken ook bewondering voor de vaardigheden van de kunstenaar. De schoonheid ervan is vaak melancholiek en nodigt de kijker uit na te denken over de vergankelijkheid van het leven.

↓ *Het feest van Bacchus (De drinkebroers)*, 1628, DIEGO VELÁZQUEZ

Bacchus was de Romeinse god van de wijn, die door de Grieken aanbeden werd als Dionysus. Op het laagste niveau wordt hij geassocieerd met dronkenschap, maar veel vaker met artistieke inspiratie en de bevruchting van de aarde en de ziel. Twee figuren kijken rechtstreeks het schilderij uit, waardoor de kijker betrokken wordt, als observeerder of als mededrinker. Deze manipulatie is een kenmerk van de barokkunst. Bacchus kijkt naar één kant, waardoor we zijn gezicht kunnen bestuderen, maar zijn gedachten en gevoelens blijven onduidelijk. Velzquez laat ons achter met een ongemakkelijk gevoel dat balanceert tussen betrokkenheid en afstandelijkheid.

ANDERE WERKEN in het Prado, Madrid

Maria Ruthwen, de vrouw van de schilder, ca. 1639, ANTHONY VAN DYCK

Parnassus (Apollo en de muzen), ca. 1631–1633, NICOLAS POUSSIN

Artemisia, 1634, REMBRANDT HARMENSZ. VAN RIJN

Boerendans, ca. 1636–1640, PETER PAUL RUBENS

De drie-eenheid, ca. 1635–1636, JUSEPE DE RIBERA

De hofdames, DIEGO VELÁZQUEZ

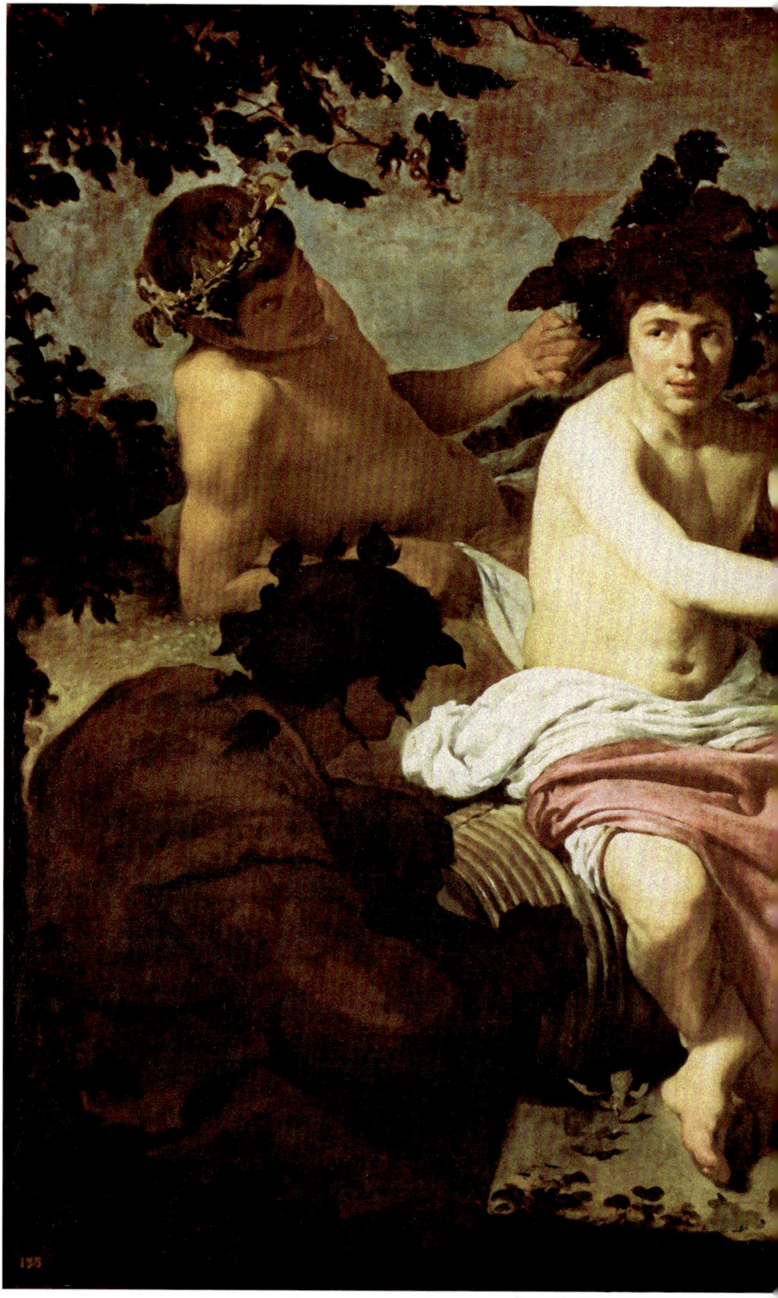

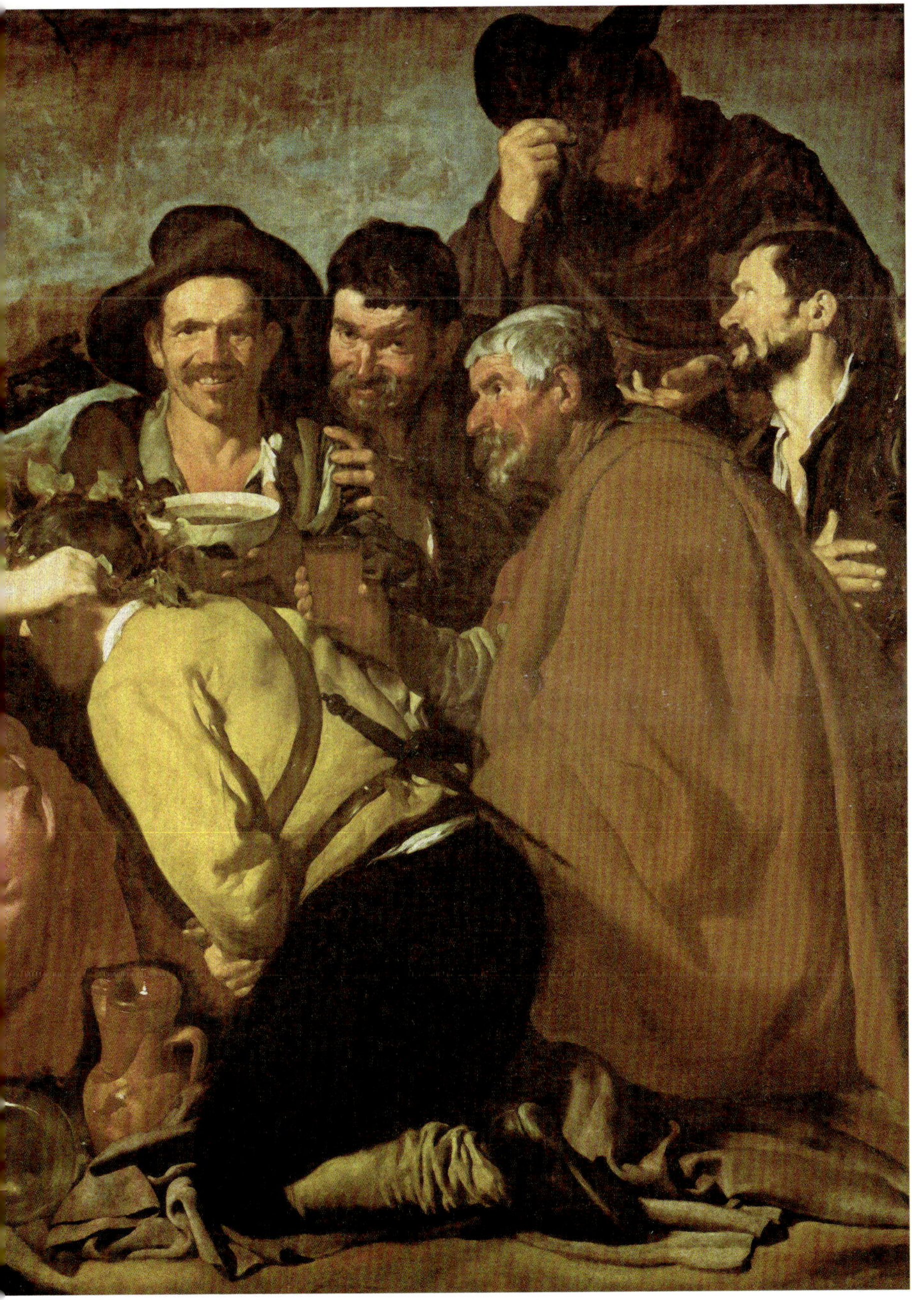

Allegorisme

BCS

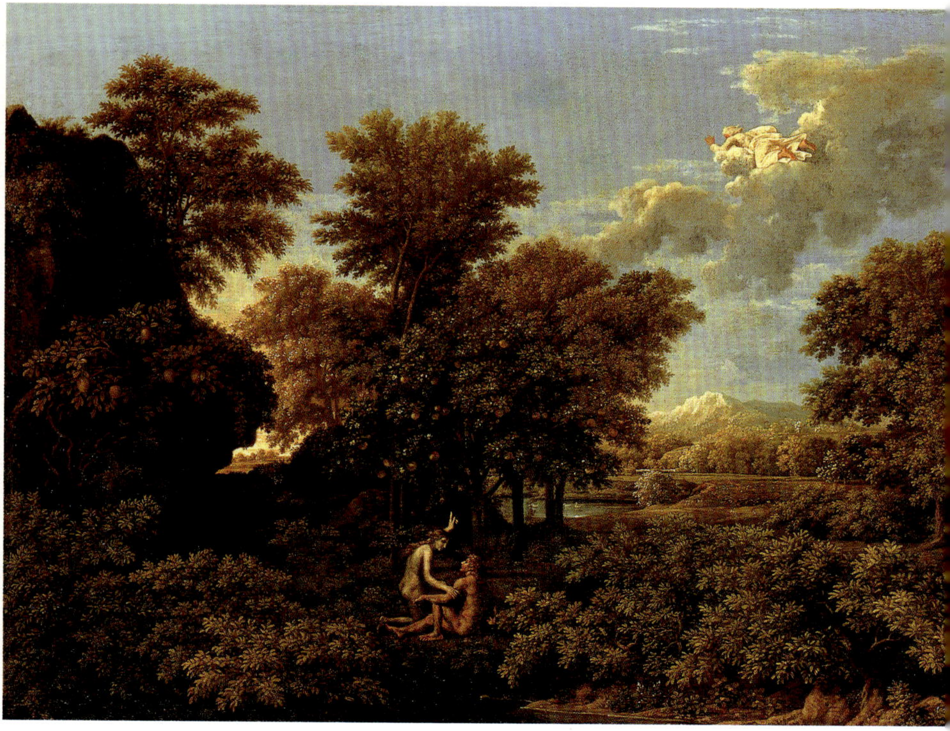

In allegorische schilderijen is een betekenis in de inhoud verstopt die de kijker moet 'lezen'. Een allegorie verschilt van een symbool in de zin dat het gewoonlijk een heldere of precieze associatieve betekenis heeft en er geen intuïtieve reactie van de beschouwer nodig is. Een stilleven van rottend fruit is bijvoorbeeld een allegorie van de korte duur van het menselijk bestaan.

CLAUDE LORRAIN (1600–1682); **NICOLAS POUSSIN** (1594–1665); **PETER PAUL RUBENS** (1577–1640); **JOHANNES VERMEER** (1632–1675); **SIMON VOUET** (1590–1649)

propaganda; verborgen waarheden, stilleven, zinspelingen

De allegorie was populair in de barok. Veel schilders streefden naar dezelfde hoge status als dichters en gebruikten de allegorie om kunstzinnige equivalenten van zinspelingen en metaforen te introduceren.

Allegorische schilderijen vragen van de kijker een actieve kennis van de klassieke literatuur, mythologie en geschiedenis, naast de christelijke theologie en tradities. Het vertrouwt op de ratio en op verworven kennis, terwijl de betekenis van een symbool afhankelijker is van onze emotionele en intuïtieve reactie erop.

Er zijn twee hoofdstromen in de barokke allegorische schilderkunst: de ene is publiek, de andere privé. Publieke allegorische schilderijen proberen de manier waarop we denken over kerk en staat te beïnvloeden, gewoonlijk door eigentijdse heersers te associëren met klassieke leiders, of de kerk met de grandeur en autoriteit van het klassieke verleden. Op typische voorbeelden worden eigentijdse heersers met een klassieke wapenrusting afgebeeld, versierd met symbolen van de goden van oorlog en vrede. De allegorische betekenis is duidelijk: de koning is net zo triomfantelijk als Caesar. Om een allegorisch schilderij begrijpelijk te laten zijn, moet er een culturele consensus over de betekenis van de allegorie zijn. De klassieke wereld was de belangrijkste bron van alle allegorische onderwerpen, omdat de klassieken in heel katholiek en protestants Europa werden bewonderd.

De privé-stroming in de barokke allegorische schilderkunst verkent de moraal en waarheden die betrekking hebben op onze ervaring van het leven. Vooral de Nederlandse en Vlaamse kunst worden geassocieerd met schilderijen van schijnbaar alledaagse situaties, waarin allegorische of morele waarheden zijn verwerkt, zoals 'overdaad schaadt'.

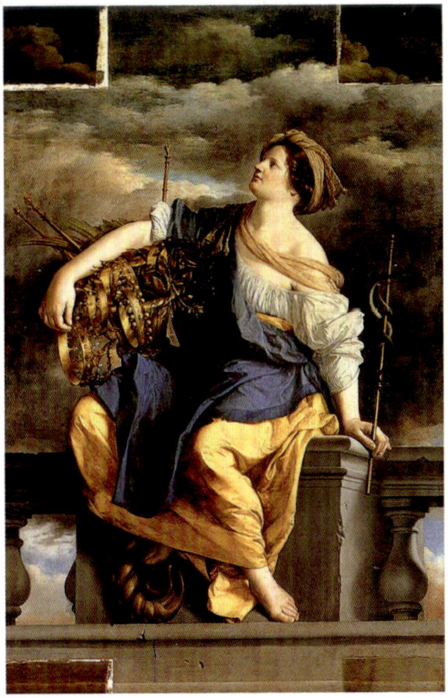

BELANGRIJKSTE WERKEN in het Louvre, Parijs

← *Lente, of Het aardse paradijs* **1660–1664, NICOLAS POUSSIN**
Dit schilderij is het eerste van vier schilderijen die de seizoenen afbeelden. Poussins allegorie is ingewikkeld. De hele serie verwijst naar het klassieke en christelijke geloof in natuurlijke orde, geïllustreerd door de contrasten, de opeenvolging en de herhaling van de seizoenen. Maar elk schilderij in Poussins reeks is ook een allegorie voor een bepaalde tijd van de dag en een bepaalde fase in de geschiedenis van de mens. De lente staat voor de ochtend en de schepping van de mens in de Hof van Eden. Het voegt de herhaling van de seizoenen samen (als een cyclus) met een uniek beginpunt voor de tijd zelf: de goddelijke schepping.

↓ *Het openbare welzijn overwint de gevaren*, ca.1623–1625, **ORAZIO GENTILESCHI**
Dit schilderij werd in opdracht gegeven door Maria de' Medici, koningin-moeder van Frankrijk. Het was bedoeld als een allegorie waarin de koningin wordt afgebeeld die zegeviert over de bedreiging van de koninklijke macht tijdens de regeringsperiode. Een geïdealiseerde vrouwenfiguur verzamelt beschermend de symbolen van de staat in haar armen, terwijl ze naar de lucht kijkt en wacht tot de storm overtrekt. In het werk wordt de bewering geïntroduceerd dat het in het belang van de publieke vrede is dat Maria de rechten van haar zoon Lodewijk XIII, de absolute heerschappij over Frankrijk, beschermt.

ANDERE WERKEN in het Louvre, Parijs

De triomf van Flora, 1631, **NICOLAS POUSSIN**

De aanbieding van het portret van Maria de' Medici aan Hendrik IV, ca.1622–1624, **PETER PAUL RUBENS**

Allegorie van de overvloed, 1630–1635, **SIMON VOUET**

gesturalisme, barok-classicisme, sektarisme, absolutisme, classicisme, humanisme, academisme, neoclassicisme

19e eeuw, modernisme, postmodernisme

Barok-classicisme

Het barok-classicisme werd gekenmerkt door drie belangrijke ontwikkelingen die allemaal werden bevorderd door de toename van privé-beschermheren die schilderijen voor in huis wilden: het klassieke landschap dat sfeer oproept, Poussins herbevestiging van de klassieke compositieprincipes en de codificatie van dergelijke principes als basis van het academische kunstonderwijs.

CHARLES LEBRUN (1619–1690); **CLAUDE LORRAIN** (1600–1682); **NICOLAS POUSSIN** (1594–1665)

nostalgie, Gouden Eeuw, landschap, stoïcisme, academisch, filosofisch

De nieuwe aandacht voor het klassieke verleden die de renaissance onderscheidde van de middeleeuwen ging door in het baroktijdperk. Het toenemende aantal privé-verzamelaars in de zeventiende eeuw was een belangrijke stimulans voor de ontwikkeling van schilderijen. De kunst voor huiselijke ruimten en daarmee een voorkeur voor een beeldender, suggestiever en intellectueler classicisme dat geschikt was voor persoonlijke overpeinzingen, bloeide tijdens de barok op.

Er zijn drie hoofdstromingen in het barok-classicisme, waarvan er twee worden vertegenwoordigd door Claude Lorrain en Nicholas Poussin. Lorrains werk bevat klassieke figuren en gebouwen in beeldende landschappen die doortrokken zijn van nostalgie. Lorrain verwierp de heroïsch geproportioneerde figuren. In plaats daarvan domineert het landschap en zijn de figuren gewoonlijk klein; hun drama is teruggebracht tot een bijna nederige menselijke schaal.

Nicholas Poussin was de grondlegger van het Franse classicisme. Hij liet zich voorstaan op '*disegno*' (ontwerp) en streefde naar harmonie, balans en morele ernst in zijn werk, waarin vorm en kleur volmaakt onder controle zijn.

In Frankrijk ontstond een klassieke school op basis van het werk van Poussin met de nadruk op vorm en ontwerp, maar niet altijd met zijn talent. Die school werd de basis van de academische kunstopleiding die in de barok, en vooral in Frankrijk, een politieke functie diende door voor 'officiële', door de staat goedgekeurde kunst te zorgen. Het academisch classicisme bereikte zijn hoogtepunt in de achttiende en negentiende eeuw, toen er tijdens de verlichting in heel Europa kunstacademies opbloeiden en het neoclassicisme in de lift zat. Zowel David als Ingres, belangrijke neoklassieke schilders, bewonderde Poussin.

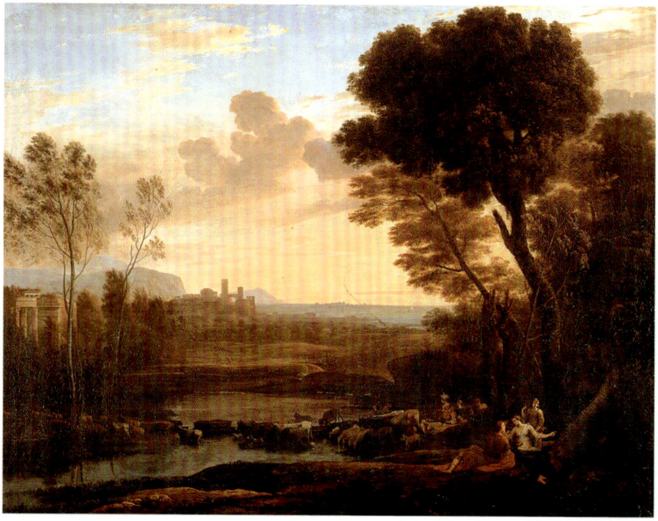

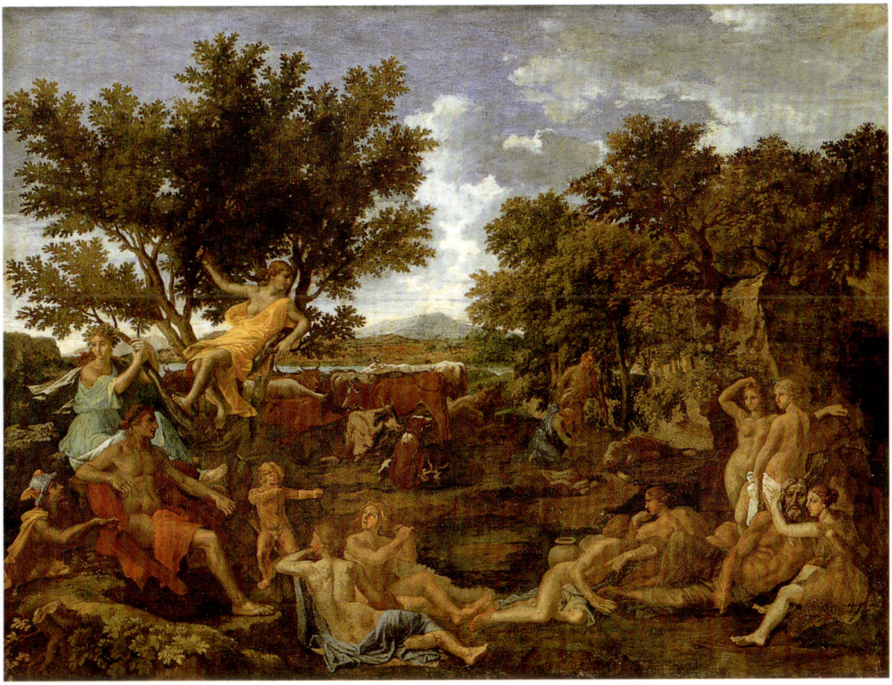

BELANGRIJKSTE WERKEN in het Louvre, Parijs

Landschap met Paris en Oenone, **1648, CLAUDE LORRAIN**
De mythologische figuren lijken bijna een bijrol te spelen in dit geïdealiseerde landschap. Hun aanwezigheid zorgt ervoor dat we het landschap op de juiste manier 'lezen' en het als klassiek waarnemen. Het verhaal van Paris en Oenone is minder belangrijk dan het landschap en de sfeer die het oproept. Het gaat bijna verloren in de natuur, en dat verlies is symbolisch voor de Gouden Eeuw zelf, nu verdwenen, en alleen nog bekend via verhalen.

Apollo en Daphne, **1625, NICOLAS POUSSIN**
Dit is Poussins laatste schilderij. Het toont het moment dat Cupido Apollo heeft geraakt met een pijl met een gouden punt, waardoor hij verliefd wordt op Daphne, en net daarvoor heeft hij Daphne geraakt met een pijl met een loden punt, om ervoor te zorgen dat zij op haar beurt Apollo nooit zal verlaten. De kalmte in het schilderij suggereert dat deze situatie een permanente toestand in de wereld is en zorgt voor een deel van de constante orde die onder dit eindeloze proces van verandering ligt.

ANDERE WERKEN in het Louvre, Parijs

Alexander en Porus, ca. 1673, **CHARLES LE BRUN**

Odysseus geeft Chryseïs terug aan haar vader, ca. 1644, **CLAUDE LORRAIN**

Zeehaven met aankomst van Cleopatra in Tarsus, 1642–1643, **CLAUDE LORRAIN**

Acis en Galatea, ca. 1645–1650, **FRANCOIS PERRIER**

allegorisme, classicisme, humanisme, idealisme, academisme, neoclassicisme

19e eeuw, modernisme, postmodernisme

Piëtisme

Piëtisme is afgeleid van 'piëta', dat 'erbarmen' betekent. Het piëtisme verwijst naar een houding van spirituele toewijding en concentratie, maar in de context van de barokkunst en -cultuur gaat het om een vorm van religieuze toewijding waarin het kunstwerk zelf een centrale rol speelt.

GIANLORENZO BERNINI (1598–1680); **CLAUDIO COELLO** (1642–1693); **PIETRO DA CORTONA** (1596–1669); **GIOVANNI BATTISTA GAULLI** (1639–1709); **LUCA GIORDANO** (1634–1705); DOMENIKOS THEOTOCOPOULOS, bekend als **EL GRECO** (1541–1641); **BARTOLOMÉ ESTEBAN MURILLO** (1617/1618–1682); **ANDREA POZZO** (1642–1709); **REMBRANDT HARMENSZ. VAN RIJN** (1606–1669); **PETER PAUL RUBENS** (1577–1640); **FRANCISCO DE ZURBARÁN** (1598–1664)

godsdienstig, streng, orthodox, openbaar ritueel, Contrareformatie

Het piëtisme werd gevormd door de verschillende houdingen ten opzichte van kerk, traditie, autoriteit en het heilige geschrift die ze van elkaar onderscheidden.

In de katholieke kunst van de barok lag de nadruk op intense, emotionele ontmoetingen, vaak met heiligen, martelaren en kerkvoogden in de hoofdrol, die verwikkeld waren in extatische of visionaire ervaringen. In Spanje ontwikkelde zich een traditie van een zeer streng religieuze schilderkunst naast de meer typische barokke religieuze kunst. Zulke werken illustreerden vaak episodes uit de geschiedenis van de kerk of het leven van heiligen. Het doel ervan was om een vorm van religieuze toewijding te stimuleren die zowel openbaar als zeer orthodox was. In het katholieke Europa was het piëtisme vaak een manier om de ontwrichtende protestantse afgeslotenheid te beantwoorden met een emotioneel rijke en zeer openbare religieuze cultuur.

De protestantse religieuze kunst concentreerde zich vaak op de Bijbel, het persoonlijke gebed en de directe openbaring van de wil van God aan het geweten van individuele gelovigen, kortom: de belangrijkste geloofspunten die het protestantisme onderscheidden van het katholicisme. Het is cruciaal dat het protestantse piëtisme de kunst geen belangrijke rol in religieuze plechtigheden toestond; een rol die de beeldende kunst werd ontzegd en werd afgedaan als een vorm van afgoderij. De onderdrukking van de religieuze kunst in de protestantse Republiek der Nederlanden, na haar bevrijding van het katholieke Spanje in 1609, resulteerde in de Nederlandse Gouden Eeuw, die overweldigend werelds was qua inhoud.

BELANGRIJKSTE WERKEN in het Prado, Madrid

↓ ***Maria die afdaalt om de heilige Ildefonso te belonen*, ca.1660, BARTOLOMÉ ESTEBAN MURILLO**
Ildefonso schreef veel verhandelingen over de onbevlekte ontvangenis en maagdelijkheid van Maria. Murillo toont de maagd die de heilige een zilverwitte kazuifel aanbiedt die haar maagdelijkheid symboliseert. Ildefonso's trouw aan de leer van Maria's maagdelijkheid wordt beloond met een geschenk dat zijn rol en status binnen de kerk benadrukt; een belangrijke les om vroomheid aan te moedigen.

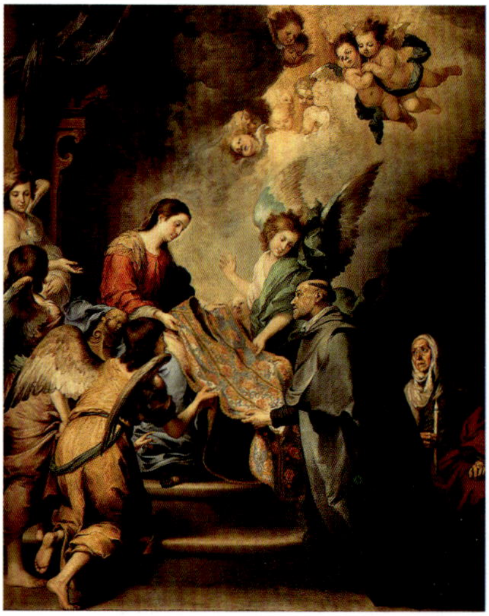

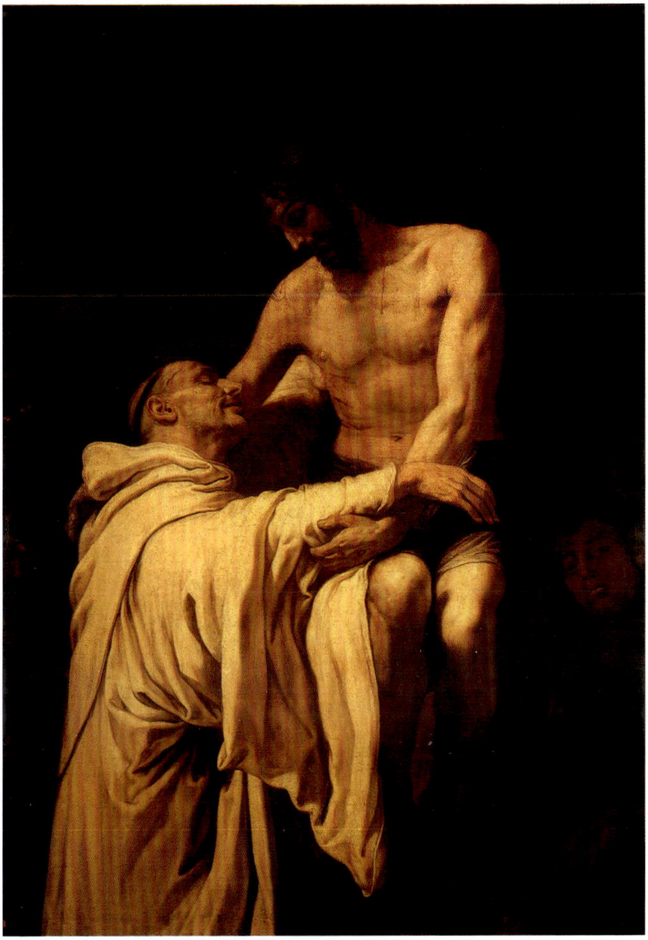

Christus omhelst de heilige Bernardus, 1621–1625, **FRANCISCO RIBALTA**

De heilige Bernardus leefde in de twaalfde eeuw en wordt vereerd om zijn contemplatieve geschriften en voor het stichten van de cisterciënzer orde. Ribalta portretteert de heilige zonder bisschopsmijter, een traditionele weglating. Bernardus' ogen zijn gesloten, wat zijn spirituele contemplatie over Christus benadrukt, eerder dan dat het een letterlijk fysieke ontmoeting is. Ribalta's bedoeling is om ons te stimuleren de heilige na te volgen en Christus' liefde voor zijn kerk te overpeinzen.

ANDERE WERKEN in het Prado, Madrid

De triomf van de heilige Augustinus, 1664, **CLAUDIO COELLO**

De heilige Rosa van Lima, ca.1684–1685, **CLAUDIO COELLO**

De onbevlekte ontvangenis, ca.1630, **FRANCISCO DE ZURBARÁN**

De heilige Euphemia, ca.1635–1640, **FRANCISCO DE ZURBARÁN**

sektarische, gesturalisme, emotionalisme, mediëvalisme, prerafaëlisme

secularisme, rococo, modernisme, postmodernisme

Sektarisme

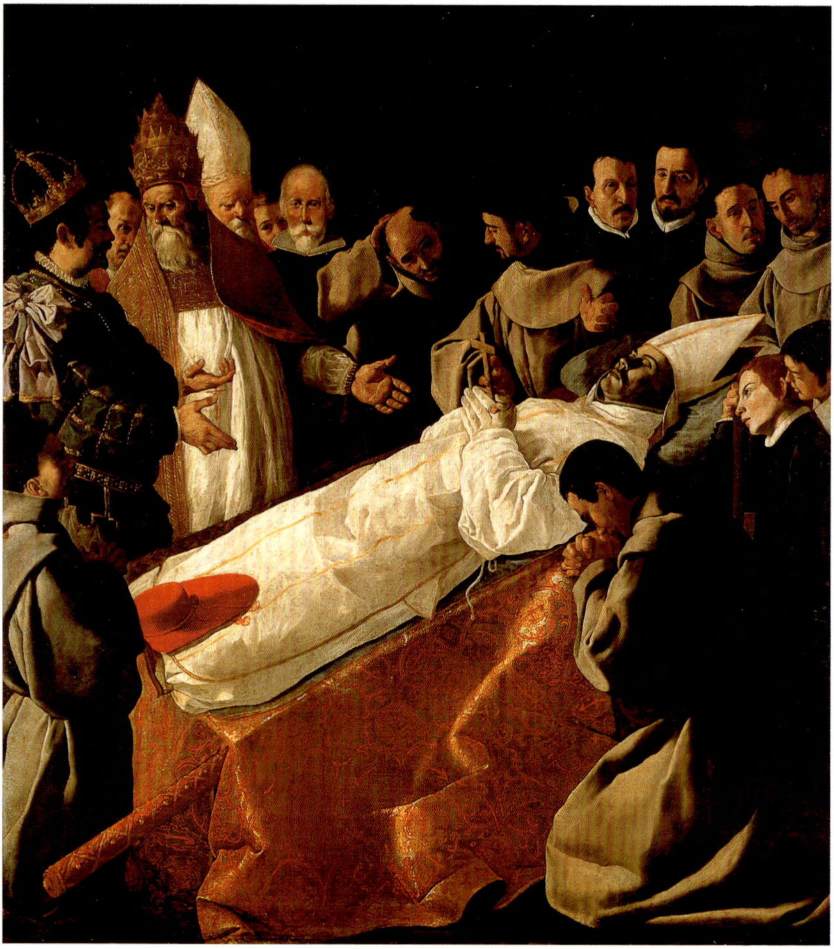

Het sektarisme is een aanhankelijkheid aan het geloof van een bepaalde gezindte of sekte. Het wordt vaak gekenmerkt door agressie of onverdraagzaamheid jegens andere religieuze groepen. Het baroktijdperk werd gedomineerd door de verdeling van Europa in katholiek en protestant, na de protestantse reformatie van de zestiende eeuw en de katholieke Contrareformatie.

GIANLORENZO BERNINI (1598–1680); **GIOVANNI BATTISTA GAULLI** (1639–1709); **LUCA GIORDANO** (1634–1705); DOMENIKOS THEOTOCOPOULOS, bekend als **EL GRECO** (1541–1641); **BARTOLOMÉ ESTEBAN MURILLO** (1617/1618–1682); **REMBRANDT HARMENSZ. VAN RIJN** (1606–1669); **PETER PAUL RUBENS** (1577–1640); **FRANCISCO DE ZURBARÁN** (1598–1664)

religieus conflict, devotie versus afgoderij, persoonlijk geweten

Het sektarische conflict tussen katholieken en protestanten had een enorme invloed op de kunst van de zeventiende eeuw. In het uiterste geval leidde het protestantisme tot de beeldenstorm: het vernietigen van verafgode religieuze beelden. De protestanten beschouwden de katholieke verering van heiligen en relieken als bijgelovig en hekelden de verering van de heilige Maria door de katholieke kerk. In de protestantse kunst werden bijbelverhalen, preken en scènes van privé-devoties afgebeeld die de rol van het persoonlijk geweten, het belang van bijbelstudie en de mogelijkheid van het individu om te genieten van een directe relatie met God, zonder tussenkomst van priesters, benadrukten. De protestantse religieuze kunst werd gewoonlijk uitgedrukt als een illustratie van de waarheid, maar het werd niet beschouwd als een onderdeel van die waarheid zelf.

In katholieke gebieden werd kunst ook sektarisch ingezet. De Contrareformatie was eropuit de verering van heiligen, relieken en de maagd Maria te beschermen. In Spanje was de geestelijkheid, naast het koninklijk huis, een belangrijke opdrachtgever van kunstenaars. Deze trend verzekerde de orthodoxie van de religieuze schilderkunst in veel katholieke gebieden. De katholieke kunst propageerde de belangrijkste geloofsartikelen. Retabels – waarop schilderkunst en beeldhouwkunst werden gecombineerd – creëerden beeldende ervaringen voor katholieke kerkgangers. De protestantse religieuze kunst richtte zich op bijbelteksten, en was in het algemeen op haar hoede voor religieuze kunst, terwijl haar katholieke tegenhanger een meer visuele, op rituelen gebaseerde religieuze traditie voorstond.

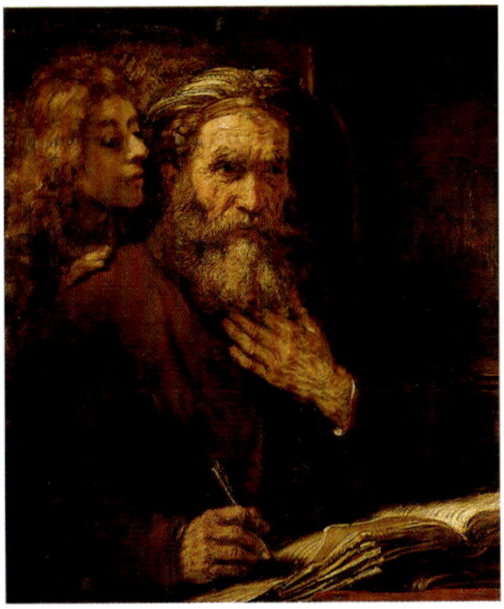

BELANGRIJKSTE WERKEN in het Louvre, Parijs

← *Sterfbed van de heilige Bonaventura*, 1629, **FRANCISCO DE ZURBARÁN**
Zurbaráns werk is kenmerkend voor de katholieke Contrareformatie in Spanje. Het toont de heilige, liggend op zijn sterfbed, met een mijter op. Monniken knielen op de voorgrond en de paus gebaart naar Bonaventura's lichaam. Dit werk benadrukt de centrale rol van de leerstellingen en gebruiken van de kerk in het christelijke leven.

↙ *De heilige Matteus en de engel*, 1661, **REMBRANDT HARMENSZ. VAN RIJN**
De protestanten plaatsten de autoriteit van de bijbel boven die van de kerk en geloofden dat de Bijbel goddelijk was geïnspireerd. Op het schilderij toont Rembrandt de heilige Matteus die zijn evangelie schrijft; de woorden worden hem ingefluisterd door een engel die door God is gestuurd. De blik op zijn gezicht is nadenkend: hij zet de woorden af tegen zijn geweten in het geloof dat God (en niet de kerk) hem rechtstreeks naar de waarheid zal leiden.

ANDERE WERKEN in het Louvre, Parijs

De bijbelles of *Anne en Tobias*, 1645, **GERRIT DOU**

De keuken van de engelen, 1646, **MURILLO**

De geboorte van Maria, 1661, **MURILLO**

Christus en de Emmaüsgangers, 1648, **REMBRANDT**

De heilige Bonaventura bij de synode van Lyons, 1629, **ZURBARÁN**

piëtisme, absolutisme, emotionalisme, gesturalisme

secularisme, rococo, 19e eeuw, modernisme, postmodernisme

Gesturalisme

Het gesturalisme verwijst naar gezichtsuitdrukkingen en lichaamshoudingen die betekenissen uitdrukken die een kunstwerk begrijpelijker maken. Het gebaar is een belangrijk kenmerk van alle figuratieve kunst. In de context van de barok verwijst de term ook vaak naar complexe groepen figuren waarin verschillende gebaren verschillende reacties op de inhoud uitdrukken.

ANNIBALE CARRACCI (1560–1609); **MICHELANGELO MERISI DA CARAVAGGIO** (1571/1572–1610); DOMENIKOS THEOTOCOPOULOS, bekend als **EL GRECO** (1541–1641); GIOVANNI FRANCESCO BARBIERI, bekend als **IL GUERCINO** (1591–1665); **NICOLAS POUSSIN** (1594–1665); **REMBRANDT HARMENSZ. VAN RIJN** (1606–1669); **JOHANNES VERMEER** (1632–1675)

gezichtsuitdrukking, gevoeligheden, houdingen, complex verhaal

Een gebaar is niet hetzelfde als een handeling; het geeft commentaar op een handeling of onthult de betekenis daarvan. In een schilderij waarop soldaten aan het vechten zijn, is het vechten bijvoorbeeld niet gebarend. Als er echter op de voorgrond een priester wordt afgebeeld die met een glimlach op zijn gezicht naar de hemel wijst, kunnen zijn wijzende hand en gezichtsuitdrukking worden begrepen als gebaren. Ze becommentariëren de handeling.

Er zijn ten minste vijf afzonderlijke vormen van gesturalisme in de barokke schilderkunst, zoals gebaren die emotie en karakter

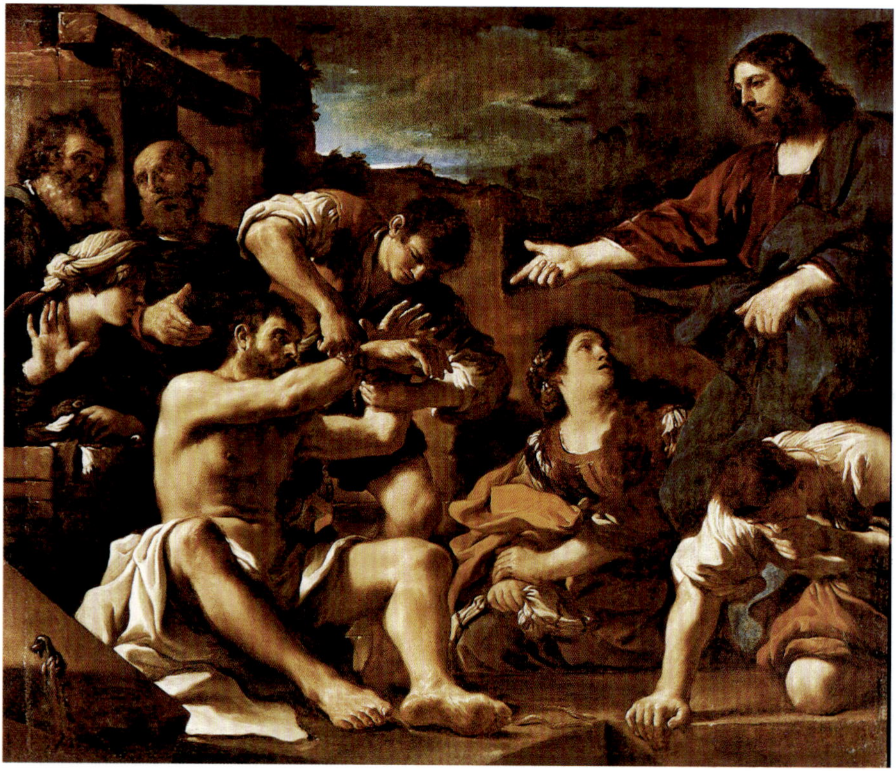

overdragen of uitdrukken. Dat was een belangrijk doel van de schilderkunst vanaf de renaissance: het onthullen van de ziel in de fysieke bewegingen van het lichaam.

Dan zijn er gebaren die op status en positie duiden, en gebaseerd zijn op sociale normen, niet op menselijke emoties. Deze vorm varieert van het portret, waarop het model verwijst naar de boeken die laten zien dat hij aan het leren is, tot groepsportretten van artsen wier gebaren verschillende aspecten van hun wetenschappelijk onderzoek prijsgeven.

Gebaren hebben ook de macht verhalen te vertellen en morele betekenissen te laten zien.

Alledaagse gebaren, die persoonlijke gevoeligheden en intieme emoties laten zien waar de kijker over kan nadenken, worden het meest geassocieerd met de Nederlandse kunst, vooral met Vermeer.

Ten slotte is er nog het narratieve gesturalisme, dat een grote reeks verschillende gebaren omvat in één schilderij om de volledige complexiteit van de afgebeelde gebeurtenis te laten zien. Barokkunstenaars hadden vaak een voorkeur voor drukke, dramatische scènes die gedomineerd werden door actie. Zoveel verschillende gebaren in één schilderij verhoogden de dramatische en emotionele betrokkenheid van de kijker bij de inhoud van het werk.

BELANGRIJKSTE WERKEN in het Louvre, Parijs

← ***De opwekking van Lazarus*, ca.1619,**
GIOVANNI FRANCESCO BARBIERI bekend als **IL GUERCINO**

Il Guercino's *De opwekking van Lazarus* is een typisch voorbeeld van het verhalende gesturalisme in de barok. Christus wijst naar Lazarus als de touwen rond diens polsen (symbool voor onze onderwerping aan de dood) worden losgemaakt. Links heft een vrouw van schrik haar arm. De man achter haar wijst naar Lazarus om het belang van de gebeurtenis te benadrukken. De gebaren voeren de kijker door het schilderij: van Christus die naar Lazarus wijst (het wonder), tot de geschrokken vrouw (de emotionele reactie) en terug naar Lazarus (het symbool) via de man op de achtergrond (de les).

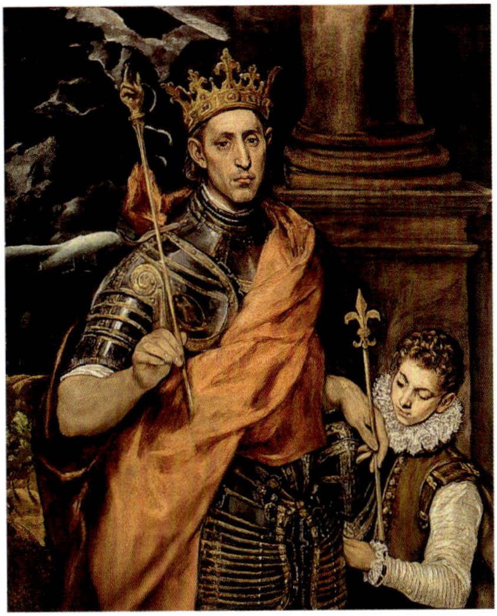

↑ ***De heilige Lodewijk van Frankrijk met een page*, 1590–1599, EL GRECO**
De heilige Lodewijk van Frankrijk wordt afgebeeld met een staf met bovenop een half gevouwen hand, als teken van zegening. Met de staf die van heerser tot heerser gaat, gebruikte El Greco een subtiel, politiek gebaar dat de heiligheid, niet alleen van de heilige Lodewijk maar van alle koningen van Frankrijk voor hem, bevestigt.

ANDERE WERKEN in het Louvre, Parijs

Acteon die in een hertenbok is veranderd, ca.1617, **FRANCESCO ALBANI**

Maria die verschijnt aan de heilige Lucas en Catherina, 1592, **ANNIBALE CARRACCI**

Het bedrog met de ruitenaas, ca.1620–1640, **GEORGE DE LA TOUR**

Het laatste avondmaal, 1645, **De gebroeders LE NAIN**

De doop van de heilige Johannes, 1634–1635, **NICOLAS POUSSIN**

Hersilia haalt Romulus en Tatius uit elkaar, ca.1645, **NICOLAS POUSSIN**

emotionalisme, piëtisme, absolutisme, sektarisme, caravaggisme, allegorisme, maniërisme, academisme

moralisme, postmodernisme

Emotionalisme

De kunst uit de barok appelleert aan, en manipuleert vaak, de gevoelens van de kijker. Er worden verschillende technieken gebruikt die de letterlijke en psychologische afstand tussen het kunstwerk en de kijker verkleinen. De meest kenmerkende barokke emoties zijn emoties die geassocieerd worden met transformaties of openbaringen die om een machtig centraal onderwerp draaien, goddelijk of werelds.

MICHELANGELO MERISI DA CARAVAGGIO (1571/1572–1610); DOMENIKOS THEOTOCOPOULOS, bekend als **EL GRECO** (1541–1641); **BARTOLOMÉ ESTEBAN MURILLO** (1617/1618–1682); **JUSEPE DE RIBERA** (1591–1652); **DIEGO VELÁZQUEZ** (1599–1660); **FRANCISCO DE ZURBARÁN** (1598–1664)

transformatie, onderwerping, uitsluiting, verheffing, extase, vroomheid, devotie

De barokkunst introduceert momenten van hoog drama en intens gevoel als een middel om onze emoties rechtstreeks aan te spreken. Een kenmerkende techniek is het gebruik van clair-obscur (het contrast tussen donker en licht in een schilderij) om een schilderij dramatischer te maken. Een gezicht verlicht door kaarslicht bijvoorbeeld trekt tegelijkertijd onze emoties en onze blik.

Op veel barokschilderijen geeft de afwezigheid van een voorgrond de indruk dat de kijker heel dicht bij de scène staat die is afgebeeld op het doek. Opnieuw ligt de nadruk op een reactie die de emotionele afstand overbrugt tussen ons en de inhoud van het schilderij.

Op andere momenten roept barokke kunst gevoelens van buitensluiting en minderwaardigheid op. Dat geldt vooral voor barokke architectuur en portretkunst. Hoewel architecten uit de barok net zoveel van grandeur hielden als architecten uit de renaissance, maakten ze de klassieke ontwerpprincipes ondergeschikt aan het algehele emotionele effect van het gebouw op degenen die het bekijken en binnengaan. Dat is vooral duidelijk te zien in de versiering van het interieur van het paleis van Versailles. Lodewijk XIV nam schilders en beeldhouwers in dienst om interieurs te creëren die aan een simpele functie voldeden: ze tonen dat alle kunst ondergeschikt is aan de koning, en de interieurs hadden gemeen dat iedereen die bij de koning in de buurt kwam erdoor werd overweldigd.

Dit emotionele verband met een sociale of religieuze macht die, tegelijkertijd, onze ondergeschiktheid aan die macht benadrukte, is de essentie van de barokkunst die we associëren met politiek absolutisme en religieuze conformiteit.

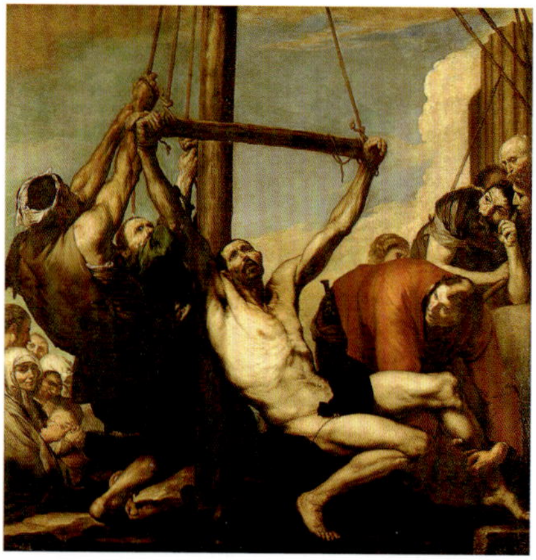

BELANGRIJKSTE WERKEN in het Prado, Madrid

← *Het martelaarschap van de heilige Philippus*, 1639, JUSEPE DE RIBERA

Ribera toont het martelaarschap op het spannendste moment, als de heilige de lucht in gehesen wordt. Ribera heeft de voorgrond beperkt gehouden, zodat de kijker de heilige direct aankijkt. Aan diens gezicht is zijn lijden af te lezen als hij zich concentreert op God. De emotionele intensiteit van het werk is bedoeld om de kijker zich te laten vereenzelvigen met de heilige Philippus en om gevoelens van verdriet, compassie en devotie op te roepen in navolging van het virtuoze voorbeeld van de heilige.

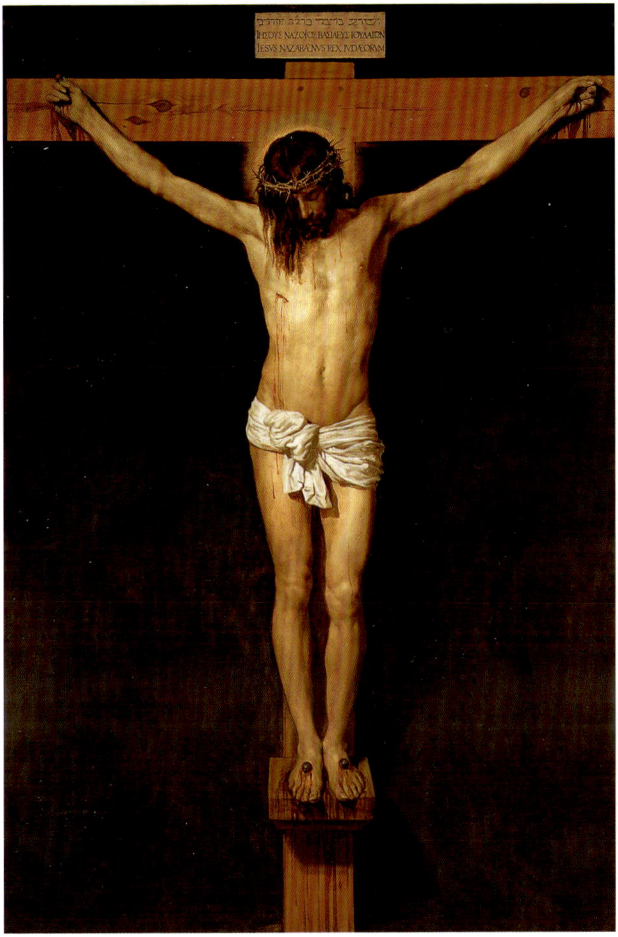

↗ *Christus aan het kruis*, ca. 1632, **DIEGO VELÁZQUEZ**
Velázquez' *Christus aan het kruis* is verbazingwekkend levensecht. De emotionele intimiteit is bijna onmenselijk. De kijker wordt geconfronteerd met Christus die lijdt aan het kruis in een afbeelding zonder de setting of andere figuren die traditioneel verbonden zijn met de kruisiging. Er is geen voorgrond die afstand schept voor de kijker. Het dramatische clair-obscur voorkomt dat de blik van de kijker afdwaalt van Christus aan het kruis.

ANDERE WERKEN in het Prado, Madrid

David en Goliath, niet-gedateerd, **CARAVAGGIO**

De heilige Andreas en de heilige Franciscus, ca. 1590–1595, **EL GRECO**

Christus die het kruis draagt, ca. 1600–1605, **EL GRECO**

De heilige kinderen met schelp, ca. 1678, **BARTOLOMÉ ESTEBAN MURILLO**

De onbevlekte ontvangenis, ca. 1630, **FRANCISCO DE ZURBARÁN**

gesturalisme, sektarisme, piëtisme, caravaggisme, naturalisme, romantiek

classicisme, barok-classicisme, academisme, neoclassicisme, 19e eeuw, modernisme, postmodernisme

Caravaggisme

In het eerste decennium van de zeventiende eeuw werden veel Italiaanse kunstenaars beïnvloed door Caravaggio. Hij wees de overheersende maniëristische stijl en het renaissancistische idealisme af en koos voor groter realisme en dramatische schildertechnieken, zoals clair-obscur. Zijn invloed strekte zich uit tot Utrecht en bereikte zijn hoogtepunt daar rond 1620.

GIOVANNI BATTISTA CARACCIOLO (1578–1635); **MICHELANGELO MERISI DA CARAVAGGIO** (1571/1572–1610); **ARTEMISIA GENTILESCHI** (1593–ca. 1652); **ORAZIO GENTILESCHI** (1563–1639); GIOVANNI FRANCESCO BARBIERI, bekend als **IL GUERCINO** (1591–1665); **GERRIT VAN HONTHORST** (1592–1656); **BARTOLOMMEO MANFREDI** (1582–1622); **JUSEPE DE RIBERA** (1591–1652); **GEORGES DE LA TOUR** (1592–1652)

dramatisch, clair-obscur, close-up, erotiek, lichamelijkheid, realiteit

Caravaggio had enorm veel invloed op andere kunstenaars, en degenen die aspecten van zijn werk kopieerden, worden caravaggisten genoemd. Het caravaggisme wordt gekenmerkt door verschillende eigenschappen; de eerste is de dramatische directheid. Caravaggio gebruikte in zijn late werk een zeer sterk clair-obscur, het contrast tussen donker en licht. Hij experimenteerde ook met het afsnijden van zijn figuren om de indruk te wekken dat de taferelen die worden afgebeeld op zijn schilderijen, van dichtbij zijn waargenomen. Deze technieken, die door de caravaggisti werden ingezet, maakten hun werk levendig, versterkten de emotionele impact ervan en beïnvloedden de verdere barokke kunst.

Het caravaggisme wordt ook gekarakteriseerd door een sterker realisme. In plaats van in verf geïdealiseerde figuren gaven de caravaggisten er de voorkeur aan om het voorbeeld van Caravaggio te volgen en religieuze figuren te schilderen alsof het gewone mensen waren. Caravaggio's *De dood van Maria* (Louvre, Parijs) werd verworpen door de clerus die er de opdracht voor had gegeven. Ze waren geschokt de dode maagd afgebeeld te zien met een opgezwollen lichaam en blote voeten.

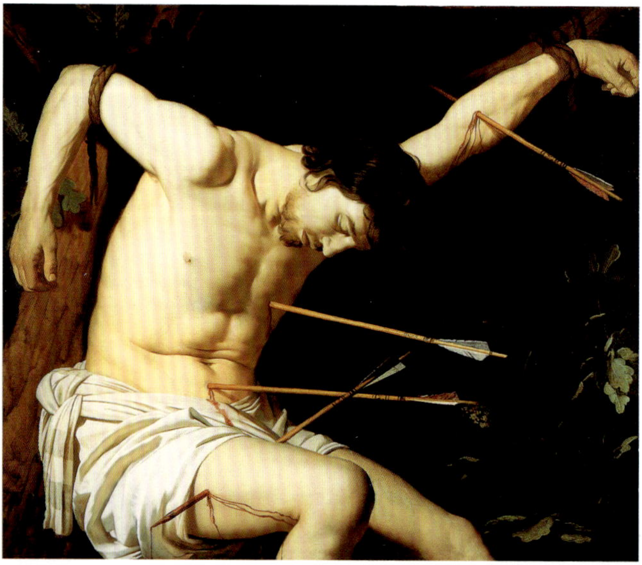

Ten slotte heeft het caravaggisme de reputatie erotisch en lichamelijk te zijn. Het lichaam lijkt tegelijkertijd seksueel en spiritueel, een holistische benadering van de mens. De verholen weigering om een voorkeur voor óf het seksuele óf het spirituele te tonen, is typerend voor de caravaggisten.

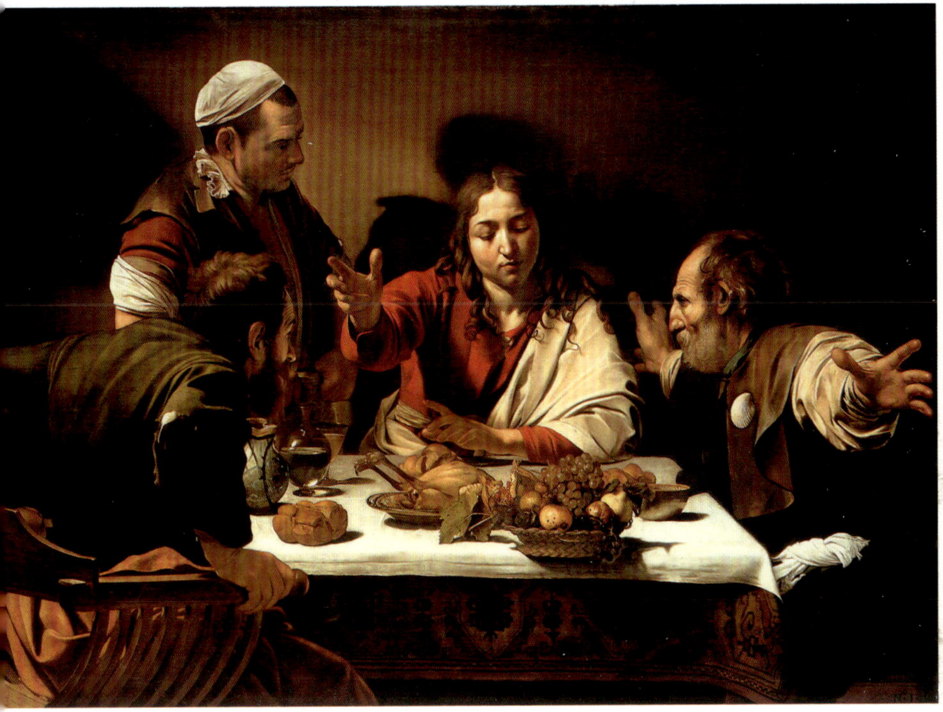

BELANGRIJKSTE WERKEN in de National Gallery, Londen

De maaltijd in Emmaüs, 1601, MICHELANGELO MERISI DA CARAVAGGIO
De discipel rechts spreidt verschrikt beide armen. De bedoeling daarvan is om de kijker dichter bij de fysieke en emotionele ervaring te betrekken. Het contrast tussen de beweging van die figuren en het stilleven op de tafel is een andere veelgebruikte techniek van de caravaggisten om de dramatische intimiteit te versterken. Het is ook impliciet werelds; het suggereert dat echt bidden een vorm van persoonlijke contemplatie over het menselijk leven is.

De heilige Sebastiaan, 1623, GERRIT VAN HONTHORST
Honthorst presenteert het lichaam van de heilige Sebastiaan direct vanaf de zijkant, zodat de kijker het gevoel heeft dat hij het lichaam gemakkelijk kan aanraken. Deze fysieke intimiteit geeft het schilderij meer dramatische kracht en erotische spanning; beide worden benadrukt doordat het goed verlichte lichaam van de heilige tegen een donkere achtergrond is geplaatst. Dergelijke clair-obscur is kenmerkend voor de caravaggisten.

ANDERE WERKEN in de National Gallery, Londen

Salomé ontvangt het hoofd van Johannes de Doper, 1607–1610, GERRIT VAN HONTHORST

Christus voor de hogepriester, 1617, GERRIT VAN HONTHORST

Een apostel, 1615–1619, JUSEPE DE RIBERA

Het concert, 1626, HENDRICK TERBRUGGHEN

emotionalisme, gesturalisme, piëtisme, sektarisme, realisme, materialisme, sociaal-realisme

barok-classicisme, idealisme, classicisme, academisme, neoclassicisme, estheticisme, prerafaëlisme, secessionisme, modernisme, postmodernisme

Absolutisme

Het absolutisme is een vorm van monarchie waarin de heerschappij van de vorst onbegrensd is. Het is het kortst te illustreren aan de hand van de bekende uitspraak van Lodewijk XIV: 'L'état, c'est moi' ('Ik ben de staat'). In het absolutisme wordt deze macht afgebeeld.

PHILIPPE DE CHAMPAIGNE (1602–1674); ANTHONIE VAN DYCK (1599–1641); CHARLES LEBRUN (1619–1690); ADAM FRANS VAN DER MEULEN (1632–1641); JOSEPH PARROCEL (1646–1704); HYACINTH RIGAUD (1659–1743); PETER PAUL RUBENS (1577–1640); THEODOOR VAN THULDEN (1606–1669); DIEGO VELÁZQUEZ (1599–1660)

macht, propaganda, verfijning, overwinning, koninklijke bescherming

Het absolutisme is afgeleid van de oudere, feodale doctrine van het goddelijke recht van koningen. De barok was het hoogtepunt van het absolutisme als een regeringsvorm waarin heersers openlijk hun geloof uitdrukten in, en hun ambitie voor, absolute macht. In de achttiende eeuw werd het absolutisme steeds meer aangevallen door gevestigde belangen, de publieke opinie, de verlichting, hervormingen en revolutie.

In Frankrijk werd, onder de heerschappij van Lodewijk XIV, de kunst gedomineerd door historieschilderkunst, allegorische schilderkunst en mythologische onderwerpen. Deze genres zorgden voor perfecte doeken voor absolutistische idealen en ze werden gebruikt om de macht van Lodewijk XIV en, via hem, de Franse overheersing van Europa te verheerlijken. Koninklijke opdrachten en koninklijke academies werden gebruikt om een officiële kunst gestalte te geven en een publieke smaak te definiëren, waarin de persoon, de macht en de voorkeur van de koning centraal stonden.

In Engeland ging het een beetje anders. Karel I richtte geen koninklijke academie op, maar nam een van de grootste kunstenaars van het tijdperk in dienst als 'hofschilder' om een populair beeld van de monarchie te vestigen en de trend te zetten in de beeldende kunst. Van Dycks portretten van Karel I en zijn hof zorgden voor een beeld van extreme verfijning en afgezwakte poëzie. In Spanje stelde Filips IV op een vergelijkbare manier Velázquez aan als hofschilder; een doelbewuste tactiek om de glorie van de Spaanse monarchie via haar kunst in ere te herstellen. Velázquez' portretten van Filips IV waren soberder dan de koninklijke portretten die in Frankrijk en Engeland werden gemaakt.

BELANGRIJKSTE WERKEN in het Louvre, Parijs

↓ *Lodewijk XIV*, 1701, HYACINTHE RIGAUD
Rigauds portret van Lodewijk XIV had alle formele kenmerken van een officieel kunstwerk dat in opdracht was gegeven om een passend beeld van de absolute monarchie te geven. De formele pose drukt een zelfbewuste autoriteit uit. Het zwaard benadrukt Lodewijks militaire succes. De benen worden getoond om ons te herinneren aan de energie en kracht van de vorst.

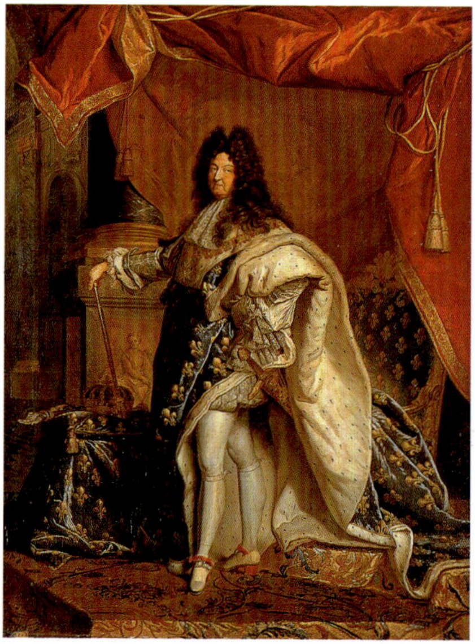

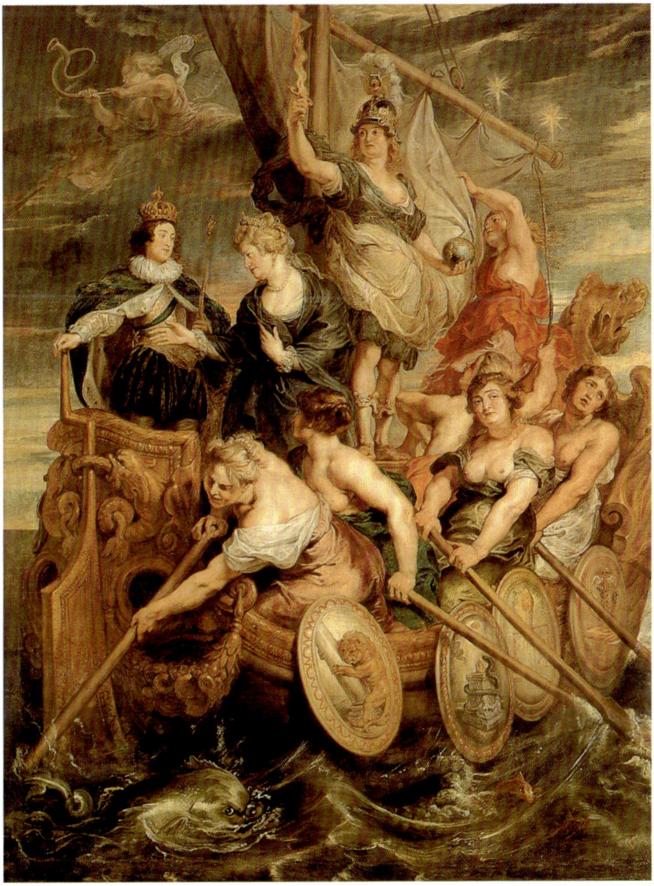

De majoriteit van Lodewijk XIII, PETER PAUL RUBENS
Op dit propagandistische schilderij roeien vrouwelijke figuren, die staan voor de deugden, een boot die Frankrijk symboliseert. Lodewijk XIII staat met zijn moeder Maria de'Medici op het achterschip. Hij loodst het schip der staat moeiteloos door het water en bepaalt de koers, terwijl de allegorische figuren bedoeld zijn om ons ervan te overtuigen dat Lodewijk zowel rechtschapen als zegevierend is.

ANDERE WERKEN in het Louvre, Parijs

Karel I, koning van Engeland, aan het jagen, ca. 1635, ANTHONY VAN DYCK

Aankomst van Lodewijk XIV in het kamp voor Maastricht, ca. 1673, ADAM FRANS VAN DER MEULEN

Overtocht van de Rijn door het leger van Lodewijk XIV bij Tolhuis in 1699, 1699, JOSEPH PARROCEL

Kroning van Maria de'Medici, 1622–1625, PETER PAUL RUBENS

Apotheosis of Henry IV, 1622–1624, PETER PAUL RUBENS

Het verbond van Lodewijk XIV met Filips IV van Spanje; allegorische voorstelling van de Vrede van de Pyreneeën (1659), ca. 1660, THEODOOR VAN THULDEN

gesturalisme, emotionalisme, rococo, allegorisme, monumentalisme, secularisme

neoclassicisme, 19e eeuw, modernisme, postmodernisme

Rococo

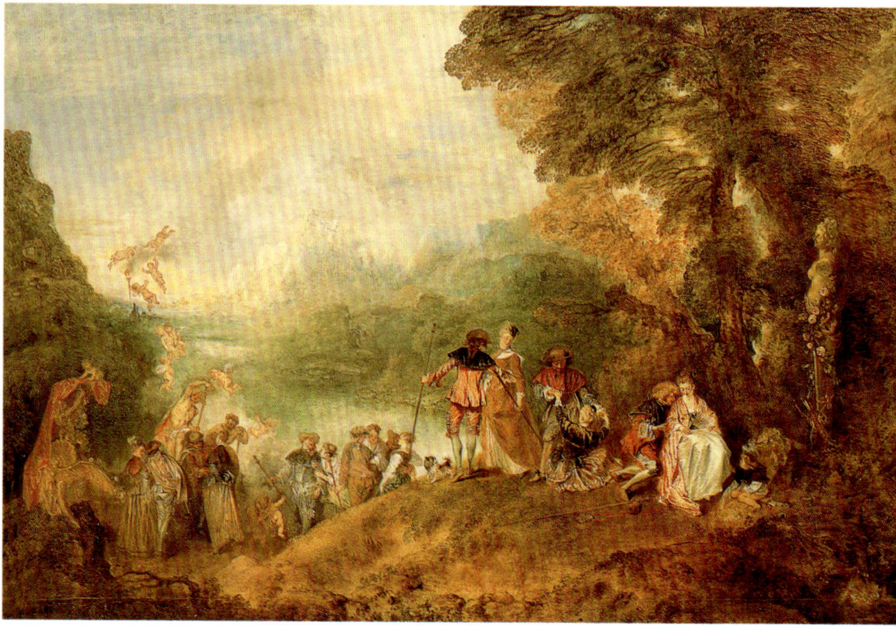

Dit was een zeer sierlijke, decoratieve kunststijl die in Frankrijk de toon aangaf tijdens de heerschappij van Lodewijk XV (1715–1774) en die zich verspreidde naar Oostenrijk en Duitsland. De rococo stond positief tegenover de ingewikkelde vormen van de barokkunst, maar was luchtiger en eleganter, met een voorkeur voor genoeglijke, vaak voyeuristische onderwerpen.

FRANÇOIS BOUCHER (1703–1770); **JEAN-SIMÉON CHARDIN** (1699–1779); **ÉTIENNE-MAURICE FALCONET** (1716–1791); **JEAN-HONORÉ FRAGONARD** (1732–1806); **SEBASTIANO RICCI** (1659–1734); **GIOVANNI BATTISTA TIEPOLO** (1696–1770); **JEAN-ANTOINE WATTEAU** (1684–1721)

decoratief, voyeuristisch, speels, prikkelend, sierlijk, contemplatief, aristocratisch, Madame de Pompadour, Lodewijk XV

'Rococo' was oorspronkelijk een beledigende term, bedacht door een student van de neoclassicistische kunstenaar Jacques Louis David. Het sloeg op kunst die zo bloemrijk en druk was als de schelpen en rotsen die gebruikt werden ter decoratie rond de wanden van grotten. De rococo werd sterk geassocieerd met de maîtresse van Lodewijk XV, Madame de Pompadour, en was synoniem met feminien, corrupt, onbekwaam regentschap en oppervlakkige, erotische prikkelingen. De term wordt nu zonder dergelijke negatieve bijklanken gebruikt.

De rococo begon met de poging om de leerstellingen van de klassieke oudheid te hervormen op de academies. Er werden een grotere speelsheid en gevoeligheid voor emoties en sferen geïntroduceerd, wat geïllustreerd wordt door het werk van Watteau. De rococo reageerde ook tegen de formulaire eis dat kunstenaars moesten werken in de stijl van Poussin, een van de belangrijkste figuren van het barok-classicisme. De rococo stond de kunst toe om de grote ernst te verlaten ten faveure van erotiek, versiering en genot. De kunstenaars waren geïnteresseerd in de wereld als een decor voor gefantaseerde genoegens en droombeelden. Chardin en Watteau vertegenwoordigden de rococo het diepzinnigst en meest inzichtelijk.

Formeel was de rococo niet-lineair. De overheersende lijn in de rococokunst is de s-vorm, en de typische rococo-omgeving is de woonkamer, waarin alle meubelen, lambriseringen en schilderijen uitbundig versierd zijn of in sierlijke, vormen gesneden zijn. De formele gelijkenis met de barok werd sterk veranderd door het gebruik van meer voor de hand liggende sensuele kleuren (hemelsblauw, oudroze) en de voorkeur voor ongedwongen, elegantie en geestigheid boven een geforceerde emotionele uitdrukking. Na de neergang van de rococo aan het einde van de achttiende eeuw stelden de neoclassicisten morele ernst en strengheid opnieuw in als hun artistieke principe.

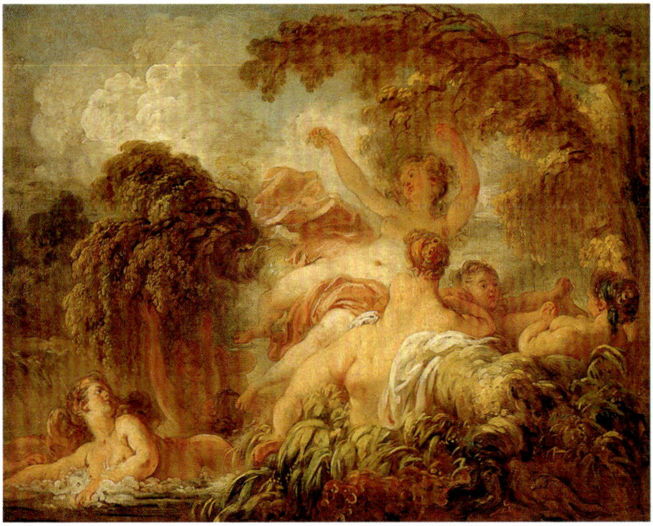

BELANGRIJKSTE WERKEN in het Louvre, Parijs

← *De bedevaart naar Cythera*, 1717, **ANTOINE WATTEAU**
Watteau's scène roept een wereld van genot en schoonheid op. Zijn geliefden, allemaal in eigentijdse kleding, hebben net geofferd aan een standbeeld van Venus, de godin van de liefde, en zijn op weg naar huis. Er is een suggestie van verlies en verlangen hier, en een onderliggende breekbaarheid, die uniek is voor de rococo. Watteaus luchtige penseelstreken hebben gezorgd voor een spookachtige werking en zijde-effecten die glanzend en doorschijnend zijn.

↓ *Baadsters*, ca.1763–1764, **JEAN-HONORÉ FRAGONARD**
Fragonards baadsters zijn typerend voor de luchthartigheid van de rococo. Dit schilderij is onbeschaamd sensueel, en de kijker wordt meteen in de rol van voyeur gedrukt. De rococo hield van vluchtige blikken in een privé-wereld waarin vrouwen genieten van hun lichaam. Elke penseelstreek verraadt een speels gevoel van beweging.

ANDERE WERKEN in het Louvre, Parijs

Diane stapt uit bad, 1742, **FRANÇOIS BOUCHER**

De rog, 1725–1726, **JEAN-SIMÉON CHARDIN**

De nieuwsgierigen, 1775–1780, **JEAN-HONORÉ FRAGONARD**

Marie-Madeleine Guimard, 1769, **JEAN-HONORÉ FRAGONARD**

Hercule en Omphale, 1724, **FRANÇOIS LEMOYNE**

Charon zet de schaduwen over, 1735, **PIERRE SUBLEYRAS**

Rust tijdens de jacht, 1737, CHARLES-ANDRÉ, bekend als **CARLE VANLOO**

barok, allegorisme, oriëntalisme, gesturalisme

academisme, impressionisme, neoclassicisme, postmodernisme

Academisme

Het academisme is de codificatie van kunst in regels, gedoceerd op academies. Het propageert klassieke ideeën van schoonheid en artistieke perfectie, en brengt een hiërarchie aan in de beeldende kunst, met een voorkeur voor grote verhalen en historieschilderkunst,modeltekenen en klassieke beeldhouwkunst.

AGOSTINI CARRACCI (1557–1602); **ANNIBALE CARRACCI** (1560–1609); **LUDOVICO CARRACCI** (1555–1619); **JACQUES LOUIS DAVID** (1748–1825); **CHARLES GLEYRE** (1806–1874); **ANTOINE-JEAN GROS** (1771–1835); **JOSHUA REYNOLDS** (1723–1792); **GEORGE STUBBS** (1724–1806)

standaarden, regels, hiërarchisch, genre, modeltekenen, geschiedenis, verhevenheid, officiële kunst

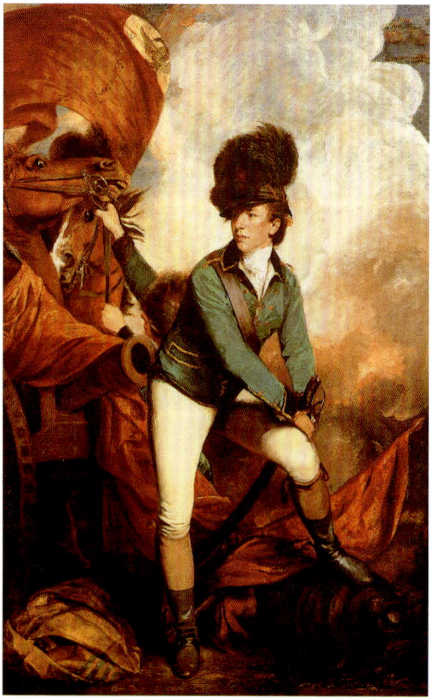

De geschiedenis van de Franse Académie Royale de Peinture et de Sculpture kenmerkt de conflicten die worden opgewekt door academische instituten en waarden. Het werk en de theorieën van de kunstenaar Poussin speelden de grootste rol bij het voor het eerst vormgeven van het academisme. Hij legde de nadruk op onderwerp, concept, structuur en stijl. Het onderwerp moest groots zijn, bijvoorbeeld een oorlog of heldhaftige handeling. Het concept, bijvoorbeeld edelheid, moest inherent zijn aan het hele werk en niet worden toegevoegd als thema. De compositie moest zo natuurgetrouw mogelijk zijn, maar zorgvuldig geordend op samenhang en vloeiendheid. Ten slotte is de stijl ervan een kwestie van individueel talent in het omgaan met verf en het gebruik van ideeën. De waarden van het academisme waren van groot belang in het streven om de ideeën te ontdekken waarop kunst kon worden gegrondvest om schoonheid en levensechtheid te waarborgen.

In de achttiende eeuw werden in Europa veel academies opgericht en ze domineerden de kunst tot ver in de negentiende eeuw. De meeste kunstenaars van naam volgden de opleiding actief.

De belangrijkste artistieke bewegingen in het negentiende-eeuwse Frankrijk ontwikkelden zich buiten en tegen de academische waarden in. Veel kunstenaars verwierpen de genres van de academische schilderkunst: de verheven stijl (Grand Manner), de mythische, religieuze en vaderlandslievende onderwerpen en de nadruk op het bestuderen en tekenen van het menselijk lichaam. De enige belangrijke verandering in de academische praktijk in de negentiende eeuw was de acceptatie van het landschap als een geschikt artistiek genre; twee eeuwen nadat het al volledig was geaccepteerd in de Nederlandse Gouden Eeuw (1600–1700).

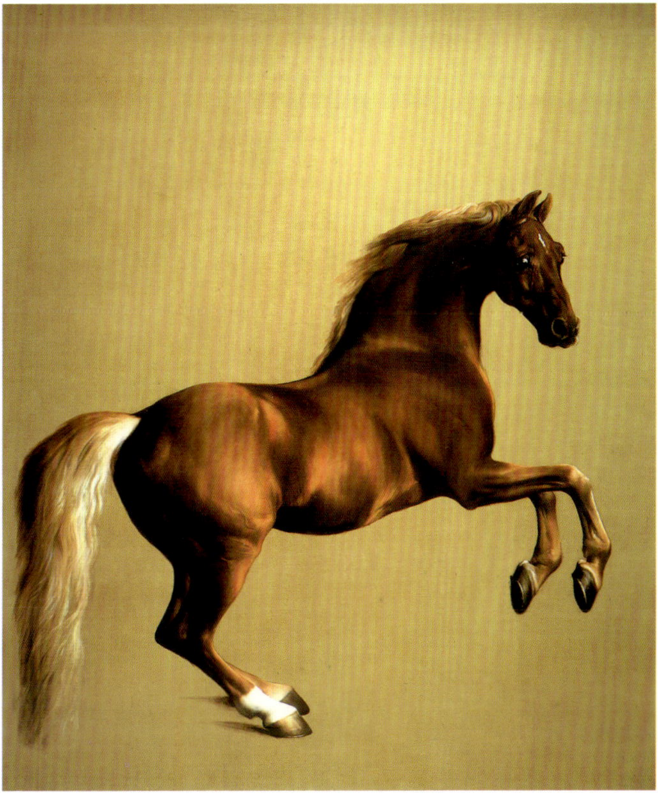

BELANGRIJKSTE WERKEN in de National Gallery, Londen

Whistlejacket, 1762, **GEORGE STUBBS**
Stubbs *Whistlejacket* is een voorbeeld van de nauwgezette aandacht voor de figuur die de academische schilderkunst karakteriseert. Binnen de traditie van de academie werd van kunstenaars verwacht dat ze een gedegen anatomische kennis hadden. Stubbs beroemde verzameling gravures, *De anatomie van het paard*, werd gerespecteerd door zowel kunstenaars als wetenschappers.

Kolonel Tarleton, 1782, **JOSHUA REYNOLDS**
Reynolds was een van de exponenten van de 'verheven stijl' in de schilderkunst. Zijn *Kolonel Tarleton* is een perfect voorbeeld van de grootse manier die aangepast is voor een portret. Het toont Tartletons militaire deugden – zijn edelmoedigheid en dapperheid – en zijn overwinning op al het lage in het menselijke karakter. Zijn kleding is eenvoudig en de activiteit op de achtergrond is versimpeld om het schilderij niet te theatraal te maken.

ANDERE WERKEN in de National Gallery, Londen

De kunstenaar met zijn vrouw en dochter, 1748, **THOMAS GAINSBOROUGH**

De ochtendwandeling, 1785, **THOMAS GAINSBOROUGH**

Lord Heathfield van Gibraltar, 1787, **JOSHUA REYNOLDS**

Kapitein Robert Orme, 1756, **JOSHUA REYNOLDS**

Lady Cockburn en haar drie oudste zonen, 1773, **JOSHUA REYNOLDS**

classicisme, humanisme, idealisme, barok-classicisme, neoclassicisme

romantiek, realisme, naturalisme, impressionisme, prerafaëlisme, estheticisme, symbolisme, secessionisme, modernisme, postmodernisme

Neoclassicisme

Het neoclassicisme was de overheersende artistieke en intellectuele beweging in de Europese kunst in de achttiende en aan het begin negentiende eeuw. Het ontstond als reactie op de rococo, door een interesse in het klassieke verleden om veranderingen in de eigentijdse wereld te begrijpen, en het navolgen van een morele ernst zoals bij het academisme.

ANTONIO CANOVA (1757–1822); **JACQUES-LOUIS DAVID** (1748–1825); **JEAN-AUGUSTE-DOMINIQUE INGRES** (1780–1867); **ANGELICA KAUFFMANN** (1741–1807); **PIERRE-PAUL PRUD'HON** (1758–1823); **JOSHUA REYNOLDS** (1723–1792)

rede, orde, verlichting, deugdzaamheid, wetenschappelijk, klassieke waarden, nieuwe maatschappij

Het neoclassicisme is sterk verbonden met de verlichting van de achttiende eeuw en met de Franse revolutie. De verlichting was de brede intellectuele beweging die werd gekenmerkt door de nadruk op de rede en het rationele. Verlichte denkers zochten naar universele regels, standaarden en doel-

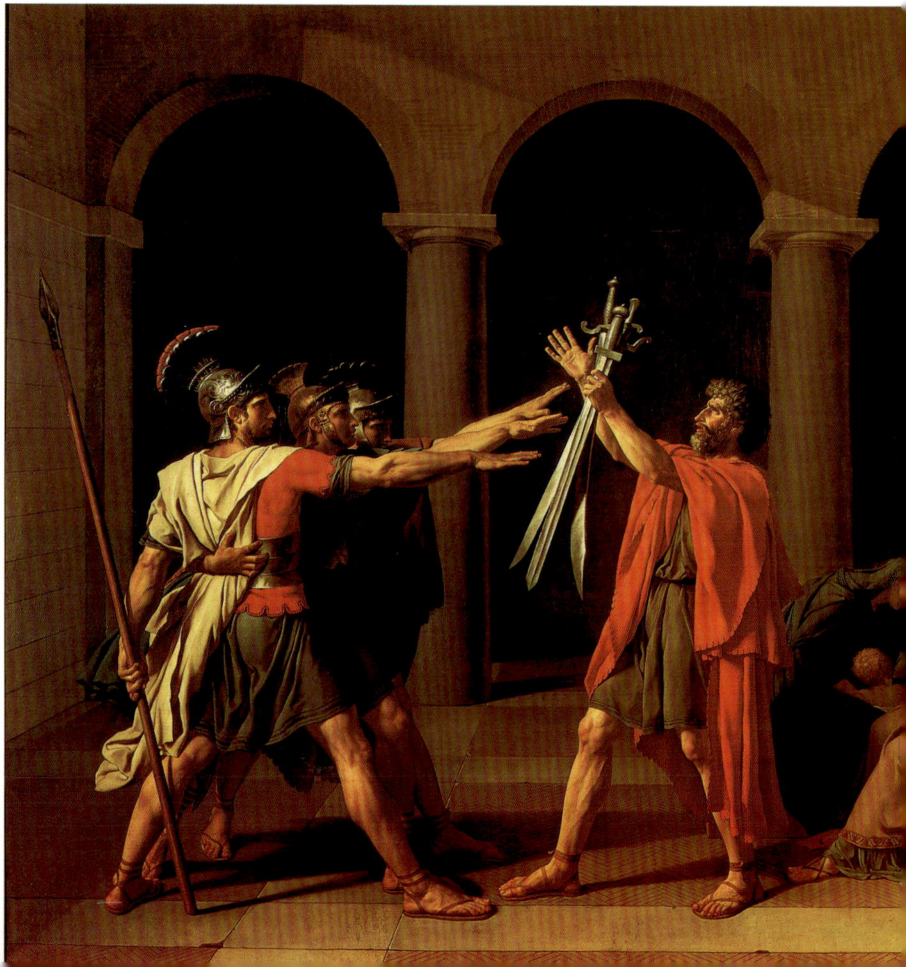

stellingen waartegen waarden en sociale ervaringen moesten worden beoordeeld, en objectieve, concrete manieren waarop de voor- of nadelen konden worden afgewogen.

De neoclassicistische kunstenaars eisten een belangrijke rol voor zichzelf op als vormgever van normen en gedrag. Uitgebreide archeologische opgravingen in Italië en Griekenland voedden de studie van de antieke wereld (vooral de morele en esthetische waarden) en stimuleerden een nauwgezetter gevoel voor geschiedenis en historische verandering. De neoclassicistis-ten bliezen niet alleen oude stijlen nieuw leven in, maar probeerden kunst ook te gebruiken om een maatschappij te creëren die modern en deugdzaam was.

De neoklassieke kunst neigde naar een hoge morele ernst die grensde aan strengheid. David is de belangrijkste neoklassieke schilder van de periode. Een andere, meer eigentijdse invloed op de moraliserende en rationaliserende impuls was de verwerping van de rococostijl die verlichte denkers bekritiseerden en die de Franse revolutionairen aanvielen vanwege zijn morele en politieke associaties.

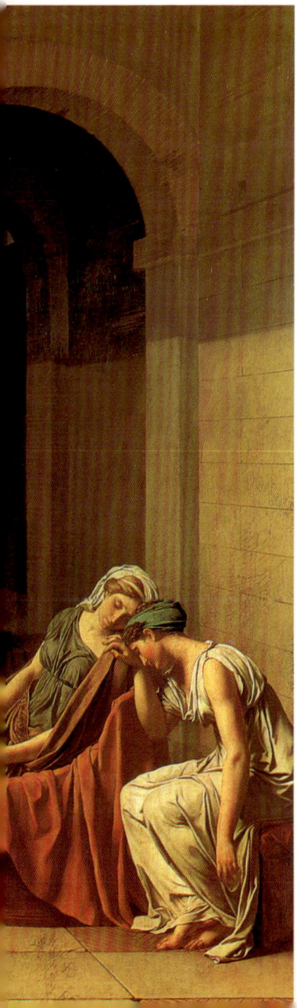

← **BELANGRIJKSTE WERKEN** in het Louvre, Parijs

De eed van de Horatii, 1785, **JACQUES-LOUIS DAVID**
De neoclassicisten hadden niet alleen een stilistische voorkeur voor klassieke beelden; ze deden ook een poging de deugden van het republikeinse Rome na te streven. Dit schilderij wordt beschouwd als het manifest van het neoclassicisme. Het toont een episode uit de Romeinse geschiedenis: de drie gebroeders Horatii heffen hun armen om een plechtige eed te zweren om de vijand te verslaan of te sterven, terwijl hun vader ze zwaarden geeft en hun zussen treuren. De drie bogen op de achtergrond isoleren de groepen figuren en de stadia van het verhaal (belofte, strijd, verdriet). David benadrukte deugden als dapperheid, eergevoel en trouw, die allemaal werden geclaimd door de revolutionairen.

ANDERE WERKEN in het Louvre, Parijs

De liefde van Paris en Helena, 1789, **JACQUES-LOUIS DAVID**

Madame Récamier, 1800, **JACQUES-LOUIS DAVID**

Cupido en Psyche, 1798, **BARON FRANÇOIS GÉRARD**

De apotheose van Homerus, 1827, **JEAN-AUGUSTE-DOMINIQUE INGRES**

De gewonde niobe, 1822, **JAMES PRADIER**

Keizerin Josephine in het park bij Malmaison, 1805, **PIERRE-PAUL PRUD'HON**

classicisme, humanisme, idealisme, academisme, barok-classicisme

barok, maniërisme, rococo, caravaggisme, modernisme, postmodernisme

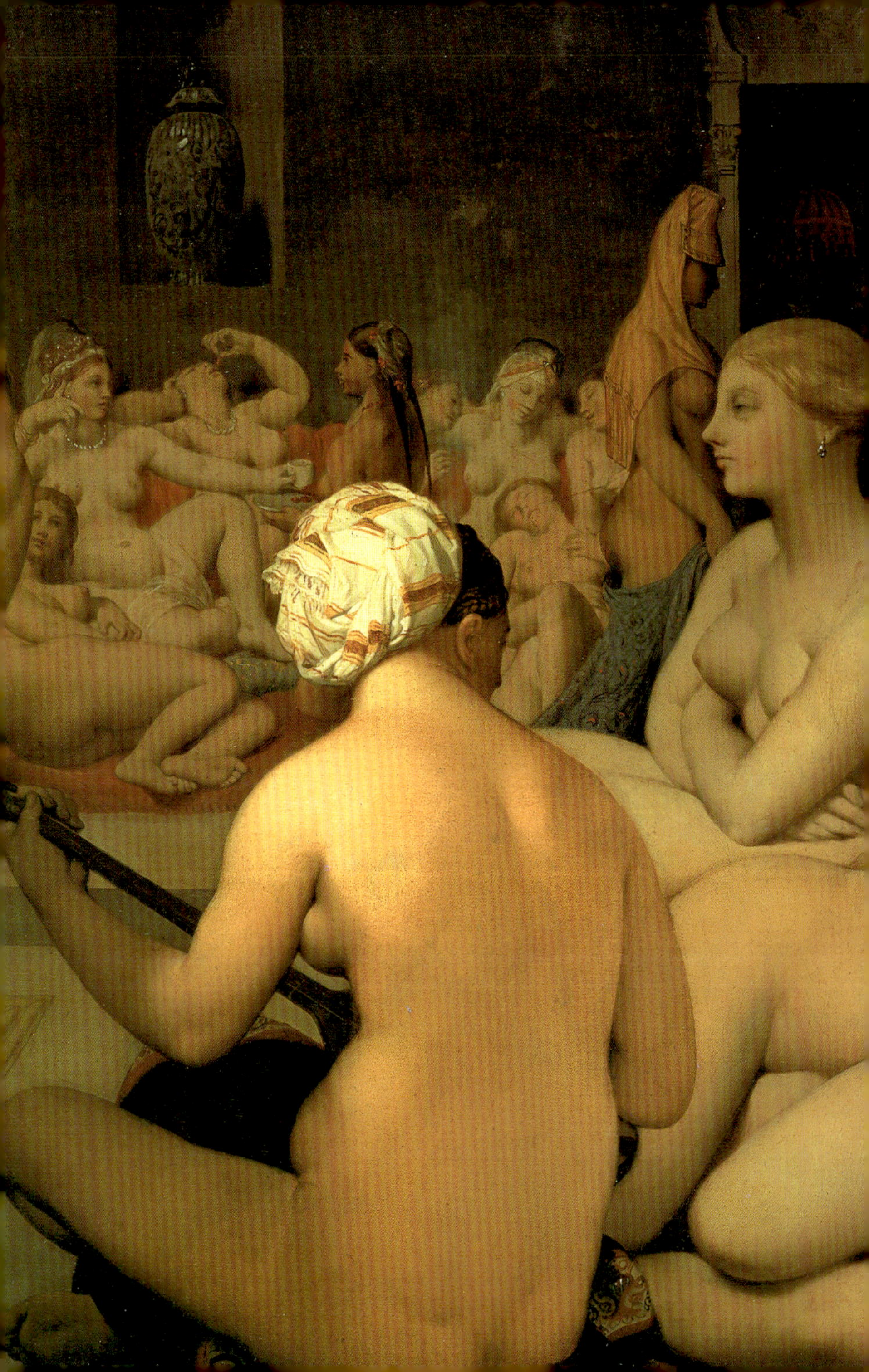

3

DE 19E EEUW

19e eeuw

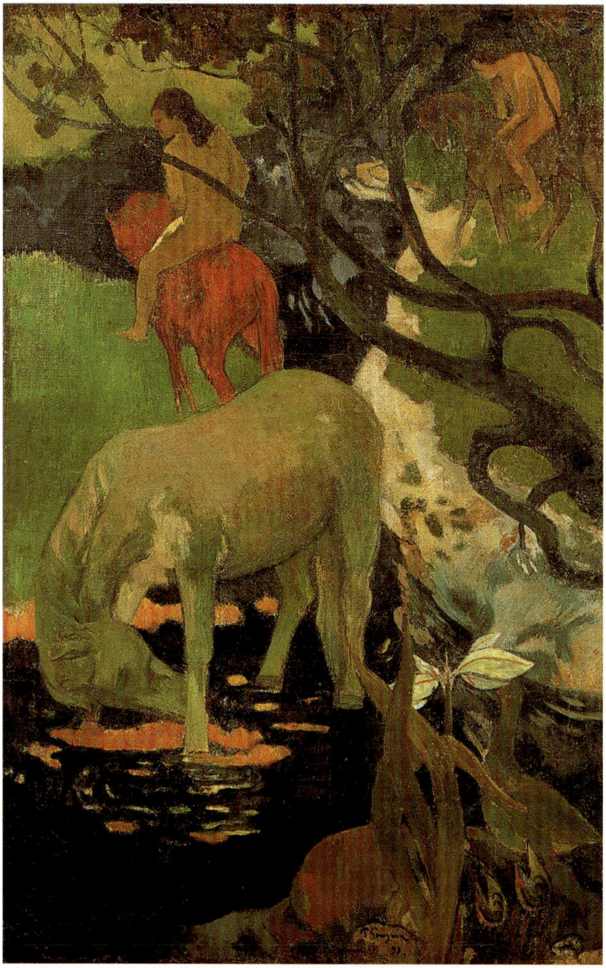

reactie, structuur, niet-academisch, impressies, objectiviteit, subjectieve emotie, instincten, klassenpolitiek, sociale visie, estheet, imperialisme, symbolen, ontwerp

De kunstgeschiedenis van de negentiende eeuw begint met de dominantie van het neoclassicisme, de kunst van de morele ernst en van politieke bedoelingen die al snel in twijfel werden getrokken door de romantiek. De romantici geloofden dat het individu de motor van de geschiedenis en de vooruitgang was. Zij verkozen het emotionele, het irrationele, het mystieke, het intuïtieve en het symbolische boven het volledige rationele en regelgebonden. Tijdens de romantiek begon het proces van het bevrijden van de kunstenaar uit de autoriteit van de academies, het sociale nut en het belang van de publieke opinie, conventies en goede smaak.

In de negentiende eeuw verwierpen kunstenaars steeds vaker de autoriteit van de kunstacademies en reageerden sterker tegen de commerciële kunsthandel waarin de conservatieve, burgerlijke smaak een belangrijke rol speelde. Deze ontwikkelingen leidden tot een nieuwe periode van experimenteren, waarin Frankrijk een centrale rol speelde en kunstenaars zich vrijer voelden om de grenzen van de kunst op te zoeken.

Ook de realisten betwistten de idealen van de academies en de publieke opinie door de inhoud van de kunst te verbreden tot voorstellingen uit het alledaagse leven, vaak beelden van armoede of arbeid.

De impressionisten verlieten de conventie van het uitbeelden van natuurlijke verschijnselen als solide, gemodelleerde vormen. Ze vervingen lijnen door gekleurde vlekken die de indruk van een vorm gaven, maar niet de soliditeit van objecten. Ze schilderden ook in de openlucht, en verwierpen daarmee de academische traditie van werken in een atelier naar voorbeeldtekeningen.

Cézanne, Van Gogh en Gauguin kunnen worden beschouwd als de voorvaders van de vele twintigste-eeuwse modern-ismen. Ze deelden hun overtuiging dat een kunstenaar een individuele visie kon formuleren op wat kunst is of kan zijn. Ze zorgden zo voor een enorme verschuiving in de manier waarop kunstenaars over zichzelf dachten. Dat was even belangrijk als de vele innovaties op het gebied van weergave en inhoud. Kunstenaars begonnen zichzelf steeds meer te beschouwen als mensen met een visie waaraan ze trouw moesten blijven, zelfs als dat betekende dat ze moesten afzien van financiële beloningen en sociale status. Tegen het einde van de negentiende eeuw identificeerden de meeste avant-gardekunstenaars hun artisticiteit met hun authenticiteit als individu.

BELANGRIJKSTE WERKEN in Musee d'Orsay, Parijs

← ***Het witte paard*, 1898, PAUL GAUGUIN**
Gauguin gebruikte zuivere kleurvlakken in zijn schilderijen. Daardoor kon hij zich beter concentreren op de compositie van zijn werk en minder op het creëren van indrukken van ruimtelijkheid of fysieke vormen. Deze benadering leverde, samen met zijn fascinatie voor de verloren gouden eeuw van de natuurlijke onschuld, zeer symbolische en emotionele schilderijen op. Gauguin inspireerde generaties kunstenaars om hun werk te gebruiken om waarheden uit hun levenservaring te bestuderen en uit te beelden.

↓ ***Het balkon*, 1868–1869, EDOUARD MANET**
In dit werk worden de mensen die kunst kopen zelf onderwerp van het kunstwerk. Manet brak met de academische regels door grof en losjes te schilderen, wat te zien is aan de handschoenen en het gezicht van de vrouw rechts. Hij interpreteerde in zijn schilderijen de wereld om hem heen zonder morele of literaire toespelingen; zijn spontane oog transformeerde dingen die normaal gesproken als ongeschikt voor kunst werden beschouwd. Manets objectiviteit droeg ertoe bij dat het oordeel van de kunstenaar boven beperkende morele en sociale regels werd gesteld.

ANDERE WERKEN in Musee d'Orsay, Parijs

De geboorte van Venus, 1879, **WILLIAM BOUGUEREAU**

Vrouw met koffiepot, 1890–1895, **PAUL CÉZANNE**

Zelfportret, 1889, **VINCENT VAN GOGH**

Het angelus, 1857, **JEAN-FRANÇOIS MILLET**

Orpheus, 1865, **GUSTAVE MOREAU**

Vrouw met zwarte boa, 1892, **HENRI DE TOULOUSE-LAUTREC**

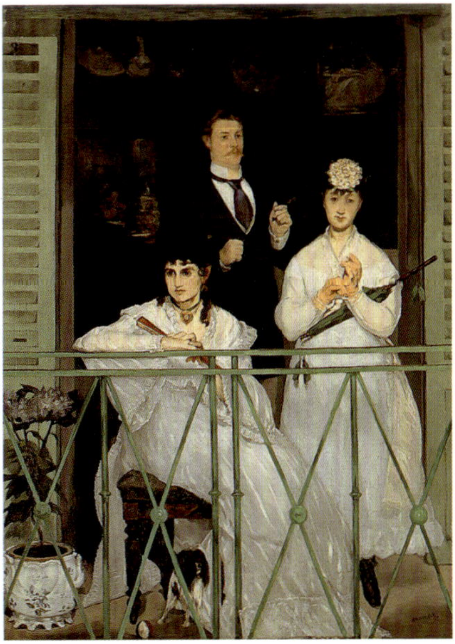

Romantiek

De romantiek was een zeer brede beweging die zich ontwikkelde als reactie op het neoclassicisme. In de romantiek werden menselijke emoties, instincten en intuïtie meer gewaardeerd dan een rationele benadering tot kwesties van waarde en betekenis in kunst, maatschappij en de politiek.

WILLIAM BLAKE (1757–1827); **EUGÈNE DELACROIX** (1757–1863); **THÉODORE GÉRICAULT** (1791–1824); **JOSEPH MALLORD WILLIAM TURNER** (1775–1881)

rebellie, vrijheid, symbool, intuïtie, emotie, het individuele, waarheid

In de breedste zin verwijst 'romantisch' naar elk kunstwerk waarin subjectieve gemoedstoestanden, zoals gevoelens, stemmingen en intuïtie, overheersen. Het is in de kunst van elk tijdperk mogelijk om een onderscheid te maken tussen 'romantische' kunst, in deze algemene zin, en 'klassieke' kunst, waarin vorm-, structuur- of compositieregels belangrijk zijn.

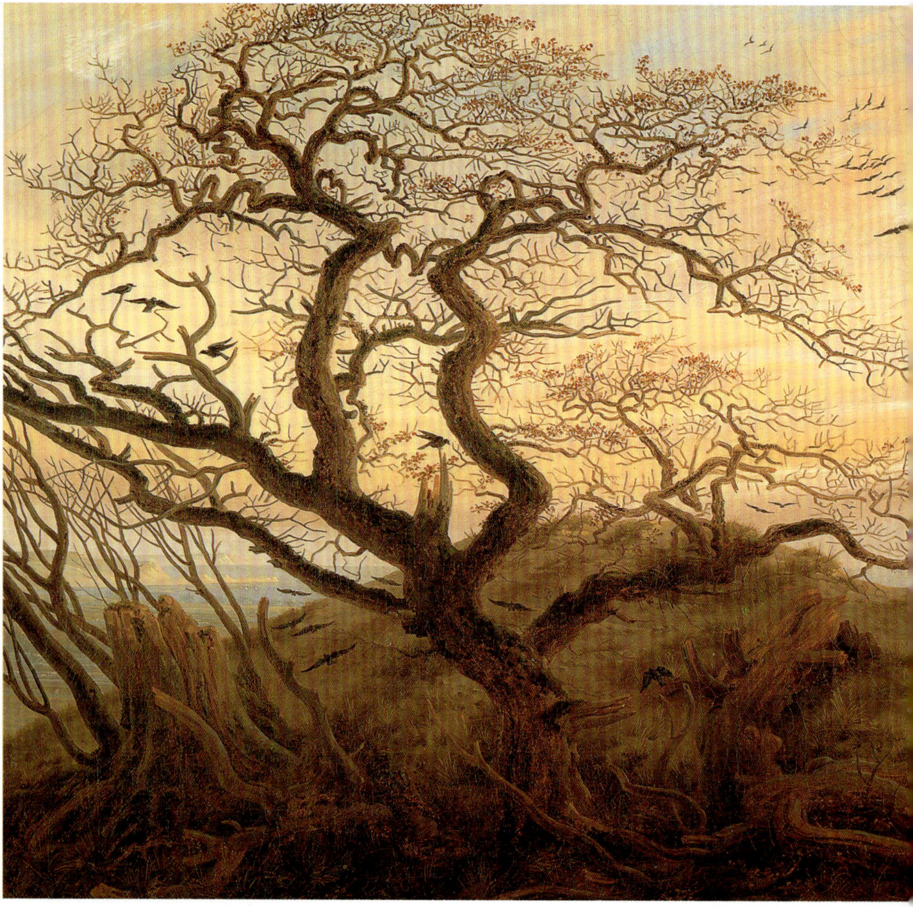

Beide houden zich echter bezig met het ideale. In het geval van de negentiende-eeuwse romantiek was 'het ideaal' een authentieke, individuele uitdrukking van ervaringen die niet puur rationeel of materialistisch konden worden geduid.

In definities van de romantiek wordt gewoonlijk de nadruk gelegd op de afwijzing van het rationalisme, maar gaat men voorbij aan de afkeer van het materialisme, in het bijzonder de utilitaristische mentaliteit, die zo'n belangrijke rol speelde in de kritiek van de verlichting op de kerk. De romantiek moet ook worden gezien als een poging om de kunst te redden uit deze nadruk op het 'nut' van kunst voor de maatschappij, vooral de burgermaatschappij.

De romantici verwierpen de neoclassicistische overtuiging dat de mens kon worden geperfectioneerd door rede. Er was kritiek op de verlichting, omdat het belang van het subjectieve, het irrationele, het emotionele, het spirituele, niet werd ingezien. De romantiek omarmde al deze facetten van het leven en legde een grote nadruk op het sublieme: gewoonlijk een ontmoeting met de onmetelijkheid van de natuur, waarin de mens zowel zijn eigen vergankelijkheid als zijn ware morele aard herkende. De landschapsschilderkunst ontwikkelde zich sterk door de romantische fascinatie met de natuur.

Ook gruwelen en het bovennatuurlijke speelden een rol in de romantiek, deels als gevolg van het lijden dat was veroorzaakt door de napoleontische oorlogen, deels vanwege het belang dat werd gehecht aan mythische en fantasievolle privé-werelden. Middeleeuwse, bizarre en eigentijdse historische onderwerpen waren prominent aanwezig in de romantische schilderkunst.

BELANGRIJKSTE WERKEN in het Louvre, Parijs

← *Boom met kraaien*, ca. 1822, **CASPER DAVID FRIEDRICH**
De boom lijkt dood, maar is geschilderd tegen een zonsopgang of -ondergang, die ons eraan herinnert dat de dood onvermijdelijk is, deel van de cyclus van de natuur, en niet moet worden gevreesd. Toch roept het schilderij melancholie op bij de kijker, in plaats van filosofische onverschilligheid. In de romantiek werd de natuur beschouwd als een bron van waarheden over het menselijk leven die het best konden worden uitgedrukt in de kunst en het best intuïtief of emotioneel konden worden begrepen.

ANDERE WERKEN in het Louvre, Parijs

Vrijheid voert het volk aan (28 juli 1830), 1830, **EUGÈNE DELACROIX**

Lady Macbeth, 1784, **HENRY FUSELI**

Portret van een gokverslaafde, ca. 1822, **THÉODORE GÉRICAULT**

Het vlot van de Medusa, 1819, **THÉODORE GÉRICAULT**

Het brevier lezen, ca. 1854, **CARL SPITZWEG**

Landschap met rivier en baai in de verte, ca. 1845, **JOSEPH MALLORD WILLIAM TURNER**

mediëvalisme, oriëntalisme, primitivisme, expressionisme, neo-expressionisme

academisme, classicisme, neoclassicisme, realisme, materialisme, impressionisme, neo-impressionisme, postimpressionisme, dadaïsme, surrealisme, conceptualisme, neoconceptualisme, sensationalisme

Oriëntalisme

BCS

Het oriëntalisme beschrijft een trend om het Nabije en Midden-Oosten af te beelden op een manier die appelleerde aan de vooronderstellingen, smaak, fantasie, politiek en vooroordelen van het westerse publiek.

EUGÈNE DELACROIX (1798–1863); **WILLIAM HOLMAN HUNT** (1827–1910); **CHARLES GLEYRE** (1806–1874); **ANTOINE-JEAN GROS** (1771–1835); **JEAN-AUGUST-DOMINIQUE INGRES** (1780–1867); **FREDERIC LEIGHTON** (1830–1896)

imperialisme, fantasie, wreedheid, weelde, erotiek, het Westen beeldt het Oosten af, vooroordelen

Het Britse en Franse imperialisme in de negentiende eeuw voorzag kunstenaars van meer informatie over het Nabije en Midden-Oosten. De schilderijen die daaruit voortvloeiden waren oriëntalistisch in de zin dat ze het landschap, de architectuur en de gewoonten van deze regio accuraat leken af te beelden. Ondanks hun pas ontdekte detaillering werden oriëntalistische schilderijen vaak geïnspireerd of gemotiveerd door vermoedens over het oosten – niet door observatie dus, maar door vooroordelen. Precieze topografische details vormden de perfecte achtergrond voor kunstwerken die tegemoet kwamen aan de fantasie van het westerse publiek.

Op oriëntalistische kunstwerken werd het oosten over het algemeen afgeschilderd als achterlijk en primitief, waarmee het imperialisme werd gerechtvaardigd als een 'beschavings'-proces. Of de nadruk nu lag op barbaarsheid of edelmoedigheid, de beelden van het Oosten hadden vaak de westerse moraal als thema.

Oriëntalistische schilderijen gingen zich ook vaak te buiten aan de vermeende weelderigheid en uitbundigheid van het Oosten. Het Oosten werd een bijzonder talent voor genot en gruwel toegedicht, van harems tot slavenmarkten. Het Oosten kon luxueus of barbaars zijn, een haard van kokende passie, maar het kon niet, zoals het Westen, rationeel zijn.

Men dacht dat het Nabije Oosten vrijwel onveranderd was sinds de tijd van de stamvaders uit het Oude Testament. Op bijbelse voorstellingen werd gebruikgemaakt van etnografische informatie over alles van architectuur tot juwelen, wat voor het westerse publiek authentieke beelden van de bijbelse geschiedenis leken.

BELANGRIJKSTE WERKEN in het Louvre, Parijs

→ *Het bloedbad op Chios*, 1824, **EUGÈNE DELACROIX**
In deze scène is een brute episode uit de Griekse onafhankelijkheidsoorlog tegen Turkije te zien. De Griekse zaak werd door veel romantici opgepikt, met name door Lord Byron. Op Het bloedbad op Chios worden de Turken afgebeeld als meedogenloze moordenaars van mannen, vrouwen en kinderen. Het hoofd van de Turkse soldaat op het paard steekt af tegen de lucht om de schijnbare wreedheid van zijn gelaatstrekken te benadrukken.

↓ *Het Turkse bad*, 1862, **JEAN-AUGUST-DOMINIQUE INGRES**
Dit is een klassiek oriëntalistisch werk, waarin Turkije wordt voorgesteld als een land van slavinnen; naakt, voluptueus en snakkend naar liefde. De vorm van het schilderij suggereert dat het tafereel via een gat in de muur of deur wordt gezien, wat de erotische lading nog versterkt. Dit is een stiekeme blik op vrouwen die achter slot en grendel worden gehouden voor het genot van mannen.

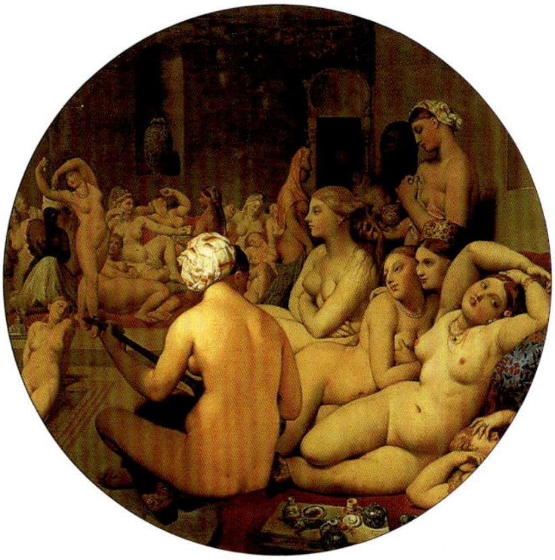

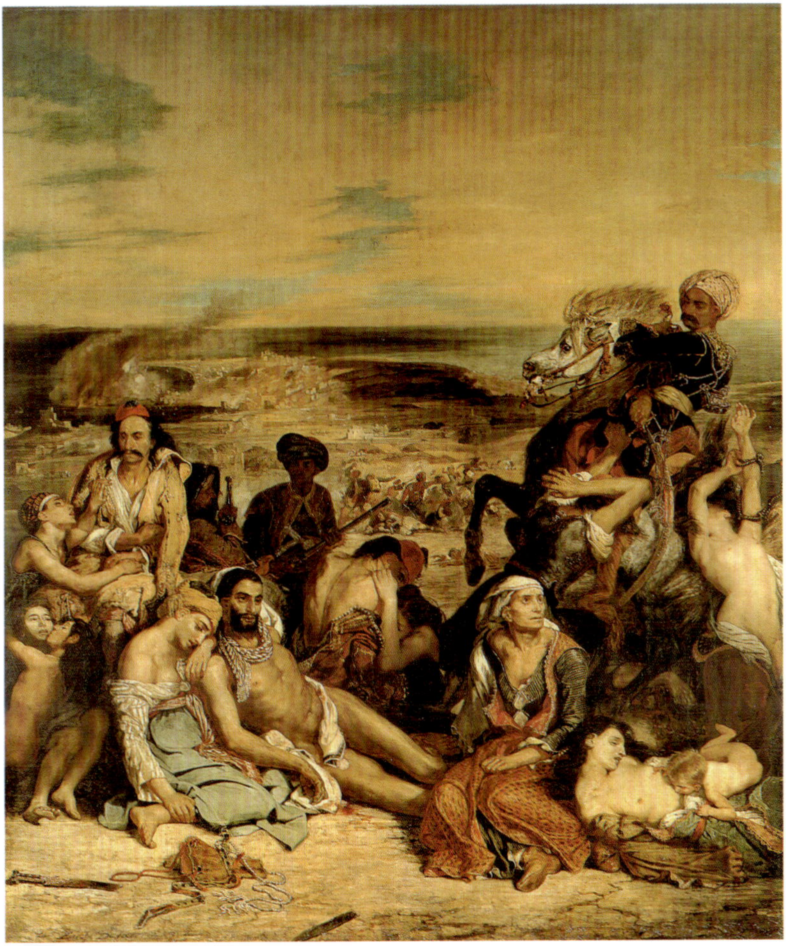

ANDERE WERKEN in het Louvre, Parijs

Een bad in het serail, 1849, THÉODORE CHASSÉRIAU

Vrouwen uit Algiers in hun vertrek, 1834, EUGÈNE DELACROIX

De dood van Sardanapale, 1826, EUGÈNE DELACROIX

Grote odalisk, 1819, JEAN-AUGUSTE-DOMINIQUE INGRES

De kleine baadster. Interieur van een harem, 1828, JEAN-AUGUSTE-DOMINIQUE INGRES

Ruïnes van de moskee van kalief Hakem in Caïro, ca. 1840–1846, PROSPER MARILHAT

romantiek, mediëvalisme, prerafaëlisme, secessionisme, estheticisme, symbolisme, primitivisme, expressionisme

academisme, realisme, impressionisme, neo-impressionisme, postimpressionisme, classicisme, postmodernisme

Mediëvalisme

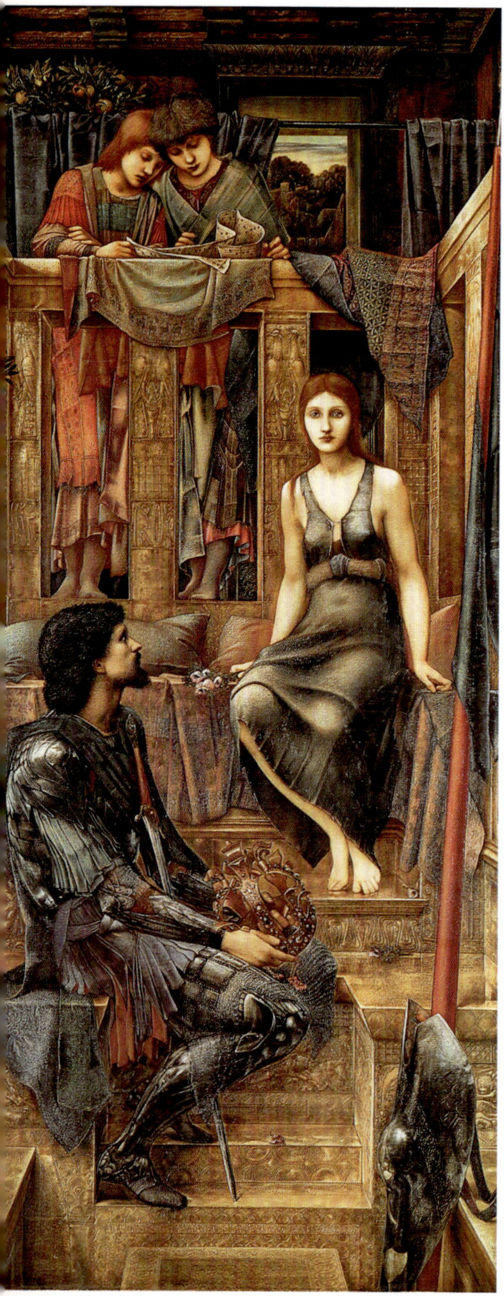

Het mediëvalisme was een beweging binnen de brede romantische stroming in de negentiende eeuw die gekant was tegen zowel het neoclassicisme als de industrialisatie. De kunst en cultuur van de periode voorafgaand aan de renaissance werd beschouwd als zuiverder, spiritueler en fantasievoller.

EDWARD BURNE-JONES (1833–1898); **PETER VON CORNELIUS** (1783–1867); **WILLIAM HOLMAN HUNT** (1827–1910); **JOHN EVERETT MILLAIS** (1829–1896); **FRIEDRICH JOHANN OVERBECK** (1789–1869); **DANTE GABRIEL ROSSETTI** (1828–1882)

puurheid, vakmanschap, traditie, volksaard, ridderlijkheid, geloof, industrialisatie

Kunstenaars die zich aangetrokken voelden tot het mediëvalisme bestudeerden onderwerpen uit de middeleeuwse literatuur en geschiedenis. Ze reageerden tegen de misvormende en verstorende effecten van de industrialisatie, en tegen de artistieke en commerciële overheersing van het neoclassicisme. Voor velen stond het middeleeuwse gelijk aan artistieke oprechtheid, en lijnrecht tegenover de commerciële academische kunst die werd geproduceerd in verschillende klassieke stijlen. Bij het kijken naar mediëvalistische kunst is het echter belangrijk om een onderscheid te maken tussen kunstenaars die simpelweg middeleeuwse scènes schilderden in een eigentijdse, naturalistische stijl en kunstenaars die er sterker door waren beïnvloed.

De middeleeuwse wereld vormde een vluchtroute voor de verbeelding van kunstenaars. Hij maakte ook deel uit van een culturele voorliefde voor onderscheidende trekken van de nationale aard en cultuur die het hoofd bieden aan de veranderingen van de revolutie, reformatie en industrialisatie. Het mediëvalisme was net als het oriëntalisme vaak een manier om eigentijdse sociale en politieke zaken te onderzoeken.

Keizer Napoleon stimuleerde tijdens zijn heerschappij middeleeuwse thema's in de Franse kunst. Een van overheidswege gesteunde 'troubadourstijl' identificeerde de napoleontische regering met de spirituele integriteit en ridderlijke eer van de middeleeuwse wereld. Ook de Pre-Raphaelite Brotherhood in Engeland en de Nazareners in Duitsland streefden een eenvoudiger, maar superieure wereld na. Het mediëvalisme was ook een belangrijk voorbeeld van een aanhoudende aandacht en voorkeur voor schilderijen die verhalend zijn.

BELANGRIJKSTE WERKEN in Tate Britain, Londen

- *Koning Cophetua en de bedelares*, 1884, **EDWARD BURNE-JONES**

Dit werk van Burne-Jones is beïnvloed door het mediëvalisme. Hij was een late prerafaëliet en zijn werk vertoont ook sterk esthetische trekjes. Het mediëvalisme in *Koning Cophetua* is gestileerder dan in *Claudio en Isabella*. Het is onderdeel van een fantasiewereld en probeert niet te verwijzen naar een echte historische periode. Net als het vroegere schilderij vertelt het een verhaal over deugdzaamheid en liefde. Hier zijn we getuige van het moment waarop de Afrikaanse Cophetua verliefd wordt op een bedelares.

▸ *Claudio en Isabella*, 1850, **WILLIAM HOLMAN HUNT**

Dit schilderij is geïnspireerd op Shakespeares *Measure for Measure*; veel mediëvalistische kunstenaars haalden hun onderwerpen uit de literatuur. In dit werk bespreekt Isabella met haar gevangengenomen broer Claudio de mogelijkheid om haar maagdelijkheid aan Angelo te schenken in ruil voor haar broers leven. Het middeleeuwse kostuum laat duidelijk zien dat dit werk mediëvalistisch is, maar Isabella's deugdzaamheid is het echte onderwerp van het schilderij. De middeleeuwen werden beschouwd als het tijdperk van geloof en deugdzaamheid, en de mediëvalisten wilden graag vergelijkbare morele waarden in hun eigen tijd laten herleven en stimuleren.

ANDERE WERKEN in Tate Britain, Londen

Chaucer aan het hof van Edward III, 1856–1868, **WILLIAM HOLMAN HUNT**

De mooie Isolde, 1858, **WILLIAM MORRIS**

De heilige Joris en prinses Sabra, 1862, **ROSSETTI**

Oriana, 1861, **FREDERICK SANDYS**

Dame die een vaandel vastmaakt aan de speer van een ridder, 1856, **ELIZABETH ELEANOR SIDDAL**

romantiek, oriëntalisme, prerafaëlisme, estheticisme, internationale gotiek, piëtisme

classicisme, academisme, realisme, impressionisme, neo-impressionisme, postimpressionisme, symbolisme, classicisme, secularisme, postmodernisme

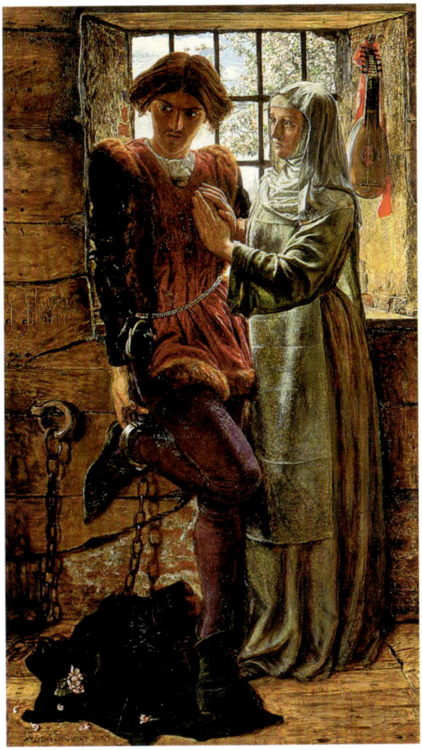

Prerafaëlisme

KGB

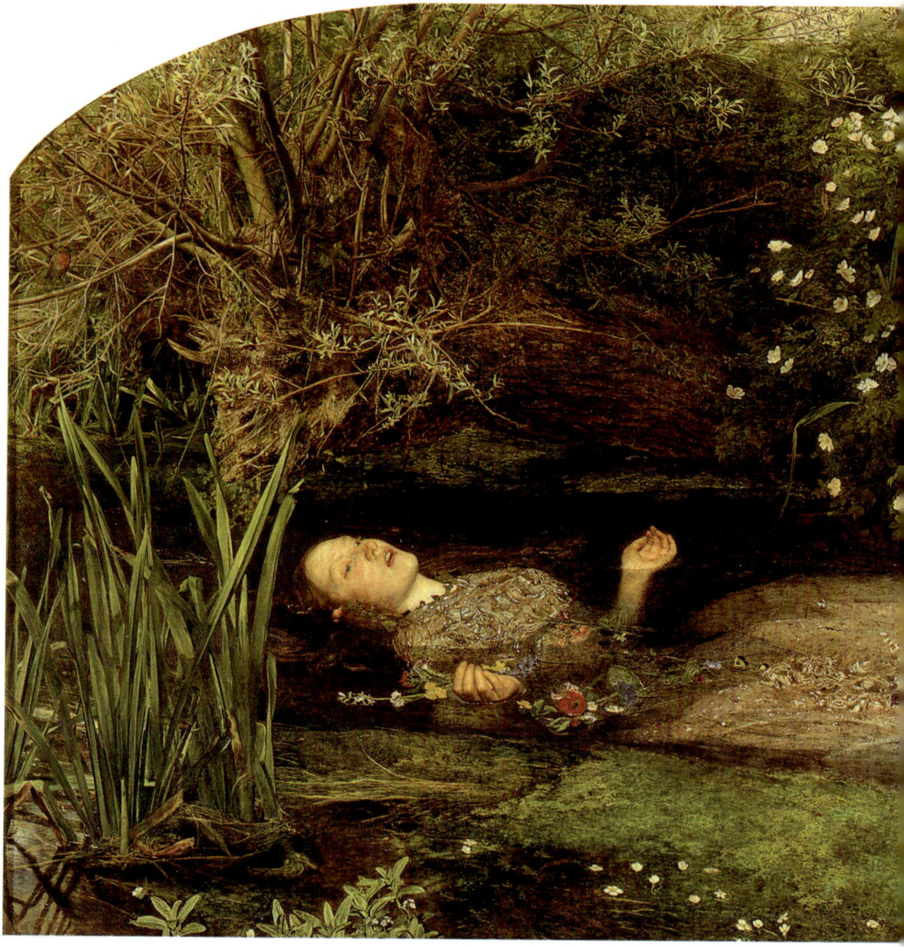

Het werk van de prerafaëlieten werd rond 1850 tentoongesteld in de Royal Academy of Arts en veroorzaakte controverse doordat werd gebroken met de academische regels. De prerafaëlieten besteedden veel aandacht aan natuurgetrouwe details, gebruikten levendige kleuren en bestudeerden middeleeuwse en literaire onderwerpen.

EDWARD BURNE-JONES (1833–1898); **WILLIAM HOLMAN HUNT** (1827–1910); **JOHN EVERETT MILLAIS** (1829–1896); **WILLIAM MORRIS** (1834–1896); **DANTE GABRIEL ROSSETTI** (1828–1882); **JOHN WILLIAM WATERHOUSE** (1849–1917)

heldere kleuren, middeleeuwse thema's, nationale cultuur, natuurgetrouwe details, zuiverheid, verhalen

De Pre-Raphaelite Brotherhood werd opgericht door William Holman Hunt, John Everett Millais en Dante Gabriel Rossetti.

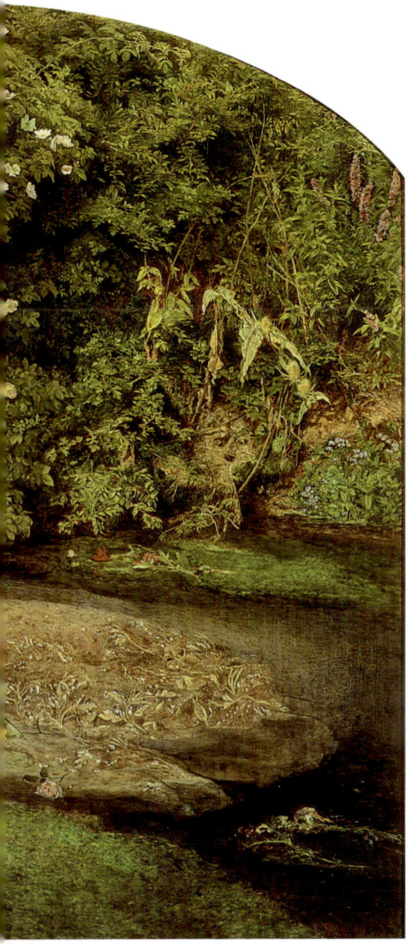

Zij waren alle drie studenten aan de Royal Academy of Arts en verwierpen de academische traditie waarin ze werden opgeleid. Rafaël was de schilder uit de renaissance die het sterkst geassocieerd werd met de academische traditie. De drie kunstenaars kozen de naam prerafaëlieten, omdat ze wilde terugkeren tot wat zij beschouwden als de schilderachtige en spirituele 'zuiverheid' van de kunst vóór Rafaël. Zij kozen ervoor de natuurlijke vorm niet te idealiseren of te incorporeren in een algemeen ontwerp, maar richtten zich op de natuurgetrouwe details van het onderwerp in zijn omgeving. Ze werden hierin gesteund door de criticus John Ruskin, die geloofde dat een grondige observatie van de natuur kunstenaars in staat stelde Gods aanwezigheid in de wereld waar te nemen.

In het midden van de jaren vijftig van de negentiende eeuw werkten de drie oorspronkelijke oprichters van het prerafaëlisme minder nauw samen. Aan het einde van het decennium werd een tweede generatie gevormd rond Rossetti. In deze groep zaten ook William Morris en Edward Burne-Jones. De laatste speelde een belangrijke rol in de verschuiving van het prerafaëlisme naar een meer eclectische en gemaniëreerde stijl, waardoor het een sterke affiniteit kreeg met het estheticisme.

BELANGRIJKSTE WERKEN in Tate Britain, Londen

← *Ophelia*, 1851–1852, JOHN EVERETT MILLAIS
De prerafaëlieten schilderden vaak scènes uit de literatuur; hier beeldt Millais de zelfmoord van Ophelia in Shakespeares *Hamlet* uit. Kenmerkend is dat de details in de natuurlijke omgeving net zo goed bestudeerd zijn als die in het figuur van Ophelia. Millais nodigt de kijker ook uit om zich emotioneel te identificeren met dit vrouwelijke personage dat zo traditioneel symbool staat voor tragisch verdriet, verlies en krankzinnigheid.

ANDERE WERKEN in Tate Britain, Londen

Christus in het huis van zijn ouders, 1849–1850, JOHN EVERETT MILLAIS

Proserpina, 1874, DANTE GABRIEL ROSSETTI

Het ontwakende bewustzijn, 1853, WILLIAM HOLMAN HUNT

De mooie Isolde, 1858, WILLIAM MORRIS

De liefde en de pelgrim, 1896–7, EDWARD BURNE-JONES

romantiek, mediëvalisme, estheticisme, naturalisme, symbolisme, internationale gotiek

academisme, realisme, materialisme, barok, rococo, modernisme, postmodernisme

Realisme

Aanhangers van het realisme, een beweging uit het einde van de negentiende eeuw, beweerden dat de kunstenaar de wereld moest weergeven zoals hij is, zelfs als dat betekende dat er artistieke en sociale conventies gebroken moesten worden. De onderwerpen van veel realistische schilderijen werden destijds als immoreel beschouwd, omdat ze tegen de geaccepteerde regels van de 'goede smaak' in gingen. Het realisme was het sterkst in Frankrijk, met vertegenwoordigers als Courbet en Édouard Manet.

GUSTAVE COURBET (1819–1877); **HONORÉ DAUMIER** (1808–1879); **EDGAR DEGAS** (1834–1917); **HENRI FANTIN LATOUR** (1836–1904); **EDOUARD MANET** (1832–1883); **ALFRED MENZEL** (1815–1905); **JAMES TISSOT** (1836–1902)

antiburgerlijke houding, arbeider, echt, sociale kritiek, eigentijds naakt, schandaal

Realisten probeerden de wereld weer te geven zoals ze hem zagen, en als gevolg daarvan was hun werk sterk gericht op het onderwerp en diens emotionele en sociale betekenis. In tijden van grote ongelijkwaardigheid tussen sociale klassen was het resultaat bijna altijd provocerend. De realisten wilden de kunst losmaken van sociale regels en laten zien hoe de maatschappij het leven van mensen vormt.

In Courbets manifest *La Réalisme* staat dat de kunst een objectieve weergave van de wereld moet zijn en dat ze moet worden geleid door de visie van de kunstenaar, ten koste van de uitgeholde ideeën over wat 'geschikte' en 'ongeschikte' onderwerpen zijn. Het realisme was een poging om de kunst en de kunstenaar te bevrijden van de burgerlijke smaak. Het haalde zijn inspiratie uit de romantiek, maar verwierp de nadruk van de romantiek op de individuele gevoelens van de kunstenaar. Courbet schilderde arbeiders in de 'echte' natuur, niet in een geïdealiseerd landschap, en ze zagen eruit als herkenbare mannen en vrouwen, echte arbeiders. Hij verwierp ook een aantal schil-

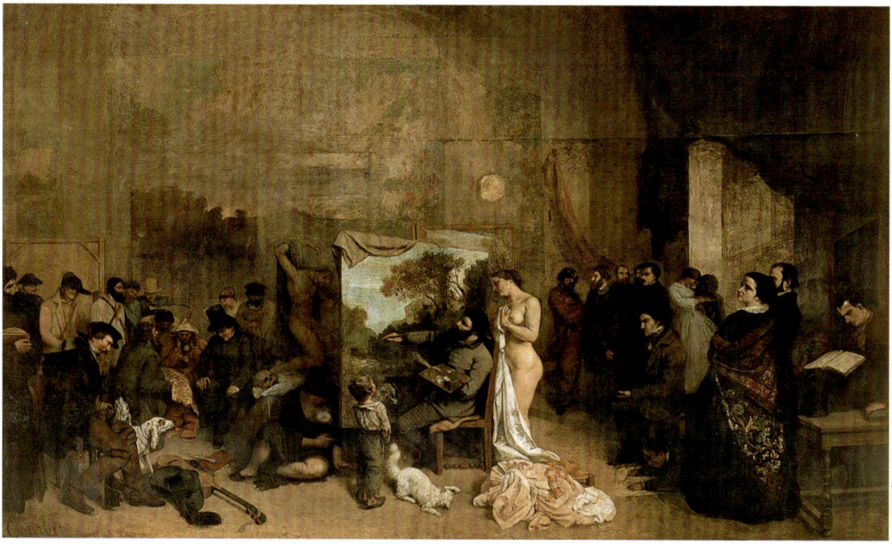

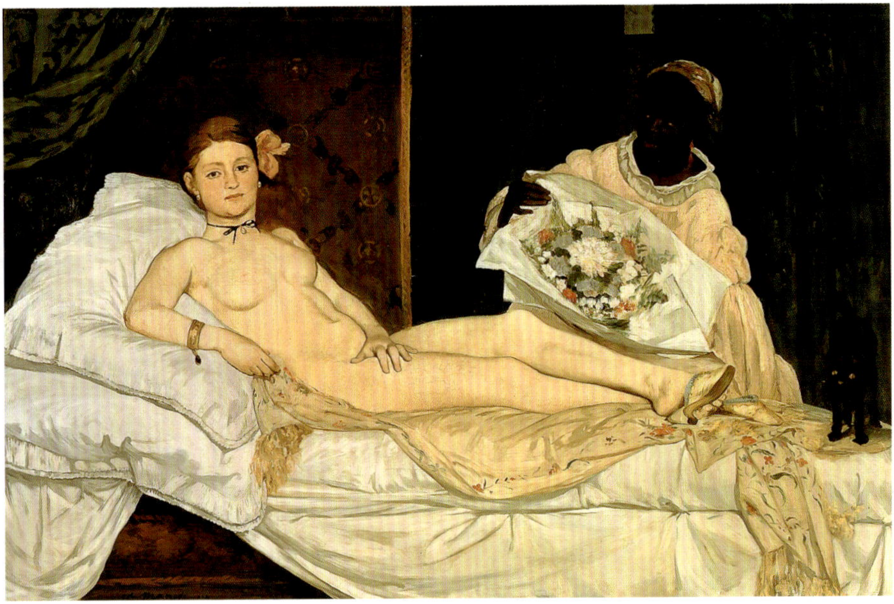

dertechnieken die geassocieerd werden met hoge kunst: zijn schilderijen zagen er net zo ruig uit als zijn onderwerpen.

Andere kunstenaars zagen hun eigen versie van het realisme niet als onderdeel van een bredere beweging van sociale en politieke veranderingen. Manets realisme was duidelijk burgerlijk en niet minder choquerend – ondanks het gebrek aan een politieke motivatie of ideologische overtuiging – simpelweg doordat hij schilderde wat hij zag.

BELANGRIJKSTE WERKEN in Musée d'Orsay, Parijs

- *Het atelier van de kunstenaar*, 1855, GUSTAVE COURBET

Realisten streefden ernaar te schilderen wat zij zagen, zelfs smerige en onplezierige dingen. Dit schilderij kan gezien worden als Courbets kritiek op dit onvermogen om zich bezig te houden met de echte wereld zoals hij die zag: het atelier van de kunstenaar is groezelig en vol, maar het schilderij op zijn doek toont een prachtig landschap dat geen enkele relatie heeft met de wereld waarin de kunstenaar leeft. Courbet toonde zichzelf tegelijkertijd als meester van het realistisch schilderen en van de schilderstijl die hij verwierp.

↑ *Olympia*, 1863, ÉDOUARD MANET

Manets *Olympia* veroorzaakte een rel toen het in 1865 werd tentoongesteld in de Salon in Parijs. Bezoekers aan de Salon waren gewend aan naakt in schilderijen, maar dan wel in een klassieke context. Venus of een nymf waren naakt en zinspeelden gewoonlijk op een bekende mythe of passage uit de klassieke geschiedenis. Maar op *Olympia* zagen ze een 'echte' naaktfiguur, gepresenteerd zonder verwijzing naar de klassieke wereld; een prostituee.

ANDERE WERKEN in Musée d'Orsay, Parijs

De vloerschavers, 1875, GUSTAVE CAILLEBOTTE

Grote boer, 1897–1902, AIMÉ-JULES DALOU

De charge, 1902–1903, ANDRÉ DEVAMBEZ

Een atelier in de wijk Batignolles, 1870, HENRI FANTIN-LATOUR

De arenleesters, 1857, JEAN-FRANÇOIS MILLET

materialisme, naturalisme, caravaggisme, sociaalrealisme, neoconceptualisme, sensationalisme

idealisme, maniërisme, allegorisme, absolutisme, romantiek, mediëvalisme, oriëntalisme, estheticisme, symbolisme, impressionisme, postimpressionisme, modernisme

Materialisme

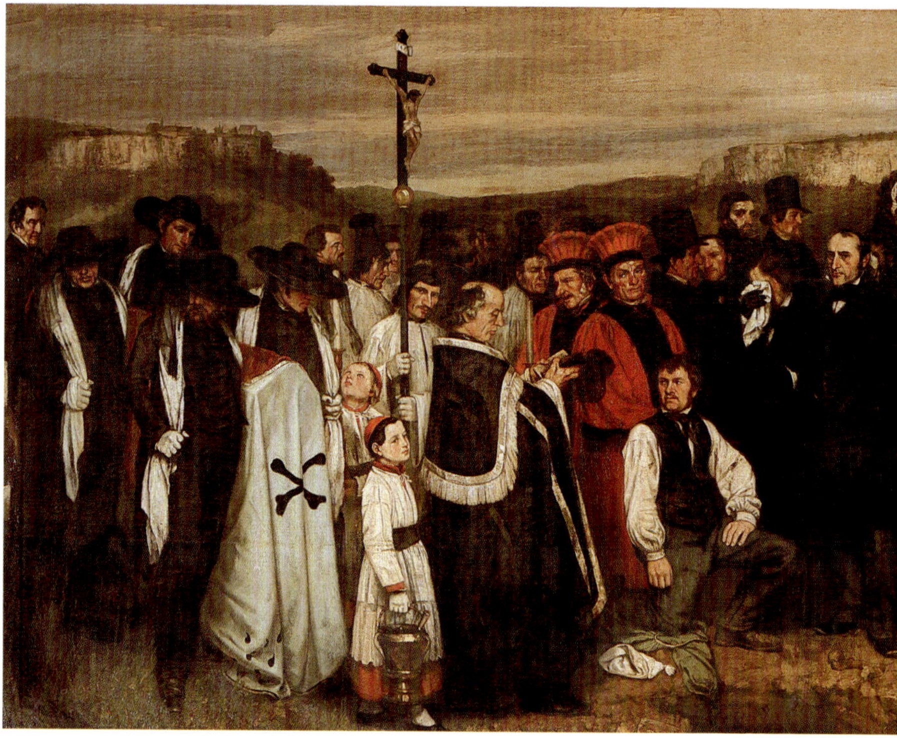

Materialistische waarden waren vooral zichtbaar in het realisme en sociaalrealisme. De term wordt gebruikt voor filosofieën en houdingen die de gemeenschappelijke overtuiging hebben dat het morele, intellectuele en emotionele wezen van een persoon wordt gevormd door zijn omgeving. Het materialisme is een reactie op het idealisme en de romantiek.

GUSTAVE COURBET (1819–1877); **HONORÉ DAUMIER** (1808–1879); **EDGAR DEGAS** (1834–1917); **HENRI FANTIN LATOUR** (1836–1904); **JEAN-FRANÇOIS MILLET** (1814–1815); **JAMES TISSOT** (1836–1902)

het lichaam, historische context, omgeving, socialisme, sociaal bewustzijn, krachten, processen, visie

Het materialisme is net zolang als het idealisme een constant kenmerk van de westerse filosofie geweest. Materialisten beweren dat de fysieke wereld de menselijke identiteit, ideeën en ervaringen vormt, voornamelijk via bepalende factoren als klasse, geslacht en nationaliteit; volledig het tegenovergestelde dus van het idealisme, dat stelt dat we het product of de uitdrukking zijn van innerlijke krachten zoals een ziel.

Courbet, de belangrijkste Franse realistische schilder, wees de romantiek en zijn nadruk op emoties af. Hij beschouwde emoties als genotzuchtige afleidingen van de realiteit van het leven en beweerde dat hij nooit een engel kon schilderen, omdat hij er nooit een gezien had. Voor overtuigde materialisten is elk soort kunst die beweert 'onaf-

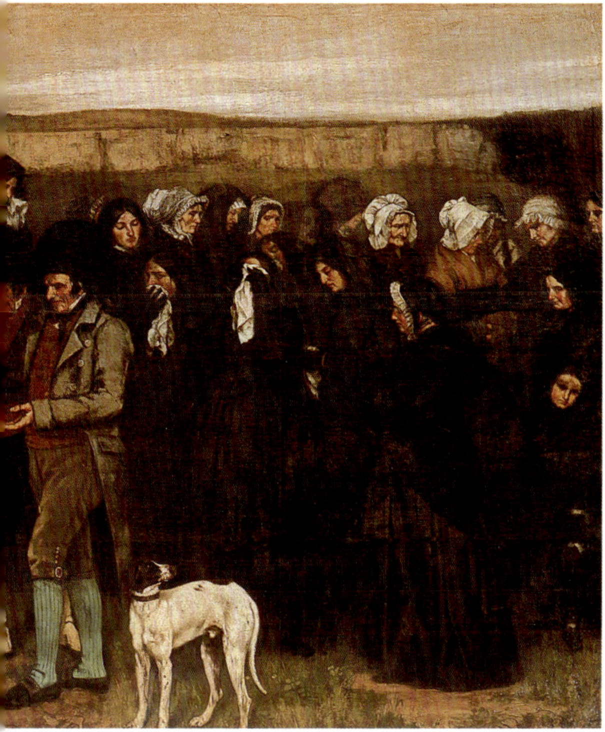

hankelijk' te zijn van de maatschappij uiterst verdacht, waaronder de bewegingen die zo uiteenlopend lijken als het impressionisme, het estheticisme en het neoplasticisme.

In de hedendaagse kunst worden de neo-conceptualisten tot de materialistische traditie gerekend, omdat zij kritiek hebben op de manier waarop kunst en persoonlijke identiteit worden gevormd door economische en culturele krachten.

BELANGRIJKSTE WERKEN in Musée d'Orsay, Parijs

De begrafenis in Ornans, 1849–1850, GUSTAVE COURBET
Courbet beeldde een gewone begrafenis af in de streek Ornans waar hij vandaan kwam. Het werk geeft de gebeurtenis weer als een echt sociaal ritueel en bevat geen openlijke religieuze boodschap. De emotionele impact van het schilderij leunt op Courbets waarneming van de fysieke rust van een groep onbekende mensen die een begrafenis bijwonen. De overleden persoon is niet het onderwerp van het werk en blijft anoniem.

ANDERE WERKEN in Musée d'Orsay, Parijs

Portret van mlle L. L. of Jonge vrouw met een rood jasje, 1864, JAMES TISSOT

Déjeuner sur l'herbe, 1863, EDOUARD MANET

Jongetje met kat, 1868–1869, PIERRE-AUGUSTE RENOIR

Het orkest van de Opéra, ca. 1870, EDGAR DEGAS

realisme, sociaal-realisme, naturalisme, perspectivisme, gesturalisme, emotionalisme

impressionisme, estheticisme, symbolisme, internationale gotiek, idealisme, humanisme, classicisme, barok-classicisme, mediëvalisme, prerafaëlisme

Impressionisme

Het impressionisme ontstond tussen 1860 en 1900 in Frankrijk, en al snel ontwikkelden zich plaatselijke varianten. De impressionisten verwierpen de academische tradities voor het weergeven van de wereld. Hun schilderijen roepen sterke, maar vaak subtiele, op waarneming gebaseerde indrukken van zonlicht, kleur en schaduw op.

PAUL CÉZANNE (1839–1906); **EDGAR DEGAS** (1834–1917); **CLAUDE MONET** (1840–1926); **CAMILLE PISSARRO** (1830–1903); **PIERRE-AUGUSTE RENOIR** (1841–1899); **ALFRED SISLEY** (1839–1899)

zintuiglijke waarneming, lichteffecten, beweging, *en plein air*, helder

De term impressionisme werd voor het eerst gebruikt door vijandige critici om een kunstwerk te beschrijven dat zij als 'onvoltooid' beschouwden volgens de academische regels van die tijd. De term werd al snel opgepikt door de kunstenaars zelf. Het onderwerp van het impressionisme is bedrieglijk onrevolutionair. Toch keurden de impressionisten een aantal academische regels af, en conservatieve critici zagen het impressionisme terecht als een aanval op de traditie.

De impressionisten waarin niet geïnteresseerd in het vertellen van verhalen en het schilderen van zedenlessen. Dat lieten ze over aan de academische schilders. In plaats daarvan onderzochten ze liever hoe ze hun zintuiglijke indrukken in verf konden vangen. Ze wilden boven alles de sensatie van licht, kleur en beweging oproepen. Ze gebruikten kleur in losse, duidelijke penseelstreken in plaats van ze te mengen in gelijkmatige schakeringen en tonen, en ze gebruikten lichtere, fellere kleuren dan de academische schilders.

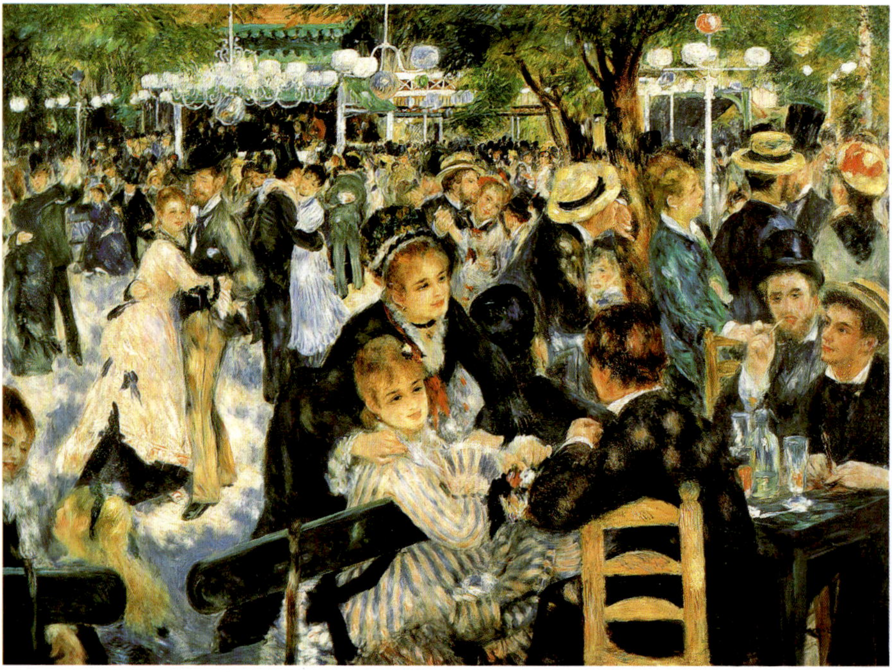

Dit serieus bedoelde, maar speelse streven naar vluchtige effecten en waarnemingen dreef ze weg van de traditionele perspectiefwerking en compositie. Het zorgde er ook voor dat ze buiten gingen schilderen *en plein air* (in de openlucht), waar ze directer in contact stonden met de natuur.

Veel impressionisten werden ontevreden over de informele spontaniteit van hun werk. Vanaf 1880 gingen de belangrijkste schilders van de beweging onafhankelijker van elkaar werken in een poging om verder te komen met de technieken die ze hadden ontwikkeld voor het vastleggen van kortstondige effecten.

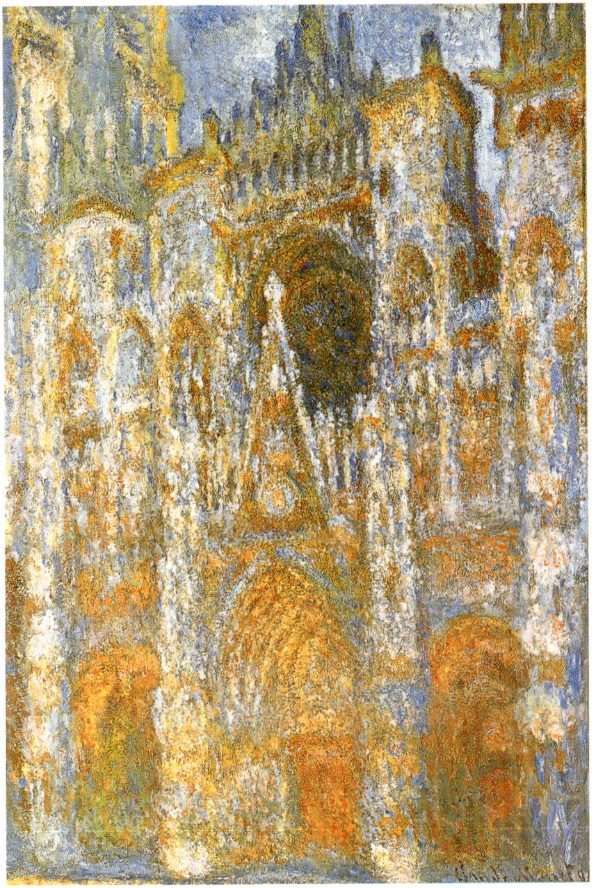

BELANGRIJKSTE WERKEN
in Musée d'Orsay, Parijs

De kathedraal van Rouen. Harmonie in blauw, 1893, CLAUDE MONET
Monet schilderde de kathedraal van Rouen dertig keer om te proberen de verschillende impressies van licht op deze gotische façade te vangen. In deze versie is de kathedraal gereduceerd tot een bleke filigraanvorm. Door hem zo vaak te schilderen, impliceerde Monet dat we iets alleen goed kunnen kennen als we de volledige reeks indrukken en gevoelens die het opwekt ervaren.

Dansen bij de Moulin de la Galette, Montmartre, 1876, PIERRE-AUGUSTE RENOIR
Renoir gebruikte vlakjes met een lichtere kleur om een indruk te creëren van het flikkerende zonlicht dat door de bladeren schijnt. Dit effect, gecombineerd met de losse, wazige penseelvoering, zorgt ook voor een gevoel van constante beweging, dat goed bij een dans past.

ANDERE WERKEN In Musée D'Orsay, Parijs

Het station St.-Lazare, 1877, CLAUDE MONET

Windeffect, populierenserie, 1891, CLAUDE MONET

De schommel, 1876, PIERRE-AUGUSTE RENOIR

Algerijns landschap. Ravijn van de wilde vrouw, 1881, PIERRE-AUGUSTE RENOIR

neo-impressionisme, postimpressionisme, naturalisme, illusionisme, idealisme, fauvisme

romantiek, realisme, mediëvalisme, oriëntalisme, estheticisme, symbolisme, classicisme, perspectivisme, academisme, neoclassicisme, modernisme, postmodernisme

Neo-impressionisme

De neo-impressionisten vormden een aparte groep binnen de impressionistische beweging. Ze sloegen een brug tussen de twee grotere bewegingen: het impressionisme en het postimpressionisme. De neo-impressionisten hadden minder aandacht voor spontaan schilderen en waren geïnteresseerder in de voorbereidende en technische aspecten van ontwerp- en kleurvormen.

CAMILLE PISSARRO (1830–1903); **LUCIEN PISSARRO** (1863–1944); **PAUL SIGNAC** (1863–1935); **GEORGES SEURAT** (1859–1891)

kleuren, pointillisme, divisionisme, stip, streep, monumentale kalmte

De term werd voor het eerst gebruikt om het werk van een groep impressionistische kunstenaars te beschrijven die wilden dat hun werk samen in één ruimte getoond werd tijdens de laatste impressionistische tentoonstelling van 1886.

Neo-impressionisten waren minder dan de impressionisten geïnteresseerd in het oproepen van spontaniteit en beweging. Seurat werkte wel een jaar intensief aan voorbereidende studies voordat hij begon te werken aan het uiteindelijke schilderij. Deze nadruk op vormgeving verklaart de statische, bewegingsloze kwaliteit van veel neo-impressionistische schilderijen, waarvan sommige worden gekenmerkt door een bijna monumentaal gevoel van rust.

Alle impressionisten waardeerden kleur, maar de neo-impressionisten waren de enige kunstenaars die werkmethoden ontwikkelden waarin theorieën over kleur, en hoe onze ogen kleur waarnemen, werden gecombineerd met theorieën over het aanbrengen van verf. Het pointillisme en divisionisme zijn de twee belangrijkste van deze op theorieën gebaseerde methoden. Het pointillisme verwijst naar de kleine kleurstipjes om een effect van flikkerende kleuren te bereiken; het divisionisme naar het gebruik van verschillende kleuren in losse puntjes of streepjes.

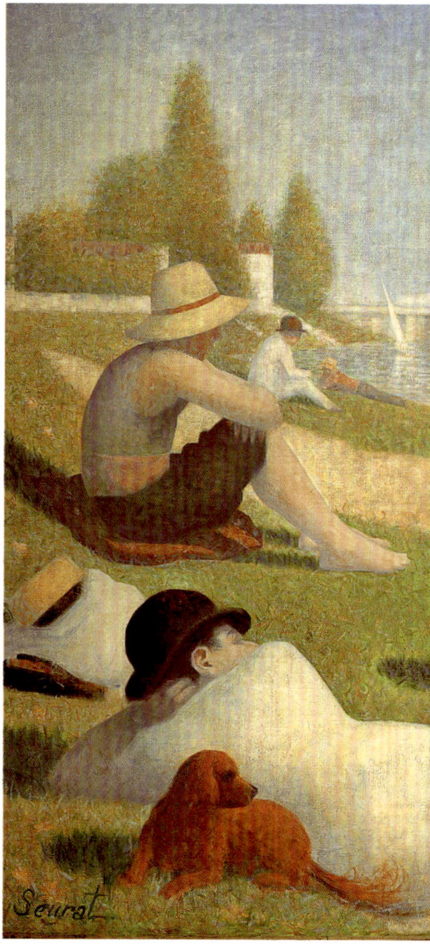

BELANGRIJKSTE WERKEN in de National Gallery, Londen

↑ *Baders bij Asnières*, 1884, GEORGES SEURAT
Seurat voltooide ten minste veertien olieverfschetsen en tien tekeningen voordat hij dit schilderij maakte. Asnières was een industriegebied, en in de verte zijn

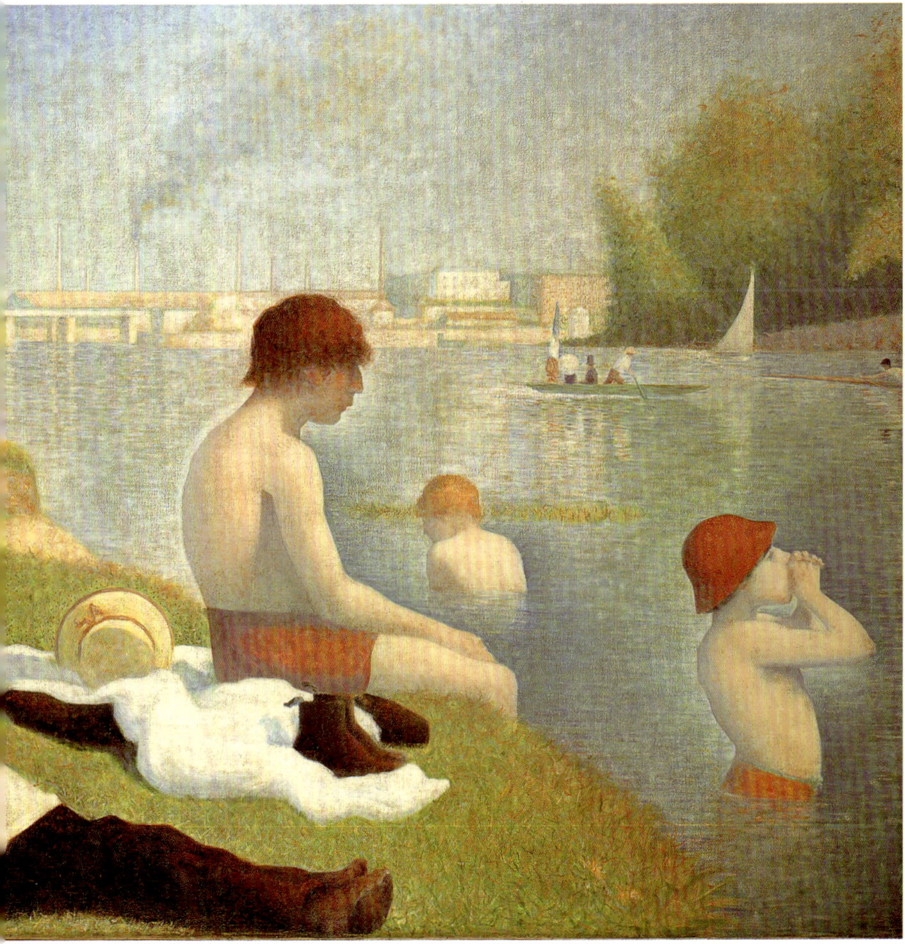

fabrieken te zien. Over de compositie en kleur van het schilderij is zorgvuldig nagedacht en het resultaat is een gevoel van complete rust, van een moment in de tijd dat voor altijd is vastgelegd, alsof het in steen is gegraveerd.

Baders bij Asnières ging vooraf aan Seurats ontwikkeling van het pointillisme. Later keerde hij terug naar dit werk en schilderde de hoed van de jongen in de rivier opnieuw met behulp van verfstipjes.

ANDERE WERKEN in de National Gallery, Londen

Het kleine plattelandsmeisje, 1882, CAMILLE PISSARRO

De varkensslager, 1883, CAMILLE PISSARRO

De Bec du Hoc, 1885, GEORGES SEURAT

De Seine gezien vanaf La Grande Jatte, 1888, GEORGES SEURAT

Het kanaal van Gravelines, Grand Fort Philippe, 1890, GEORGES SEURAT

impressionisme, postimpressionisme, naturalisme, illusionisme, idealisme

romantiek, realisme, mediëvalisme, oriëntalisme, estheticisme, symbolisme, classicisme, perspectivisme, academisme, neoclassicisme, modernisme, postmodernisme

Secessionisme

Deze term werd gebruikt door de Duitse en Oostenrijkse kunstenaars die aan het einde van de negentiende eeuw braken met de tradities van de kunstacademies. Secession-kunstenaars wilden onafhankelijke tentoonstellingen, met artistieke experimenten. De belangrijkste Secessions waren die van München, Berlijn en Wenen.

LOVIS CORINTH (1858–1925); **FERDINAND HODLER** (1853–1918); **GUSTAV KLIMT** (1862–1918); **OSKAR KOKOSCHKA** (1886–1980); **MAX LIEBERMANN** (1847–1935); **MAX SLEVOGT** (1862–1932); **EGON SCHIELE** (1890–1918); **FRANZ VON STUCK** (1862–1928); **FRITZ VON UHDE** (1848–1911)

decoratieve stijl, vlak, rituele verfijning, suggestief

De Münchner Secession kwam in 1892 voort uit discussies binnen de kunstwereld van München. Van de drie Secessions die hier worden besproken, ontstond die van München het minst sterk als reactie op een onderdrukkende academi-

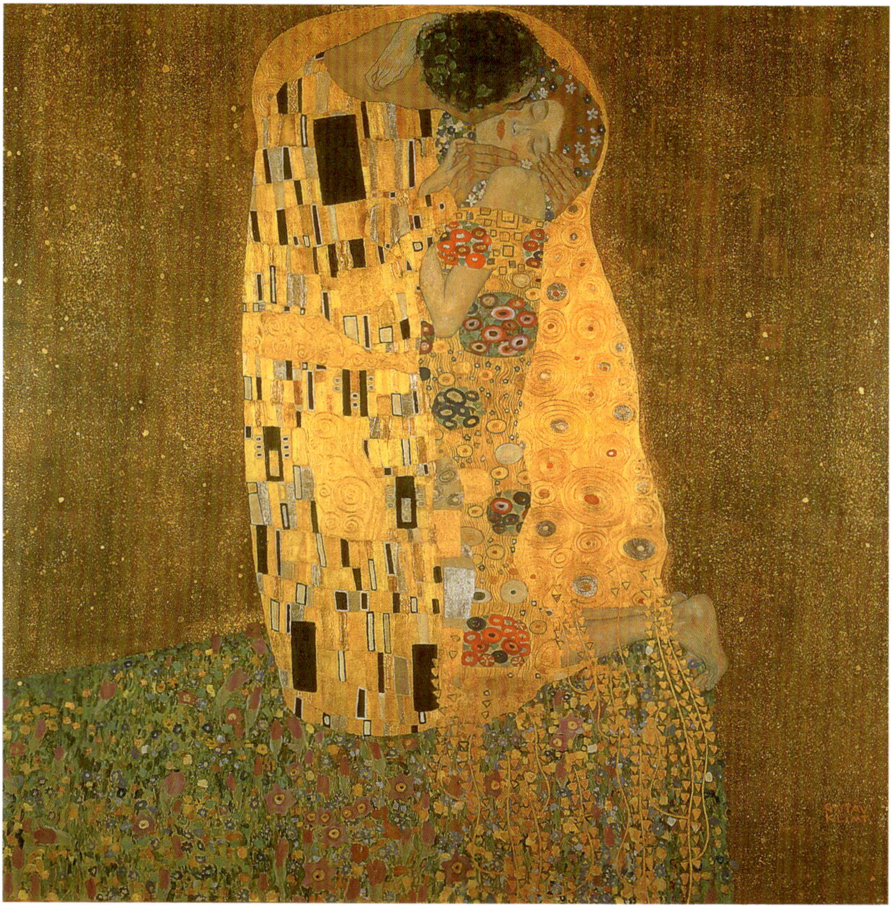

sche traditie. Hoewel er in deze Secession ook wat avant-gardistisch werk werd getoond, waren er veel naturalistische en impressionistische schilderijen, en deze Secession was het minst verbonden met de experimentele kunstenaars van de periode.

De Berliner Secession werd in 1898 gevormd en werd al snel de stem van de oppositie tegen het conservatisme van de Berlijnse traditie van academisch schilderen. Het impressionisme en later het postimpressionisme werden verwelkomd door de Berliner Secession, maar gemengde reacties op het expressionisme waren de oorzaak van het uiteenvallen van de groep in 1914.

De Wiener Secession werd in 1897 door Gustav Klimt opgericht. In het meest onderscheidende werk van deze groep schilders werd een vlakke, decoratieve stijl gecombineerd met een subtiel, vaak sterk kleurgebruik. In hun werk worden vaak dubbelzinnige emotionele toestanden en houdingen gesuggereerd die de kijker uitnodigen om het werk zeer precies te bestuderen. De Wiener Secession kan worden beschouwd als een link tussen het negentiende-eeuwse estheticisme en het twintigste-eeuwse modernisme. Rond 1905 werd de Wiener Secession verdeeld in twee groepen: aan de ene kant aanhangers van Klimt die bruggen wilde slaan tussen de kunst en de commercie, aan de andere kant de naturalisten die de vooraanstaande plaats van de kunst in ere wilden herstellen.

BELANGRIJKSTE WERKEN in de Österreichische Galerie Belvedere, Wenen

← *De Kus*, 1907–1908, GUSTAV KLIMT
Klimts schilderij roept het beeld op van een geïdealiseerde wereld die opgebouwd is uit decoratieve kleuren, glanzend goud en abstracte patronen. Een stel is aan het zoenen op een tapijt van bloemen, en de vrouw knielt neer voor de man, wat een introductie- of aanbiedingsritueel suggereert. Het ideale, het decoratieve en het rituele zijn de hoofdkenmerken die het Weense Secessionisme onderscheiden van de andere grote secessionistische groepen.

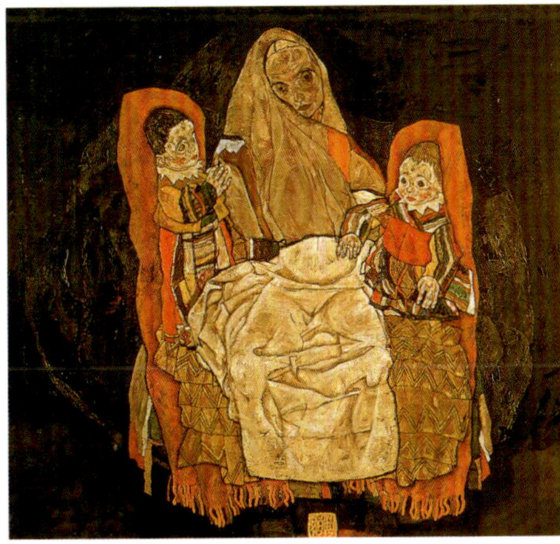

↑ *Moeder met twee kinderen*, 1917, EGON SCHIELE
Schiele was een jonge kunstenaar in de nadagen van het Weense Secessionisme, en zijn werk toont de blijvende invloed van Gustav Klimt. Schieles emotioneel intense werk ontwikkelde zich tot het expressionisme en hielp het Weense Secessionisme aan zijn eind. Maar zijn stilering van het menselijke lichaam tot onderdeel van een vlak, decoratief patroon – kenmerk van *Moeder met twee kinderen* – bleef zijn werk typeren tot zijn vroege dood in 1918.

ANDERE WERKEN in de Österreichische Galerie Belvedere, Wenen

Judith, 1901, GUSTAV KLIMT

Waterslangen I, 1904–1907, GUSTAV KLIMT

Boerderij in Boven-Oostenrijk, 1911, GUSTAV KLIMT

Laan in het park bij Schloss Kammer, 1912, GUSTAV KLIMT

Portret van Eduard Kosmack, 1910, EGON SCHIELE

romantiek, mediëvalisme, estheticisme, symbolisme, impressionisme, neo-impressionisme, postimpressionisme, expressionisme

realisme, materialisme, academisme, sociaal-realisme

Estheticisme

In eerste instantie was het estheticisme een literaire beweging die werd aangevoerd door schrijvers als Oscar Wilde en Joris Karl Huysmans, maar al snel vond het aanhangers onder beeldend kunstenaars die de kunst wilden bevrijden van morele, politieke en sociale doeleinden. Het estheticisme was de meer algemene beweging waaruit het symbolisme zich ontwikkelde.

EDWARD BURNE-JONES (1833–1898); **ALBERT MOORE** (1841–1893); **GUSTAVE MOREAU** (1826–1898); **ODILON REDON** (1840–1916); **JAMES ABBOTT MCNEILL WHISTLER** (1834–1903)

'l'art pour l'art', harmonie, suggestie, koele emotie

Het estheticisme werd gekenmerkt door de aandacht voor Japanse kunst, het opwekken van subtiele sferen, het bestuderen van verfijnde kleurencombinaties, de nadruk op het kunstzinnige van kunst, de incidentele beschrijving van de ene kunstvorm in de termen van een andere en de voorliefde voor paradoxen en gevatheden.

Esthetische kunstenaars, die werden geïnspireerd door de estheten uit de literaire beweging, probeerden een ingewikkelde en zeer genuanceerde verscheidenheid aan zintuiglijke en intellectuele reacties bij de kijker op te roepen. Een subtiele en ingewikkelde kleurenharmonie was belangrijker dan het vertellen van een verhaal of een

moreel standpunt. Het werk als kunstobject was belangrijker dan het onderwerp van het schilderij.

Estheten vereisten dat de kijker voldoende 'desinteresse' of afstandelijkheid had om een onderscheid te maken tussen gevoelens die werden opgeroepen door de inhoud van een schilderij en de, in hun ogen, belangrijkere kwaliteiten van een werk dat van zichzelf mooi is. Deze 'ontvankelijkheid' voor kunst vormt de link tussen de esthetische eis dat kunst onafhankelijk van het leven moet zijn en de minachting voor de bourgeoisie. De kunstenaars en schrijvers die geassocieerd werden met deze beweging hadden een blijvende impact op de kunst van de twintigste eeuw.

BELANGRIJKSTE WERKEN in Tate Britain, Londen

➔ *Slapend meisje*, ca.1875, ALBERT MOORE
Subtiele kleurharmonieën en de decoratieve nadruk op kleding kenmerken dit esthetische schilderij. De combinatie van klassieke elementen met Japanse waaiers doet eerder denken aan de kunstzinnigheid van het atelier van de kunstenaar dan aan het klassieke verleden. De erotische suggestie van naaktheid onder de stoffen van het slapende meisje wordt gelijkgesteld aan het stilleven van de vaas met de bloem op de voorgrond, wat suggereert dat beide prachtige voorwerpen zijn voor de kijker om te overdenken.

← *Nocturne: zwart en goud – het vuurrad*, 1875, JAMES ABBOTT MCNEILL WHISTLER
Toen Whistler dit werk een naam gaf, maakte hij zijn onderwerp – het vuurrad – ondergeschikt aan een beeldende titel. Hij wilde de aandacht vestigen op het zwart en goud in het schilderij. Andere avondstudies uit dezelfde periode werden ook nocturnes genoemd; een zinspeling op de pianonocturnes van Chopin. Whistlers bedoeling was om sferen en emoties op te roepen die te maken hadden met kleur en muziek. Daardoor zouden we het schilderij meer waarderen als kunstobject dan als afbeelding van een vuurrad.

ANDERE WERKEN in Tate Britain, Londen

Bloesem, 1881, ALBERT MOORE

Het toilet, 1886, ALBERT MOORE

Nocturne: blauw en zilver – Chelsea, 1871, JAMES ABBOTT MCNEILL WHISTLER

Harmonie in grijs en groen: miss Cicely Alexander, 1872–1874, JAMES ABBOTT MCNEILL WHISTLER

mediëvalisme, pre-rafaëlisme, oriëntalisme, symbolisme, romantiek, impressionisme, neo-impressionisme, postimpressionisme, modernisme

materialisme, nationalisme, realisme

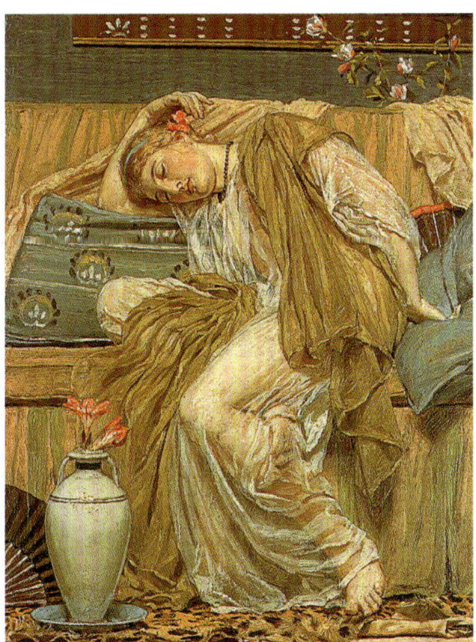

Symbolisme

Het symbolisme ontstond rond 1880 en werd overschaduwd door het modernisme. De symbolisten verwierpen de burgerlijke conventies en benadrukten verstorende en verstoorde gemoedstoestanden. Ze werden vaak beïnvloed door spiritualisme, anarchisme en socialisme: geloofssystemen die de burgerlijke wereld vreemd zijn.

AUBREY BEARDSLEY (1872–1898); ARNOLD BÖCKLIN (1827–1901); PUVIS DE CHAVANNES (1824–1898); PAUL GAUGUIN (1848–1903); JAMES ENSOR (1860–1949); GUSTAV KLIMT (1862–1918); GUSTAVE MOREAU (1826–1898); EDVARD MUNCH (1863–1944); ODILON REDON (1840–1916); HENRI ROUSSEAU (1844–1910)

opschudding, emotie, geheimzinnig, anarchie, spiritualisme, esoterisch, perversiteit

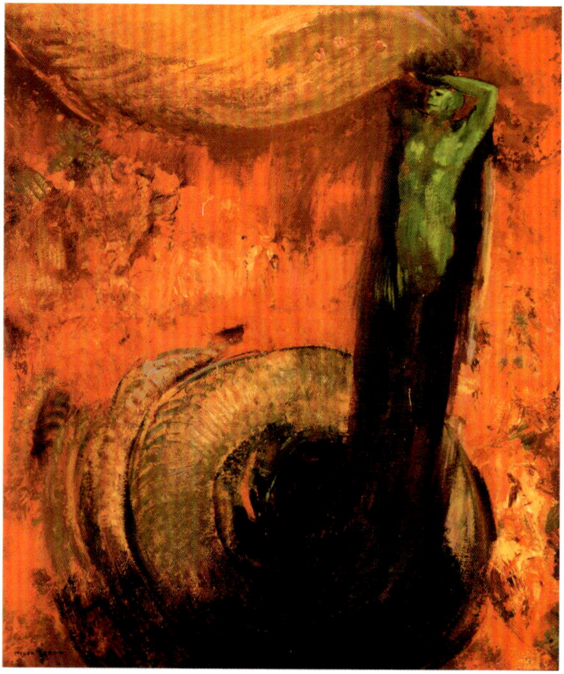

De symbolistische beweging was in veel opzichten een reactie op het negentiende-eeuwse geloof in de wetenschappelijke en technologische vooruitgang, waar verschillend naar werd verwezen als materialisme en positivisme. De symbolisten onderzochten wat zij lieten liggen: het zielenleven, het mysterieuze, geheimzinnige, het onbekende of het onuitsprekelijke.

Symbolisten als Gauguin benadrukten dat de emotionele reactie op kunst belangrijker is dan de intellectuele, en dat de kunstenaar moet schilderen op basis van zijn intuïtie en fantasie in plaats van op waarnemingen en beschrijvingen. Zelf maakte hij gebruik van duidelijke, ongemengde kleuren en vereenvoudigde vormen met een zwarte omtrek. Zijn stijl was zeer invloedrijk.

Symbolistische schilderijen doen eerder denken aan een andere werkelijkheid dan aan een beschrijving van de fysieke wereld. Melancholie, seksualiteit en verstoring staan centraal in het symbolisme. De beelden maken gebruik van dromen, nachtmerries en veranderde toestanden die het surrealisme, dadaïsme en expressionisme aankondigen. De natuur ziet er vaak dreigend of verstoord uit. Symbolisten probeerden de duistere innerlijke betekenis van de natuur te onthullen. De dandy met zijn esoterische hobby's, vreemde kleren, gevatheden en schandalige pleziertjes was een belangrijke symbolistische figuur. Een ander belangrijk rol was weggelegd voor de androgyn die zijn dubbelzinnige seksualiteit tentoonspreidt via een lichaam dat tegenstrijdige angsten en verlangens opwekt.

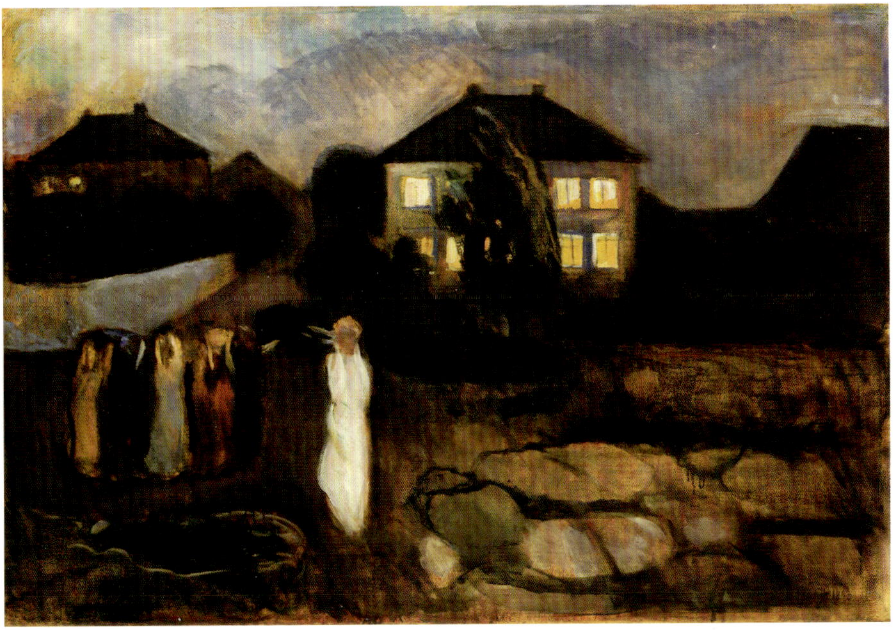

BELANGRIJKSTE WERKEN in het Museum of Modern Art, New York

De Storm, 1893, EDVARD MUNCH
De storm is niet alleen een fysieke gebeurtenis, maar ook een emotionele. De figuren zijn vereenvoudigd tot het punt van anonimiteit; alleen hun sekse is duidelijk. De geïsoleerde vrouwelijke figuur op de voorgrond is in het wit gekleed: de traditionele kleur van de onschuld, wat suggereert dat de storm op de een of andere manier verbonden is met de maagdelijkheid of jeugdigheid van de vrouw. Het grootste deel van de emotionele impact van het schilderij is afkomstig van de indicatie van verloren onschuld en het verwarrende contrast tussen de stilte van het schilderij, het geluid dat wordt gesuggereerd door de storm en de angst van de jonge vrouw.

De groene dood, ca.1905, ODILON REDON
Een groene figuur lijkt op te stijgen uit een opgerolde slang. De kijkers uit die tijd zouden het felle groen in verband hebben gebracht met de drank absint die werd geassocieerd met inspiratie, overvloed en fantastische geestestoestanden; elementen die de symbolisten waardeerden. Hier kan de groene dood symbool staan voor de dood van de rede onder invloed van beneveling, of voor de spanning tussen conventionele denkpatronen en gevoelens tijdens visionaire, artistieke ervaringen.

ANDERE WERKEN in het Museum of Modern Art, New York

IJzeren bruggen bij Asnières, 1887, ÉMILE BERNARD

De beproevingen van de heilige Antonius, 1887, JAMES ENSOR

Hoop II, 1907–1908, GUSTAV KLIMT

Tobbende vrouw, 1904, PICASSO

prerafaëlisme, estheticisme, primitivisme, postimpressionisme, expressionisme

romantiek, oriëntalisme, naturalisme, perspectivisme, piëtisme, postmodernisme

Postimpressionisme

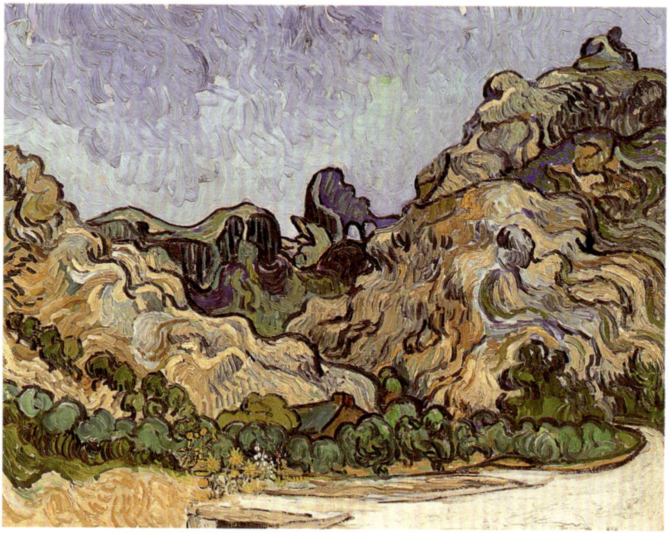

Dit is een zeer brede term die wordt gebruikt voor veel kunst die tussen 1880 en 1900 gemaakt is. Gauguin, Cézanne en Van Gogh zijn de belangrijkste kunstenaars die met de beweging geassocieerd worden. De term 'postimpressionisme' werd bedacht door de Engelse criticus Roger Fry voor zijn tentoonstelling *Manet and the Post-Impressionists* in Londen (1910–1911).

PAUL CÉZANNE (1839–1906); **PAUL GAUGUIN** (1848–1903); **VINCENT VAN GOGH** (1853–1890); **ODILON REDON** (1840–1916); **MAURICE DE VLAMINCK** (1876–1958)

emotie overbrengen, structuur, compositie, symbolische betekenis, significante vorm, vroeg modernisme, sociale visie

De postimpressionisten hadden geen gemeenschappelijk artistiek doel. Roger Fry koos ervoor hun werk te tonen naast schilderijen van Manet om aan te geven waar ze vandaan kwamen en wat ze achter zich lieten. Met zijn *Déjeuner sur l'herbe* kwam Manet op voor zijn vrijheid om te breken met de traditie en zijn eigen visie na te streven. De postimpressionisten identificeerden zich met dat doel, maar wilden een stap verder gaan en de meest burgerlijke regels van de smaak volledig verwerpen. Net als Manet waren ze ontevreden met de constante preoccupatie met de natuur, het licht en de vluchtige indrukken van het impressionisme.

Kenmerkend voor deze brede, antiburgerlijke beweging is de nadruk op vormgeving en structuur, en de weigering om de natuur te imiteren of te moraliseren via verhalende onderwerpen. Deze nadruk op vorm herstelde het belang van de symbolische, spirituele en emotionele betekenis van de kunst in ere.

Cézanne was een belangrijke figuur voor de postimpressionisten, en kenmerken van zijn werk werpen licht op de rest van de groep. Cézanne benaderde zijn schilderijen als iets wat hij had ontworpen en vormgegeven. Gauguin structureerde zijn werk op een vergelijkbare manier om te laten zien wat hij dacht dat de spirituele waarheid van zijn onderwerp was. Hij richtte zich ook op vormgeving, schilderde met effen kleurvlakken en verliet de traditionele, naturalistische nadruk op modellering, dieptewerking en lichteffecten ten gunste van een symbolische en emotionele betekenis.

BELANGRIJKSTE WERKEN in het Solomon R. Guggenheim Museum, New York

***Bergen bij Saint-Rémy*, 1889,**
VINCENT VAN GOGH
Felle kleuren en zware penseelstreken – kenmerken van Van Goghs latere werk en van de voorkeur van de postimpressionisten voor krachtige kleuren en eenvoudige vormen. Van Goghs schilderij werd ingegeven door zijn emotionele reactie op de bergen van Saint-Rémy. Dit schilderij illustreert het postimpressionistische doel om emotie over te brengen op een manier die sociale communicatiebeperkingen ontwricht .

***Stilleven: fles, glas en kruik*, ca.1877,**
PAUL CÉZANNE
Dit werk is een typisch voorbeeld van de postimpressionistische pre-occupatie met de structuur van schilderijen. Cézanne was minder geïnteresseerd in het vangen van een treffende gelijkenis van een fles, glas en kruik dan in het bestuderen van hun volume en de ruimte die ze innamen. De rand van het glas wordt vanuit de verkeerde invalshoek gezien; het lijkt hoger te zijn dan wanneer het echt op hetzelfde vlak stond als de fles en de kruik. Deze bevrijding van conventionele methoden had een sterke invloed op het kubisme.

ANDERE WERKEN in het Solomon R. Guggenheim Museum

Man met zijn armen over elkaar, 1889, **PAUL CÉZANNE**

Haere Mai, 1891, **PAUL GAUGUIN**

Le Moulin de la Galette, 1900, **PABLO PICASSO**

Artilleristen, ca. 1893–1895, **HENRY ROUSSEAU**

Boerinnen aan het werk, 1882–1883, **GEORGES SEURAT**

impressionisme, neo-impressionisme, secessionisme, modernisme

romantiek, realisme, mediëvalisme, oriëntalisme, classicisme, academisme, neoclassicisme, postmodernisme

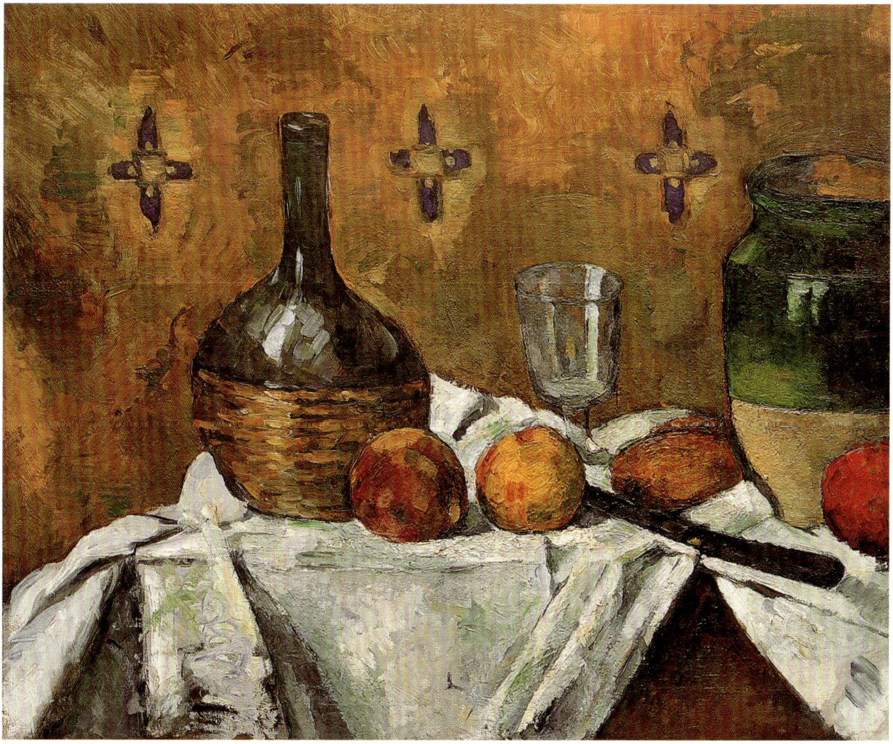

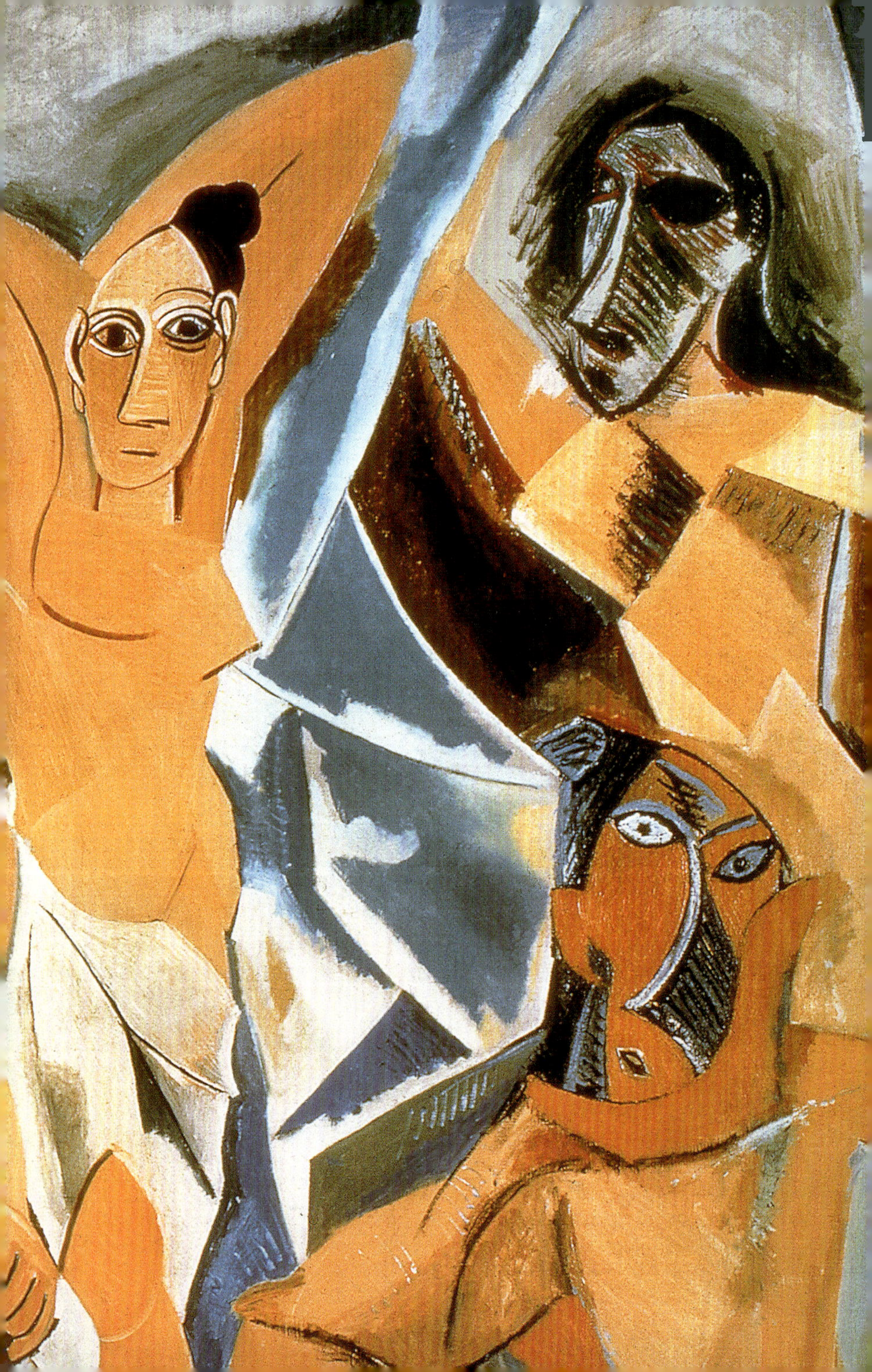

4

MODERNISME

Modernisme

Het modernisme was een brede beweging die alle avant-gardistische ismen van de eerste helft van de twintigste eeuw beslaat. Hoewel verschillende modernismen vaak onverenigbaar waren (en soms tegenstrijdig), verwierpen ze allemaal de overheersing van het naturalisme en academisme ten gunste van experimentele kunst.

De gemeenschappelijke trend was om antwoorden te zoeken op fundamentele vragen over de aard van de kunst en het leven.

experimenteel, radicaal, readymade, primitief, het onderbewustzijn, spirituele orde, expressieve waarheid, kunst en kunstnijverheid, internationaal

Alle modernismen deelden het gevoel dat de moderne wereld wezenlijk anders was dan wat er tot dan toe was gebeurd, en dat de kunst zichzelf moest vernieuwen door haar te confronteren met haar eigen moderniteit en die te onderzoeken. Voor sommigen betekende dat het afkeuren van het industriële ten gunste van het primitieve (primitivisme), voor anderen een ode aan de technologie en machines (futurisme).

Over het algemeen was het onderzoek van de modernistische kunstenaar van zijn of haar visie het belangrijkst. Hoewel deze trend al duidelijk te zien was in de negentiende eeuw, werd het een strenge vereiste voor de modernisten.

Bepaalde modernismen begonnen zich af te vragen wat kunst is, waartoe ze dient en wat ze ondersteunt. Via dat proces werden artistieke activiteiten en cultuurkritiek sterker met elkaar verbonden. De dadaïsten vervingen het individu volledig door het onderbewustzijn.

Modernisten twistten met elkaar over wat kunst moest behandelen: emoties en gemoedstoestanden (expressionisme), spirituele orde (neoclassicisme), sociale functies (constructivisme), het onderbewustzijn (surrealisme), de aard van de weergave (kubisme) of de sociale rol van de kunst in een kapitalistische, bourgeois maatschappij (dadaïsme). Veel van deze stromingen overlappen elkaar.

Kunst werd steeds meer een middel om de waarheid te ontdekken; een bijzondere, moderne waarheid (futurisme) of een universele waarheid (suprematisme).

BELANGRIJKSTE WERKEN in het Solomon R. Guggenheim Museum, New York

→ *Karaf, kruik en fruitschaal*, 1909, PABLO PICASSO
Het kubisme, waarvan dit schilderij een voorbeeld is, wordt beschouwd als het belangrijkste modernisme. Net als in veel andere modernismen wordt het intellect tot middelpunt van de kunst gemaakt. Het verkent systematisch het verband tussen kunst en wat ze weergeeft, en verlaat daarbij volledig het naturalistische streven om zaken 'simpelweg' te schilderen zoals de waarnemer ze ziet. De kubisten wilden het bestaan van het object in de tijd en in de ruimte uitdrukken, waarbij ze het object vanuit verschillende oogpunten weergaven. Ze onderzochten hoe schilderijen worden opgebouwd en hoe ze functioneren als kunstwerk, waarbij ze vragen als 'Wat is kunst?' en 'Waar staat kunst voor?' expliciet maakten.

↓ *Omgevallen blauwe schoen met twee hielen onder een zwarte boog*, ca.1925, JEAN ARP
Het onderbewustzijn, dat werd geroemd om zijn creatieve kracht, stond centraal in veel modernismen, vooral bij de dadaïsten en surrealisten die het gebruikten als bron van authentieke, irrationele creativiteit. De grappige titel van Arps werk is bedoeld om onze aandacht meer te richten op het werk zelf. Hij vergeleek zijn creativiteit met de natuurlijke kracht van groei. De vormen in dit schilderij roepen de verandering en beweging van

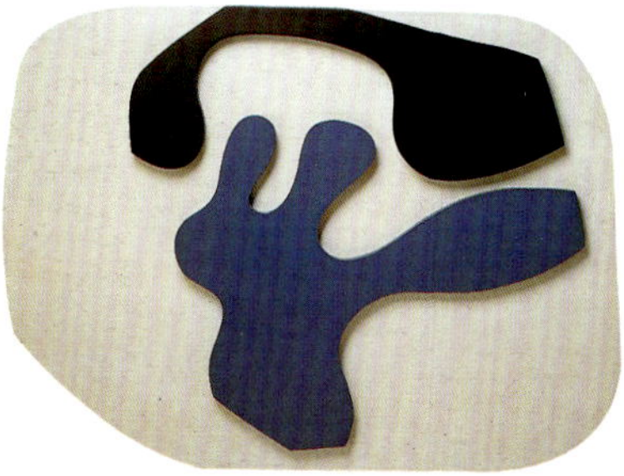

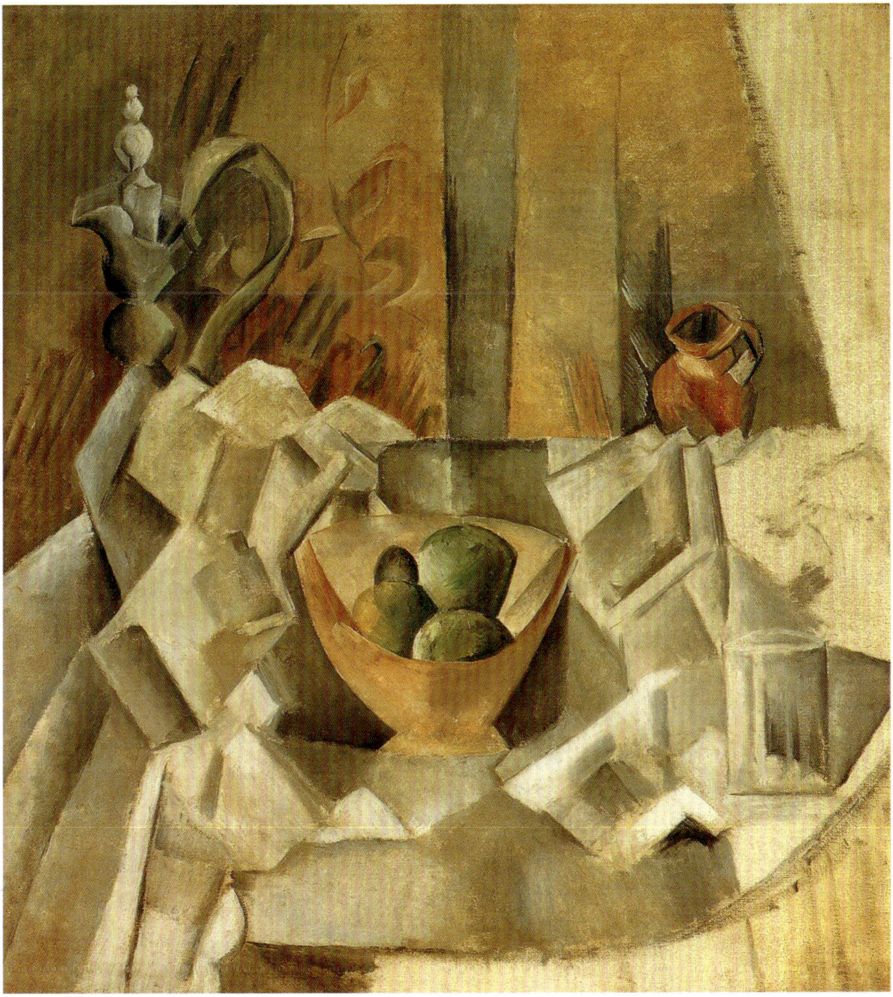

levende organismen op, en zijn bedoeld om de rationaliserende voorkeur voor vaste vormen en afgebakende definities te weerleggen ter gunste van het onzekere en het ongedefinieerde.

ANDERE WERKEN in het Solomon R. Guggenheim Museum, New York

Dynamiek van een rennend paard + huizen, 1914–1915, UMBERTO BOCCIONI

De soldaat drinkt, 1911–1912, MARC CHAGALL

Dolende ridder, 1915, OSKAR KOKOSCHKA

In het zwarte vierkant, Juni 1923, WASSILY KANDINSKY

Compositie nr. 1, 1930, PIET MONDRIAAN

Verankerd kruis, 1933, ANTOINE PEVSNER

Fauvisme

De term 'fauve', die 'wilde dieren' betekent, werd oorspronkelijk negatief gebruikt in 1905 door de conservatieve kunstcriticus Louis Vauxalles. De kunstenaars die hij bekritiseerde, eigenden zich de term toe om hun gevoel van creatieve vrijheid te vieren. Veel moderne kunstenaars gebruikten 'wilde' kleuren, maar de term 'fauve' is alleen van toepassing op een kleine groep kunstenaars die rond 1900 in Frankrijk werkten.

ANDRE DERAIN (1880–1954); **KEES VAN DONGEN** (1877–1968); **HENRI MATISSE** (1869–1954); **GEORGES ROUAULT** (1871–1958); **MAURICE DE VLAMINCK** (1876–1958)

kleurpatronen, versimpelen, vlakheid, intens, niet-natuurgetrouw

De fauvisten werden beïnvloed door Van Gogh en Gauguin, en de belangrijkste fauvistische kunstenaars waren Henri Matisse, André Derain en Maurice de Vlaminck. De groep exposeerde voor het eerst samen op de Salon d'Automne in 1905, waar hun werk voor veel opschudding zorgde. Hier werd de term 'fauve' voor het eerst gebruikt.

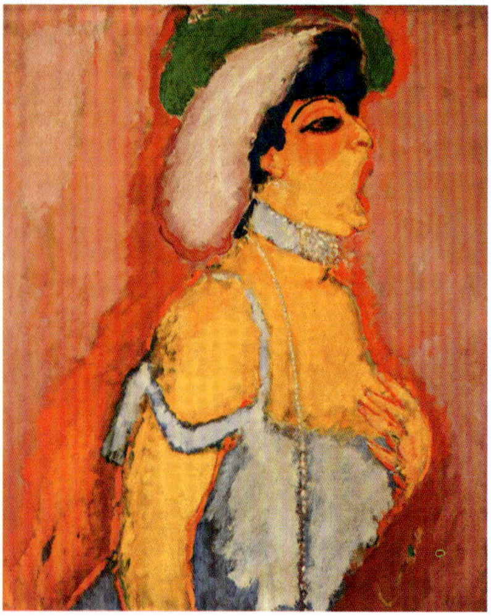

Derain en vooral De Vlaminck brachten hun intense kleuren vaak aan in dikke, zware penseelstreken die doen denken aan het werk van Van Gogh. De fauvisten gebruikten deze krachtige kleuren rechtstreeks uit de tube en brachten ze direct op het doek aan zonder te mengen of schaduwen te maken. Op fauvistische schilderijen wordt de wereld vereenvoudigd weergegeven in levendige vormen, waarin veel details zijn weggelaten. Daardoor zien de schilderijen er vaak uit als platte vlakken met heldere patronen.

In een fauvistisch landschap lijken de heuvels in de verte niet zo erg ver; ze zijn simpelweg één deel van het algemene kleurpatroon. Derain bracht de bruggen van Londen terug tot simpele vormen in effen kleuren, en de mens werd vaak op dezelfde manier afgebeeld.

De fauvisten gingen ongedwongen om met de werkelijke kleur van hun onderwerp; bomen konden dus oranje geschilderd zijn, de lucht roze, een gezicht groen. Schaduwen werden gewoonlijk weergegeven met een andere kleur, in plaats van een donkere versie van dezelfde kleur, zodat een schaduw op het gras eerder marineblauw of rood is dan donkergroen.

Een overzichtstentoonstelling van Cézannes werk op de Salon d'Automne stimuleerde de fauvisten om verschillende kenmerken van hun afzonderlijke stijl te onderzoeken en zorgde voor het uiteenvallen van het fauvisme.

BELANGRIJKSTE WERKEN in het Museum of Modern Art, New York

← *Modjesko, Sopraan*, 1908, KEES VAN DONGEN
Van Dongens sopraan is gereduceerd tot een vlakke, gele vorm en hij heeft weinig moeite gedaan om de indruk van een driedimensionaal menselijk lichaam te creëren. De vrouw werpt een rode en oranje schaduw op een effen roze achtergrond. De sterke schittering van het geel tegen de andere kleurvlakken zorgt voor een dynamiek en energie die past bij het onderwerp van het schilderij.

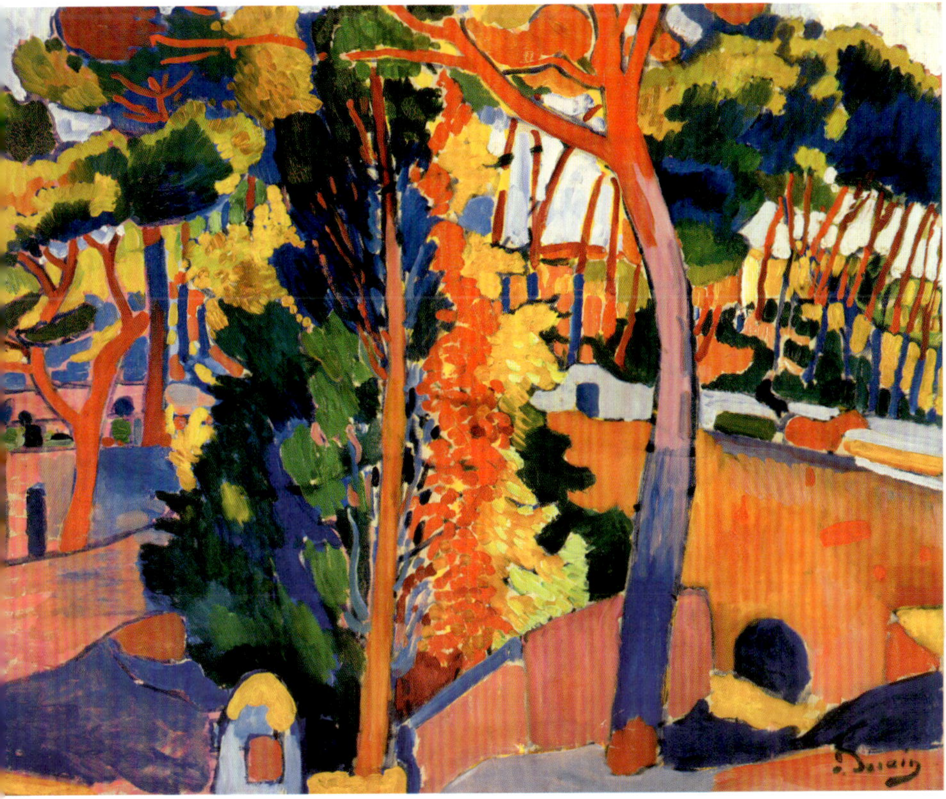

Brug over de Riou, 1906,
ANDRÉ DERAIN
Derain heeft dit schilderij wellicht geschilderd in de zomer van 1906 toen hij Picasso ontmoette en een belangrijke vriendschap met hem sloot. Derain heeft zijn landschap teruggebracht tot een kleurrijk patroon dat het landschap vrijwel helemaal vervlakt. Het is moeilijk te zien wat op de voorgrond en wat in de verte staat. Schaduw en licht worden eerder als verschillende (hoewel met elkaar verbonden) kleuren weergegeven dan als donkerder en lichtere tonen van dezelfde kleur. Derain gebruikt de karakteristieke intense kleuren om de levendigheid en de hitte van het landschap en het klimaat van de Cote d'Azur te vangen.

ANDERE WERKEN in het Museum of Modern Art, New York

London Bridge, 1906, ANDRÉ DERAIN

Studie voor luxe, rust en wellust, 1904, HENRI MATISSE

Landschap bij Collioure, 1905, HENRI MATISSE

Herfstlandschap, ca.1905, MAURICE DE VLAMINCK

primitivisme, expressionisme, postimpressionisme, kubisme

constructivisme, suprematisme, neoclassicisme, sociaal-realisme, classicisme, academisme, neoclassicisme, realisme

Primitivisme

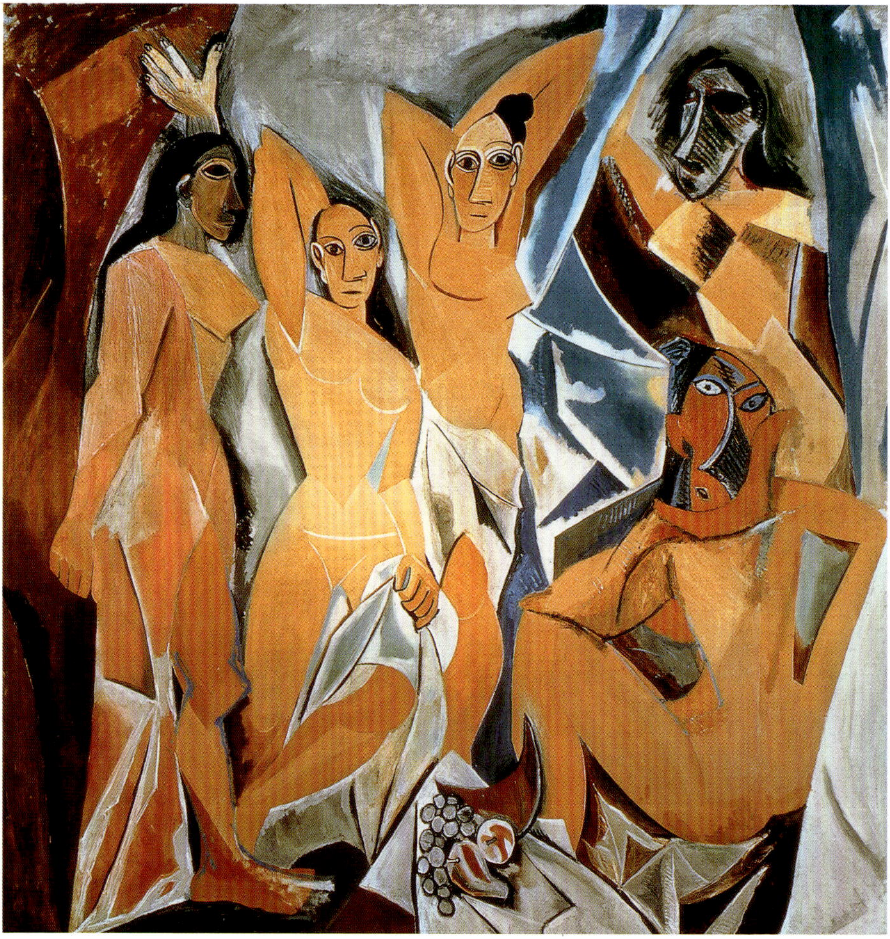

Het primitivisme was een wijdverbreide stroming in de moderne kunst, maar geen afzonderlijke beweging, zoals het futurisme of het kubisme. Moderne kunstenaars bestudeerden de etnografische verzamelingen van grote musea en de kunst van niet-westerse culturen, en gingen op zoek naar 'primitieve' kunstwerken die hen konden inspireren de westerse kunst nieuw leven in te blazen.

CONSTANTIN BRANCUSI (1876–1957); **MAX ERNST** (1891–1976); **PAUL GAUGUIN** (1848–1903); **ERNST LUDWIG KIRCHNER** (1880–1938); **HENRY MOORE** (1898–1986); **EMIL NOLDE** (1867–1956); **PABLO PICASSO** (1881–1973)

etnografisch, expressieve kracht, intuïtieve emotie, energie, waanzin, reproductief karakter, heelheid, waarheid

Voor moderne kunstenaars vertegenwoordigde 'het primitieve' het tegenovergestelde van de academische kunst waar ze op afgaven. 'Primitieve' kunstwerken werden daarentegen geroemd om hun krachtige expressiviteit. Moderne kunstenaars waardeerden het primitieve als een onbewuste creatieve impuls die nog niet was getemd en gecensureerd voor de zitkamer. Een werk werd primitief genoemd als er een formele eenvoud en energie in werd herkend, of een sterke emotionele aanwezigheid.

Helaas maakten de moderne kunstenaars die 'het primitieve' roemden niet altijd onderscheid tussen de Afrikaanse kunst van tweeduizend jaar geleden en de Afrikaanse kunst die in 1900 werd gemaakt. Dat impliceert dat primitieve kunst eerder uit een onbewuste bron van creativiteit kwam dan uit een artistieke traditie.

De waardering van de moderne kunstenaars voor het primitieve kan worden gezien in het licht van een Europese traditie waarin niet-westerse culturen werden geïdealiseerd als zijnde gelukkiger, natuurlijker en minder gekunsteld en corrupt. Hoe vleiend dat moge klinken, het is ook een beledigende simplificatie, vooral wanneer moderne kunstenaars ook het primitivisme prijzen van de kunst die werd gemaakt door kinderen, gekken en niet-opgeleide, 'naïeve' volwassenen. In de breedste zin omvat het primitivisme ook expressieve, niet-academische kunst die gemaakt is binnen de westerse traditie, vooral middeleeuwse houtsneden en gotische beelden.

BELANGRIJKSTE WERKEN in het Museum of Modern Art, New York

↖ *Les Demoiselles d'Avignon*, 1907, **PABLO PICASSO**
Picasso bestudeerde de collectie van het Musée d'Ethnographie du Trocadéro terwijl hij werkte hij aan *Les demoiselles d'Avignon*. De verwrongen gelaatstrekken van de twee demoiselles worden vaak toegeschreven aan zijn bestudering van Dan-, Fang- en Kota-maskers en Iberische kunst. Picasso integreerde het 'primitieve' ook in zijn reactie op de westerse traditie van het naakt; hij heeft zelfs een stilleven opgenomen.

↓ *De maan en de aarde*, 1893, **PAUL GAUGUIN**
Gauguin maakte zijn grootste kunstwerken op Tahiti, waar hij wilde ontsnappen aan de beschaving en 'terugkeren naar de natuur'. Op het eerste gezicht zijn zijn schilderijen 'primitief' in de zin dat ze beelden bevatten van een inheemse cultuur die als onbeschaafd werd beschouwd. Het expressievere primitivisme van *De maan en de aarde* ontstaat door de identificatie van het onbeschaafde, naakte vrouwelijke lichaam met de cycli van de maan en de regeneratieve krachten van de aarde. Vaak wordt het westerse naakt geïdealiseerd: de schoonheid is allegorisch voor een kenmerk van de geest of de ziel. De naaktheid in dit schilderij is geworteld in de seksuele lichamelijkheid van het lichaam en de natuur als geheel.

ANDERE WERKEN in het Museum of Modern Art, New York

Het zaad van de Areoi (Te aa no areois), 1892, **PAUL GAUGUIN**

De bader, ca. 1885, **PAUL CÉZANNE**

Lepelvrouw, 1926–1927, **ALBERTO GIACOMETTI**

Blonde negerin, II, 1933, **CONSTANTIN BRANCUSI**

fauvisme, expressionisme, kubisme, postimpressionisme, dadaïsme, surrealisme, abstract-expressionisme, oriëntalisme, romantiek

constructivisme, suprematisme, neoplasticisme, sociaal-realisme, classicisme, academisme, neoclassicisme, realisme, postmodernisme

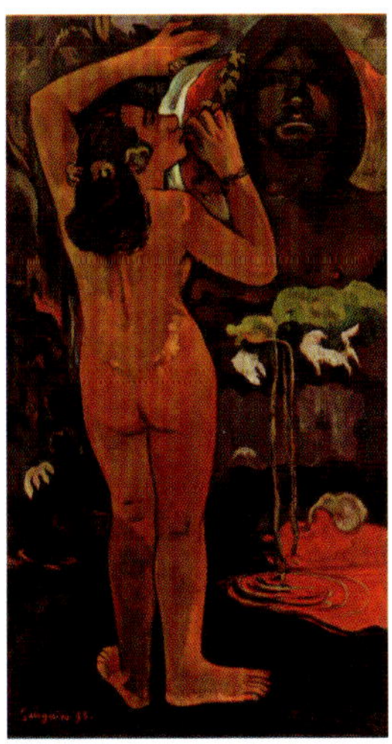

Expressionisme

Het expressionisme kwam op in verschillende Europese kunstkringen, met een hoogtepunt in de periode 1905–1920. Het was geen op zichzelf staande beweging, maar er werd algemeen gebruikgemaakt van felle kleuren, vervormde figuren en soms abstractie. Kunst uit andere periodes, bijvoorbeeld het werk van Francis Bacon, kan zeer terecht als 'expressionistisch' worden aangemerkt in een algemenere betekenis.

In *Die Brücke*: **KEES VAN DONGEN** (1887–1968); **ERICH HECKEL** (1883–1970); **ERNST LUDWIG KIRCHNER** (1880–1938); **PAULA MODERSOHN-BECKER** (1876–1907); **OTTO MÜLLER** (1874–1913); **EMIL NOLDE** (1867–1956); **MAX PECHSTEIN (1881–1955); KARL SCHMIDT-ROTLUFF (1884–1976).**
In *Der Blaue Reiter*: **ALEXEI VON JAWLENSKY** (1864–1941); **WASSILY KANDINSKY** (1866–1944); **FRANZ MARC** (1880–1916).
Andere kunstenaars: **MAX BECKMAN** (1884–1950); **GEORGE GROSZ** (1893–1959); **KÄTHE KOLLWITZ** (1867–1945)

sterke kleur, vervorming, abstractie, gemeenschappelijkheid, vervreemding, sociale kritiek, maskerade, zuivering

Het expressionisme is een Noord-Europees fenomeen dat gekenmerkt wordt door emotionele extremen die kunnen worden teruggevoerd op het werk van Van Gogh, Edvard Munch en James Ensor.

Het expressionisme is de kunst van de onrust en de zoektocht naar de waarheid. In Duitsland waren de belangrijkste kunstenaars losjes georganiseerd in twee groepen: Die Brücke (de brug) en Der Blaue Reiter (de blauwe ruiter). Beide groepen onderzochten de vernietiging van ware gevoelens door een maatschappij die, naar hun mening, 'gereinigd' of 'gezuiverd' moest worden. De kunstenaars verbeeldden dit proces via afbeeldingen van natuurrampen, bijvoorbeeld de bliksem die in een bos inslaat, of via een verwijzing naar een bijbelscène, zoals de Apocalyps, waarin de wereld ten onder gaat en opnieuw wordt gecreëerd door een toornige God.

Die Brücke verwierp het klassieke erfgoed en richtte zich op de natuur en het primitieve om de Duitse kunst nieuw leven in te blazen. De meeste aanhangers verhuisden tussen 1910 en 1914 naar Berlijn. Ze werden beschouwd als voorbodes van vernietiging en verlies. Het expressionisme was onderling nauw verbonden in de bestudering van de Duitse identiteit en tradities.

Der Blaue Reiter was openlijker mystiek en had als doel de spirituele werkelijkheid bloot te leggen die verborgen is in de wereld. De groep werd sterk beïnvloed door de Russen Kandinsky en Jawlensky en gebruikte een subtielere, gevarieerdere reeks kleuren dan de kunstenaars van Die Brücke. Wat beide groepen gemeen hadden met andere expressionisten was de overtuiging dat kunst een intrinsieke menselijke waarheid kon uitdrukken en zin kon terugbrengen in het leven van mensen.

BELANGRIJKSTE WERKEN in het Solomon R. Guggenheim Museum, New York

↓ *Improvisatie 28 (tweede versie)*, 1912, **WASSILY KANDINSKY**
Levendige kleuren en een losse, agressieve penseelvoering typeren Improvisatie 28. Net als de meeste andere expressionisten was Kandinsky zeer kritisch over de maatschappij waarin hij leefde en hij was een voorstander van verandering. Links zijn golven, boten en bergen

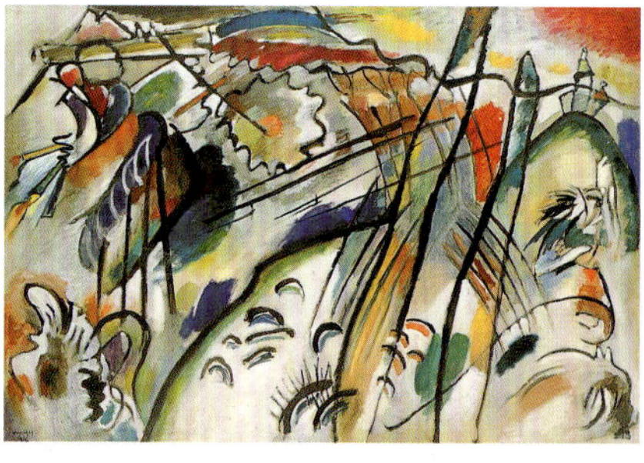

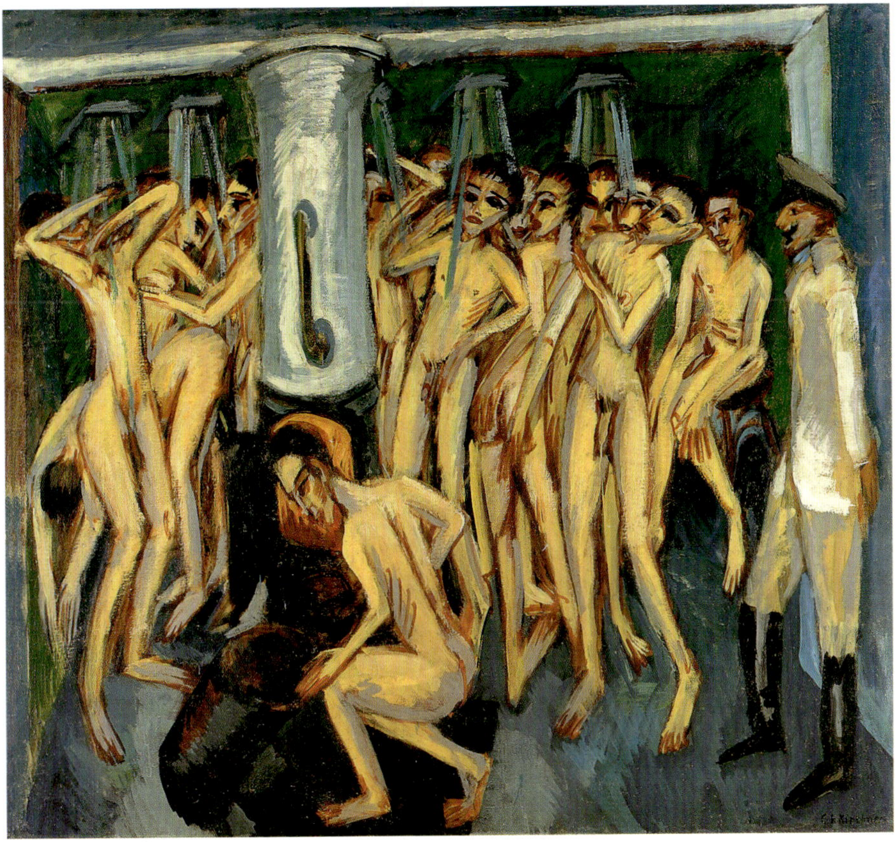

te zien, die staan voor de elementaire vernietiging door stormen en overstromingen, terwijl rechts een elkaar omhelzend koppel de schepping van een nieuwe maatschappij oproept die gebaseerd is op pure eerlijkheid en liefhebbende spiritualiteit

↑ *Artilleristen*, 1915, ERNST LUDWIG KIRCHNER
De rauwe kleuren, ruige penseelvoering en vervormde figuren maken het schilderij typisch expressionistisch. Het heeft een geladen, emotionele sfeer, waarin de persoonlijke gevoelens van de kunstenaar worden gecombineerd met sociale kritiek. Kirchner toont een groep naakte mannen in een doucheruimte, aangegaapt door een legerofficier. Hij laat zijn eigen gevoel van kwetsbaarheid tijdens de oorlog zien. Kirchner werd opgeroepen voor het leger, maar later ontslagen vanwege krankzinnigheid. Tegelijkertijd drukte hij zijn afkeer van de conformistische, ontmenselijkte maatschappij uit waarin hij vond dat hij leefde.

ANDERE WERKEN in het Solomon R. Guggenheim Museum, New York

De Parijse society, 1931, MAX BECKMANN

Rode ballon, 1922, PAUL KLEE

Dolende ridder, 1915, OSKAR KOKOSCHKA

Het arme land Tirol, 1913, FRANZ MARC

Portret van Johann Harms, 1916, EGON SCHIELE

fauvisme, abstract-expressionisme, primitivisme, postimpressionisme, romantiek, oriëntalisme, neoplasticisme, neo-expressionisme

constructivisme, suprematisme, sociaal-realisme, classicisme, academisme, neoclassicisme, realisme, conceptualisme, neoconceptualisme

Kubisme

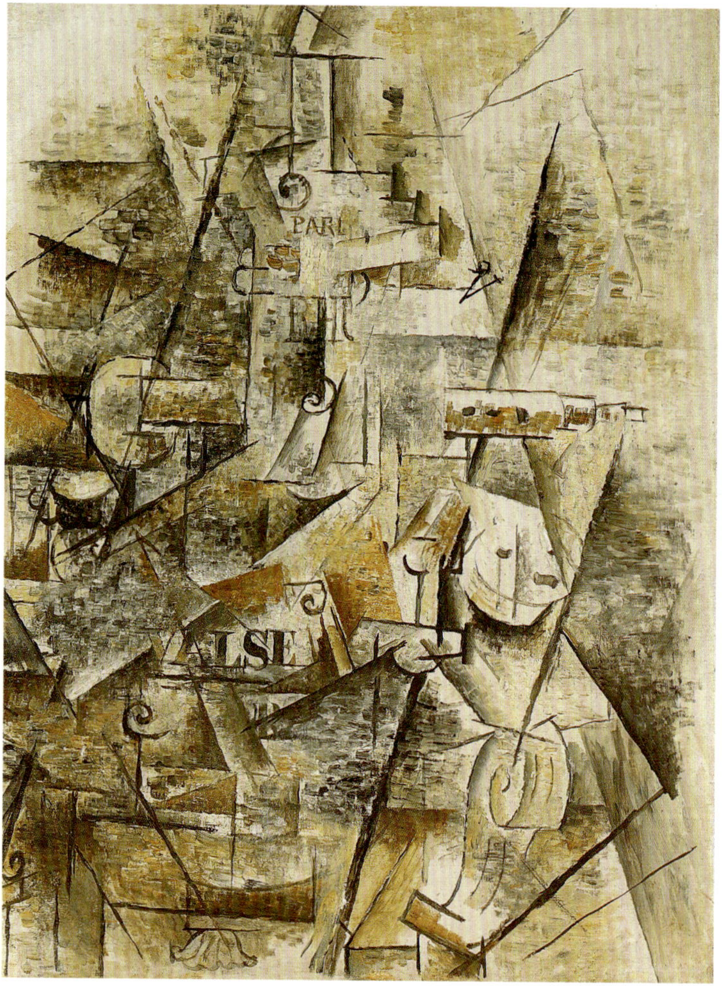

De eerste kubistische tentoonstelling vond in 1911 plaats op de Salon des Indépendants in Parijs en de oorsprong gaat zelfs tot 1901 terug. Het kubisme begon met Picasso en Braque en was aanvankelijk dank verschuldigd aan Cézannes gebruik van meerdere standpunten in één schilderij. De manier waarop de kubisten voorwerpen weergaven, werd als radicaal beschouwd. Hun onderwerpen waren vaak zeer conventioneel en kwamen gewoonlijk uit de traditie van het stilleven.

GEORGES BRAQUE (1882–1963); **PABLO PICASSO** (1881–1973); **RAYMOND DUCHAMP-VILLON** (1876–1918); **JUAN GRIS** (1887–1927); **FERNAND LÉGER** (1881–1955)

afgevlakt volume, verwarrend perspectief, collage, meerdere standpunten, stilleven, analytisch, synthetisch

Het kubisme maakt gebruik van verschuivende standpunten. We kunnen bijvoorbeeld een tafel vanuit verschillende hoeken bekijken: van bovenaf als we staan, vanaf de zijkant als we zitten, dan van onderaf als we een pen van de vloer oprapen. De kubisten proberen dit op doek te vangen en als gevolg daarvan wordt het kubisme beschreven als een conceptuele benadering tot het schilderen. De ontwikkeling van het 'conceptuele' is te zien in Cézannes latere werk, waarin tafels, en de voorwerpen die erop staan, vanuit onderling onverenigbare hoeken zijn geschilderd. Een tentoonstelling van Cézannes werk op de Salon d'Automne in 1907 had veel invloed op zowel Picasso als Braque.

De kubisten maakten geen onderscheid tussen driedimensionale vormen die naar de kijker toe moeten buigen en vormen die van de kijker af moeten buigen. Ze maakten vormen simpelweg vlak en vermenigvuldigden ze op het doek. Het resultaat bestond vaak uit platte oppervlakken met veel patronen, geschilderd in zachte kleuren, waarin het moeilijk kan zijn om voorwerpen van elkaar en van de ruimte die ze innemen, te onderscheiden. Door voorwerpen uit verschillende hoeken te schilderen, onderzochten de kubisten hun beweging door de tijd en door de ruimte.

De termen 'analytisch' en 'synthetisch' kubisme worden gebruikt om een onderscheid te maken tussen kubisme dat voornamelijk is gebaseerd op de waarneming van een onderwerp en kubisme dat is gebaseerd op zijn artistieke technieken, zoals de collage.

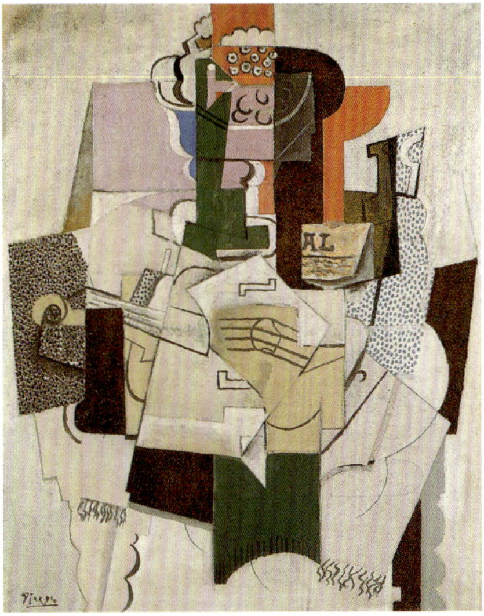

BELANGRIJKSTE WERKEN in Tate Modern, Londen

← *Klarinet en fles rum op een schoorsteenmantel*, 1911, GEORGES BRAQUE
De kubisten gebruikten vaak woorden of lettergrepen in hun schilderijen en collages; soms verwerkten of schilderden ze teksten uit echte kranten. In dit werk versterkt het woord 'valse' (Wals) het muzikale thema van het werk. 'RHU' zijn de eerste drie letters van het Franse woord voor rum. De rolvorm in de rechterbenedenhoek kan de bovenkant van een viool of cello zijn, of een deel van de schoorsteenmantel waarop de klarinet en de fles rum staan. Het lijkt alsof het onderwerp van Braque is geëxplodeerd en daarna plat gedrukt.

↙ *Fruitschaal, viool en fles*, 1914, PABLO PICASSO
De viool midden in dit kubistische stilleven is versplinterd. Het is onmogelijk te zeggen waar het zich 'echt' bevindt ten opzichte van het tafelblad: liggend of ergens opgezet. Deze dubbelzinnigheid is kenmerkend voor de kubistische schilderkunst. Dat geldt ook voor de manier waarop de verf is aangebracht om het werk te laten lijken op een collage van stukken verschillend gekleurd papier.

ANDERE WERKEN in Tate Modern, Londen

Mandora, 1909–1910, GEORGES BRAQUE

Glas op tafel, 1909–1910, GEORGES BRAQUE

Fles en vissen, ca.1910–1912, GEORGES BRAQUE

Het zonnescherm, 1914, JUAN GRIS

Fles rum en krant, 1914, JUAN GRIS

Stilleven, 1914, PABLO PICASSO

constructivisme, neoplasticisme, suprematisme, conceptualisme

dadaïsme, surrealisme, expressionisme, primitivisme, renaissance, barok, rococo, academisme, neoclassicisme

Futurisme

Het futurisme was een Italiaanse beweging die werd gelanceerd met de publicatie van *Le Futurisme* van Filippo Tommaso Marinetti in een Franse krant in 1909. Het werd gekenmerkt door zijn agressieve viering van de moderne technologie, snelheid en stadsleven, en minachtte de tradities van de westerse kunst.

GIACOMO BALLA (1871–1958); CARLO CARRÀ (1881–1966); LUIGI RUSSOLO (1885–1947); GINO SEVERINI (1883–1966)

snelheid, energie, agressie, krachtige lijnen, menigten, stedelijk, nieuwe technologie, vooruitgang, wapen

Marinetti verwoordde de frustratie van een generatie die zichzelf voelde kraken onder het gewicht van de westerse artistieke traditie. De futuristen verwierpen de kunst en cultuur van het verleden: ze wilden alles wat oud en aanbeden was, vernietigen om ruimte te maken voor iets nieuws

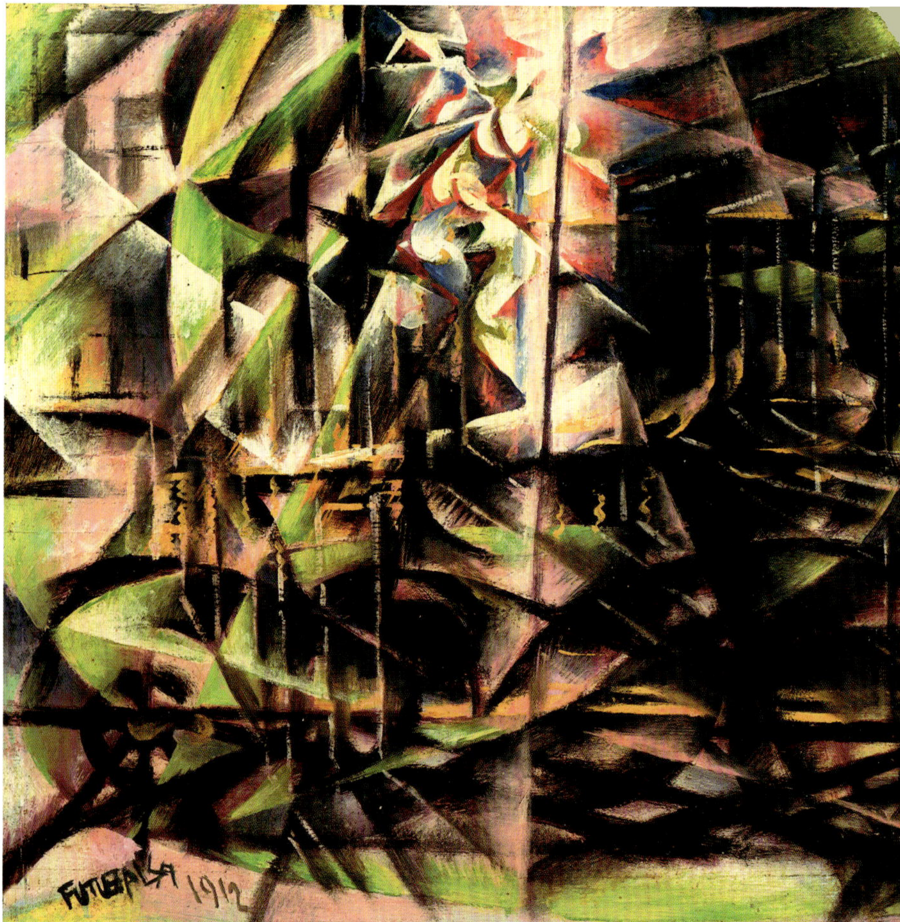

en essentieels. De beweging van de auto bijvoorbeeld en de ervaring van zijn acceleratie waren belangrijker voor futuristen dan de vorm of het uiterlijk van een stilstaande auto. Zo had het volk in hun fantasie ook meer politieke macht dan de overheid. Futuristen waren zeer bedreven in het promoten van hun werk. Alles, van lezingen tot publiciteitstunts, maakte van het futurisme een zeer zichtbare beweging.

De futuristen gebruikten vaak felle kleuren, maar ze ontwikkelden nooit een samenhangende kleurentheorie waarmee ze zich konden onderscheiden van andere kunstbewegingen uit die tijd. Hun aanvankelijke interesse in het neo-impressionisme werd vervangen door een langduriger aandacht voor het kubisme.

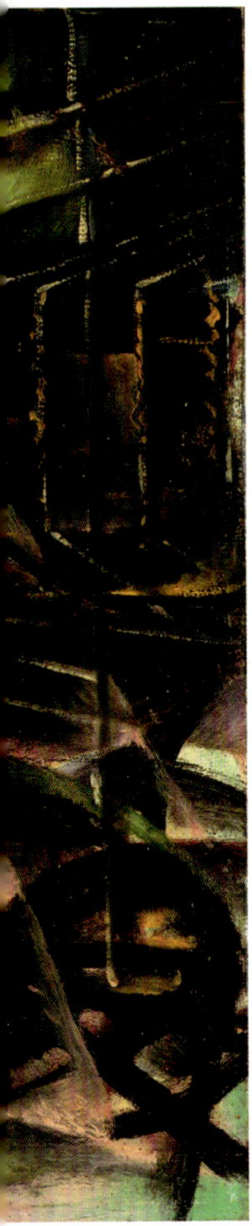

Het futurisme verloor aan kracht in de Tweede Wereldoorlog. Een tweede generatie van minder revolutionaire futuristen ontstond aan het begin van de jaren twintig van de twintigste eeuw en hield de beweging zo'n tien jaar staande. Verwante bewegingen in Engeland en Rusland stonden bekend als respectievelijk het vorticisme en het rayonisme.

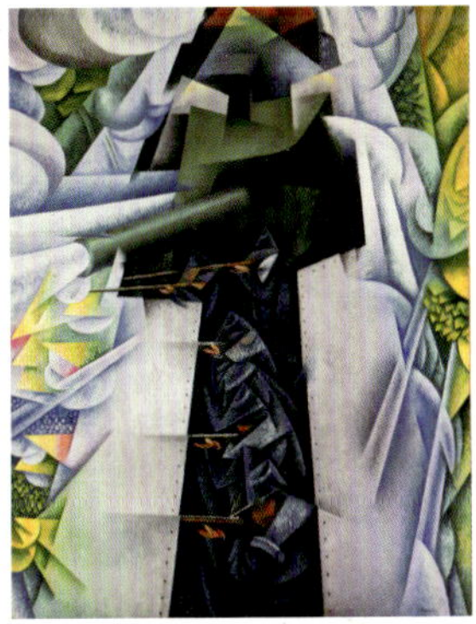

BELANGRIJKSTE WERKEN in het Museum of Modern Art, New York

↑ *Gepantserde trein in actie*, 1915, GINO SEVERINI
Dit werk toont op één schilderij alles waarmee de futuristen zich bezighielden: moderne technologie, agressie en beweging. De trein is teruggebracht tot een voortsnellende pijl volgepropt met gewapende mannen, die door de bovenkant van het doek barst. Zelfs de stoom uit de voorkant van de trein ziet er dreigend uit, bijna gepantserd, door Severini's gebruik van krachtlijnen.

← *Hard rijdende auto*, 1912, GIACOMO BALLA
In plaats van de herkenbare vorm van een auto schilderde Balla zijn onderscheidende functie en ervaring, namelijk zijn vermogen om op hoge snelheden te accelereren. Balla's auto verdwijnt in een verwilderd stelsel van krachtlijnen; een belangrijk stilistisch hulpmiddel dat de futuristen gebruikten om een gevoel van grote snelheid op te roepen.

ANDERE WERKEN in het Museum of Modern Art, New York

Zwaluwen: bewegingspaden + dynamische reeksen, 1913, GIACOMO BALLA

Gemoedstoestanden I: Het afscheid, 1911, Gemoedstoestanden II: Zij die gaan, 1911, Gemoedstoestanden III: Zij die blijven, 1911, UMBERTO BOCCIONI

Dynamische hiëroglief van de Bal Tarbin, 1912, GINO SEVERINI

dadaïsme, surrealisme, kubisme, suprematisme

primitivisme, expressionisme, neoplasticisme, abstract-expressionisme, renaissance, barok, rococo, academisme, neoclassicisme, neo-expressionisme

Dadaïsme

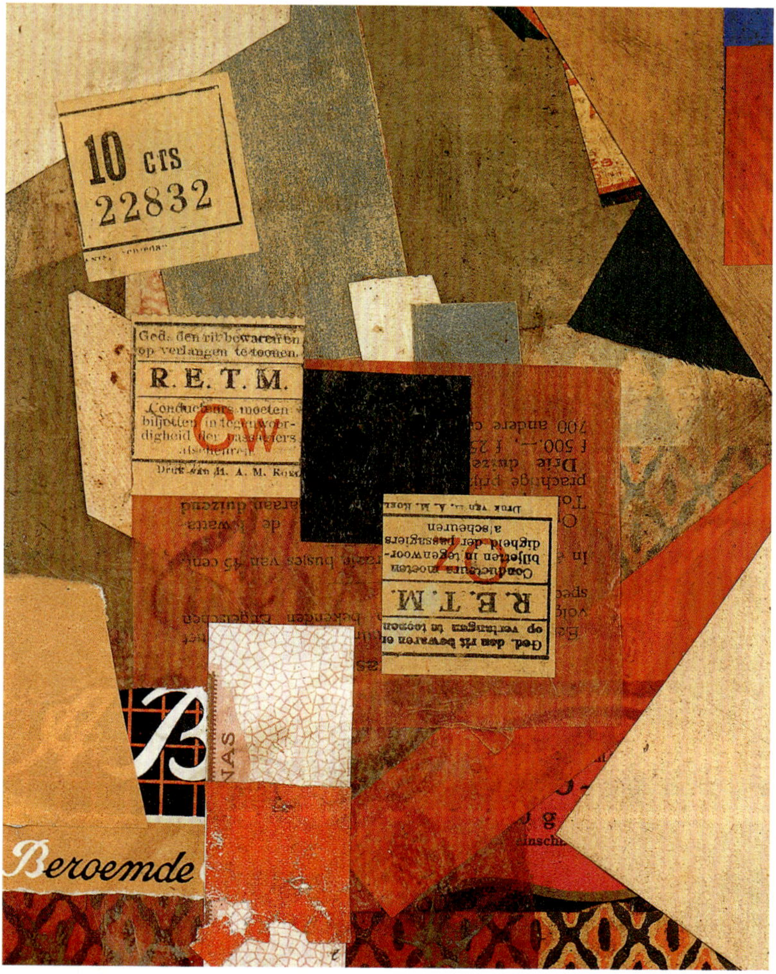

Het dadaïsme kwam op tijdens de Eerste Wereldoorlog. Naar men zegt is het woord 'dada' willekeurig uit een woordenboek gehaald; het betekent 'hobbelpaard' in het Frans. De dadaïsten verkondigden dat alle algemeen aanvaarde morele, politieke en esthetische overtuigingen in de oorlog waren vernietigd. Ze bepleitten een destructieve, oneerbiedige en bevrijdende benadering tot de kunst.

JEAN (OF HANS) ARP (1886–1966); **MARCEL DUCHAMP** (1887–1968); **HANNAH HÖCH** (1889–1978); **FRANCIS PICABIA** (1879–1953); **MAN RAY** (1890–1976)

vernietiging, bevrijding, het onderbewuste, toeval, nonsens, readymades, antiburgerlijk, nihilistisch, gevat

In het eerste Dada-manifest, gepubliceerd in 1918, werd beweerd dat het dadaïsme 'een nieuwe werkelijkheid' was en werden de expressionisten beschuldigd van een sentimentele weerstand tegen de tijdsgeest. Choqueren was een belangrijke tactiek die de dadaïsten gebruikten in de hoop de maatschappij wakker te schudden uit het nationalisme en materialisme die hadden geleid tot het bloedbad van de Eerste Wereldoorlog. Het dadaïsme was tevens een literaire beweging.

Toeval en onzin waren belangrijke elementen van het dadaïsme. Het drukte een nieuw besef uit van de rol van het onderbewuste in het alledaagse leven, en weigerde een consequente kunsttheorie te ontwikkelen.

Arp bijvoorbeeld maakte collages waarop hij het papier vastlijmde waar het toevallig neerviel. Duchamp plaatste een esthetische tijdbom met zijn ready-mades: industriële of alledaagse objecten die hij had gesigneerd alsof hij ze zelf had gemaakt en die vervolgens werden tentoongesteld in kunstgaleries. De beroemdste ready-made, Fontein, was een urinoir dat hij signeerde met 'R. Mutt'. Via ready-mades verwierp Duchamp traditioneel vakmanschap en kunstcategorieën. Zijn bedoeling was om mensen bewust te maken dat de definities en standaarden waarmee we kunstwerken indelen en beoordelen mogelijk ondergeschikt zijn voor de kunst en niet beslissend.

BELANGRIJKSTE WERKEN in het Solomon R. Guggenheim Museum, New York

– ***Merz 163, met zwetende vrouw*, 1920, KURT SCHWITTERS**
'Merz' is de naam die Schwitters gaf aan zijn eigen methode van het samenstellen van kunstwerken uit het afval van het dagelijks leven, zoals treinkaartjes, postzegels en verpakkingsmateriaal. Hij wilde een methode voor het creëren van kunst ontwikkelen die vrij was van de conventies en normen die door de maatschappij en door artistieke tradities, werden opgelegd.

↓ ***De kindcarburateur*, 1919, FRANCIS PICABIA**
Dit werk is gebaseerd op een technische tekening van een carburateur van een raceauto, maar heeft een andere naam gekregen, zodat de verschillende onderdelen van de carburateur de mannelijke en vrouwelijke geslachtsdelen voorstellen. Dadaïstische kunst, die vaak grappig was, kan worden gezien als nihilistisch. *De kindcarburateur* roept een wereld op die gedachteloos functioneert, als een machine, en waarin kinderen worden gemaakt via nonchalante, mechanische, seksuele handelingen.

ANDERE WERKEN in het Solomon R. Guggenheim Museum, New York

Studie voor Schaakspelers, 1911, **MARCEL DUCHAMP**

Kleine machine gebouwd door Minimax Dadamax zelf, 1919–1920, **MAX ERNST**

Merz 199, 1921, **KURT SCHWITTERS**

surrealisme, primitivisme, futurisme, suprematisme, primitivisme, conceptualisme, neoconceptualisme, sensationalisme

expressionisme, abstract-expressionisme, renaissance, barok, rococo, academisme, neoclassicisme, neo-expressionisme

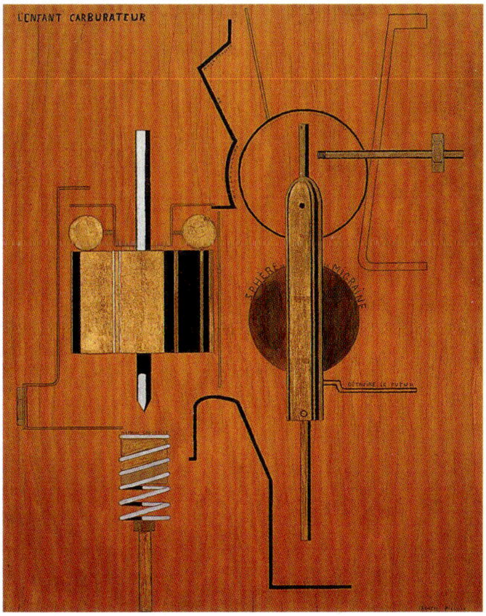

Suprematisme

KGB

Deze beweging werd ontwikkeld en geleid door de Russische kunstenaar Kasimir Malevich. Zijn kunst was geometrisch en vaak kleurloos. Het suprematisme wees alle conventionele definities van kunst af, ten gunste van een artistieke studie naar een spirituele werkelijkheid die ze wilden uitdrukken via geometrische abstractie.

EL LISSITZKY (1890–1947);
KASIMIR MALEVICH (1878–1935)

geometrische abstractie, monochroom, aanval, spirituele zuiverheid, ruimtelijke beweging

Bij het samenwerken aan theater- en operaprojecten ontmoette Malevich experimentele schrijvers die de relatie tussen geluid en betekenis onderzochten. Malevich deed vergelijkbare experimenten met schilderijen en ontwikkelde een kunst van geometrische basisvormen die vaak monochroom geschilderd werden. Het suprematisme, zoals hij het noemde, had zeer veel invloed op de avant-gardes in Rusland. Malevich was tegen de bewering dat het onderscheid tussen kunst en kunstnijverheid zou en moest verdwijnen in een communistische maatschappij. Hij was ervan overtuigd dat het suprematisme een spirituele waarde had.

De eerste suprematistische tentoonstelling vond in 1915 plaats in Moskou. *Zwart vierkant* – een groot zwart vierkant geschilderd tegen een witte achtergrond – hing in de hoek van de tentoonstellingsruimte en bootste zo de weergave van een religieuze icoon na. Suprematistische schilderijen bevatten geen vertelling of sociaal commentaar, en de suprematisten hadden ook geen respect voor de traditionele schildergenres, zoals het landschap of het stilleven. Malevich doopte zijn emancipatie 'het nieuwe realisme'.

Het terugbrengen van een schilderij tot een 'zuivere taal' van basisvormen heeft misschien geresulteerd in de snelle ondergang van het suprematisme als kunstbeweging. Maar Malevich' geloof in de mystieke of religieuze aard van zijn werk was een belangrijke stimulans voor de ontwikkeling van de beweging. Suprematistische schilderijen werden steeds ingewikkelder van kleur en compositie, terwijl de kunstenaars doorgingen met hun strijd tegen de ondergeschiktheid van zuivere kunst aan de commercie of de politiek. De beweging had tussen de jaren twintig en dertig van de twintigste eeuw invloed op de westerse kunst en vormgeving.

BELANGRIJKSTE WERKEN in het Museum of Modern Art, New York

→ *Suprematistische compositie: wit op wit*, 1918, KASIMIR MALEVICH

Malevich combineert in deze *Suprematistische compositie* geometrische basisvormen met monochromie; kenmerken van het suprematisme. Het schilderij suggereert ook beweging, het overhellen van het ene vierkant tegen het andere creëert een indruk van beweging die in het latere suprematisme explicieter werd.

↓ *Proun 19D*, 1922, EL LISSITZKY

El Lissitzky's *Proun 19D* illustreert de ingewikkelder studie naar geometrische vormen van het latere suprematisme, die niet langer kunnen worden geplaatst op een abstracte achtergrond, maar zich bewegen in een abstracte omgeving. Het vervagen van 'echte' en 'abstracte' ruimte was opzettelijk, net als de indruk van beweging.

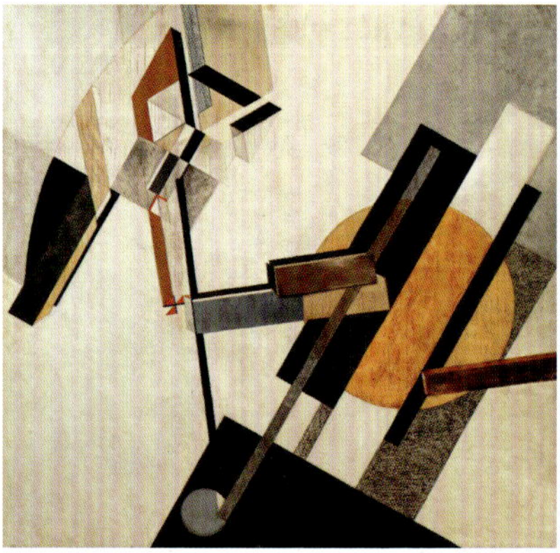

ANDERE WERKEN in het Museum of Modern Art, New York

Compositie, 1922, EL LISSITZKY

Vliegend vliegtuig, 1914–1915, KASIMIR MALEVICH

Suprematistische compositie: schilderachtig realisme. Jongen met knapzak – Kleurenmassa's in de vierde dimensie, 1915, KASIMIR MALEVICH

Suprematistisch schilderij, 1917, KASIMIR MALEVICH

constructivisme, neoplasticisme, kubisme, conceptualisme

dadaïsme, surrealisme, expressionisme, primitivisme, renaissance, barok, rococo, academisme, neoclassicisme

Deze term werd voor het eerst in 1921 door Russische kunstenaars gebruikt. Het is tevens een overkoepelend begrip waaronder ook de constructivisten, die voornamelijk in West-Europa werkten, vallen. Het constructivisme in algemene zin beschrijft abstracte, geometrische kunstwerken die geconstrueerd zijn uit losse onderdelen en eigentijds materiaal, zoals plastic.

ALEKSANDR RODCHENKO (1891–1956); **VARVARA STEPANOVA** (1894–1958); **VLADIMIR TATLIN** (1885–1953).
Internationale constructivisten: **THEO VAN DOESBURG** (1883–1931); **NAUM GABO** (1890–1977); **LÁSZLÓ MOHOLY-NAGY** (1895–1946); **KURT SCHWITTERS** (1887–1948); **GEORGES VANTONGERLOO** (1886–1965)

geometrische abstractie, kinetica, technologie, sociaal nut, sociale vooruitgang, niet-spiritueel

Het Russische constructivisme was een utopistische beweging binnen de groeiende sociale revolutie die de communistische coup van 1917 volgde. De constructivisten verwierpen het idee dat kunstwerken 'gecomponeerd' en daardoor 'composities' zijn. Ze kozen de term 'constructie' om de grenzen tussen kunst en kunstnijverheid af te breken. Tatlin was de belangrijkste beeldhouwer van de beweging. Hij was beïnvloed door het kubisme en probeerde een beeldhouwtechniek te ontwikkelen die beweging door de tijd kon uitdrukken. Hij en andere constructivisten waren er, net als de futuristen, van overtuigd dat kunst en technologie de maatschappij beter konden maken. Veel constructivisten verwelkomden de verdwijning van de kunst in haar geheel, en beschouwden kunst als een sociaal nuttige productie, net als fabricage.

Het Russische constructivisme werd onderdrukt omdat het burgerlijk zou zijn,

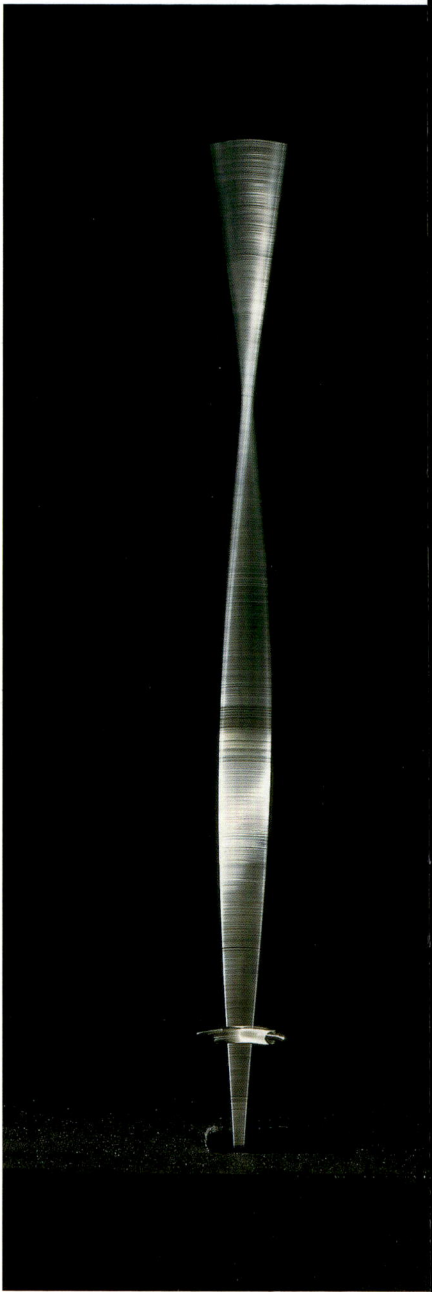

met andere woorden: omdat het zich concentreerde op artistieke zaken in plaats van op de socialistische ideologie. Velen van de belangrijkste kunstenaars emigreerden naar het Westen, en stimuleerden zo de ontwikkeling van het internationale constructivisme. Deze beweging, die net zo utopistisch was, promootte de kunst als middel om sociale vooruitgang te bereiken, maar voorzag niet dat ze aan vlijt ten onder zou gaan. Het verschilde wezenlijk van andere avantgardistische bewegingen omdat het 'subjectiviteit' afwees. Het ontkende dat de emoties van de individuele kunstenaar centraal stonden in de kunst. Moholy-Nagy dicteerde een kunstwerk via de telefoon aan een professionele reclameschilder; dat werk kan worden gezien als een vroeg voorbeeld van het conceptualisme. Het internationale constructivisme ondersteunde de Bauhausbeweging, die het moderne meubelontwerp en de architectuur radicaal veranderde.

BELANGRIJKSTE WERKEN in Tate Modern, Londen

– *Kinetische constructie (Staande golf)*, 1919–1920, NAUM GABO
Kinetische constructie is een bewegende sculptuur. Als het metaal draait, geeft het de indruk van een vaste, gedraaide vorm. Gabo gebruikte deze sculptuur om zijn studenten les te geven over kinetica, en gaf het werk de poëtische ondertitel *Staande golf*. De constructivisten wilde een beeldhouwkunst ontwikkelen waarin beweging, of de indruk van beweging, essentieel was. Als sculptuur bestaat *Kinetische constructie* alleen wanneer het beweegt.

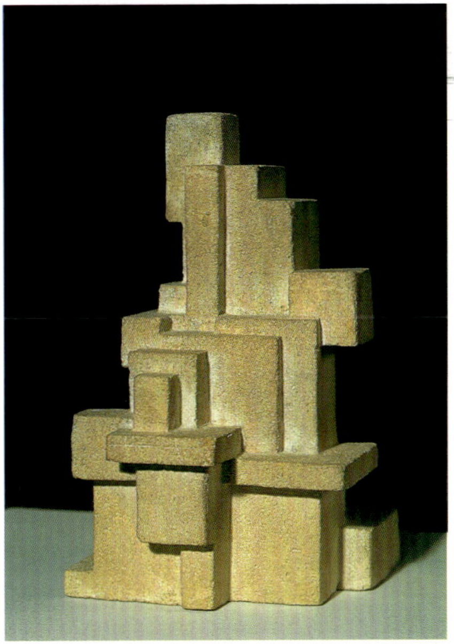

↑ *Interrelatie van volumes*, 1919, GEORGES VANTONGERLOO
Vantongerloo's sculptuur ziet eruit als verschillende blokken die in elkaar verzonken zijn. Hij onderzocht de manier waarop onze geest vorm en volume waarneemt. Wanneer we dit werk bekijken, verdeelt onze geest het in losse blokken die vechten om een beperkte hoeveelheid ruimte. De sculptuur verandert voortdurend wanneer de kijker de compositie bestudeert.

ANDERE WERKEN in Tate Modern en Tate Britain

Antenne met rode en blauwe stippen, 1960, ALEXANDER CALDER

Ile de France, 1935, JEAN HELION

Bal, vlak en gat, 1936, BARBARA HEPWORTH

Hoofd nr. 2, 1916, NAUM GABO

1935 (wit reliëf), 1935, BEN NICHOLSON

Juni 1937 (schilderij), 1937, BEN NICHOLSON

kubisme, neoplasticisme, suprematisme, conceptualisme

dadaïsme, surrealisme, expressionisme, primitivisme, renaissance, barok, rococo, academisme, neoclassicisme

Neoplasticisme

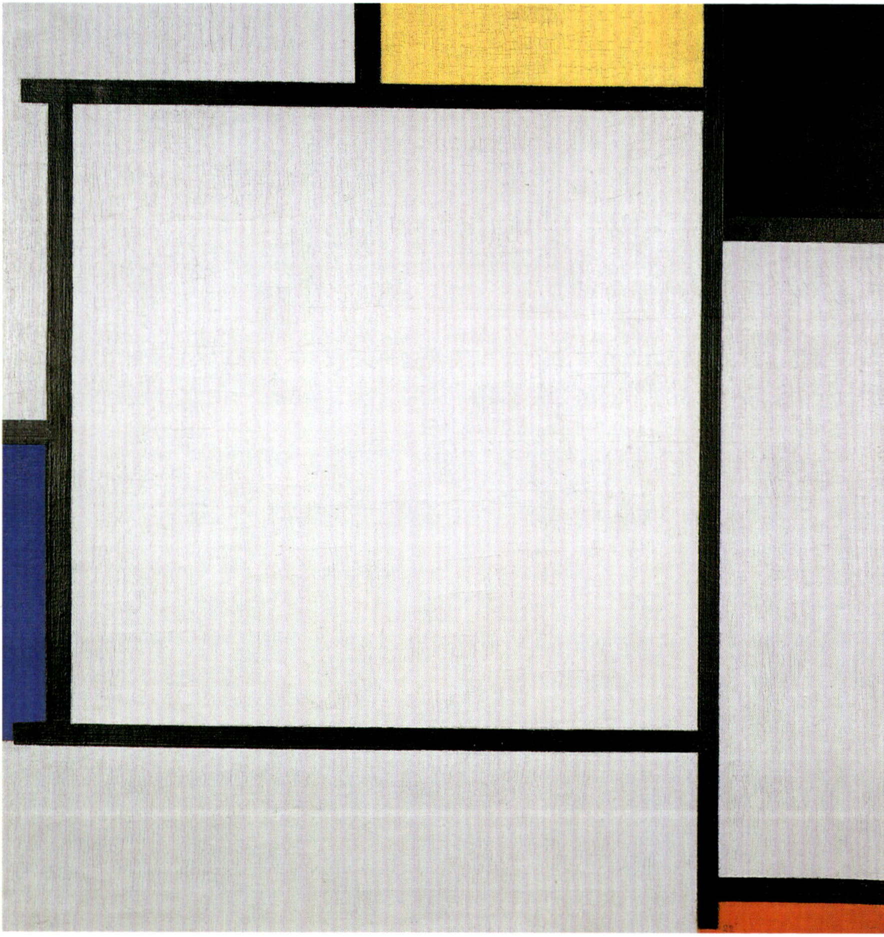

Het neoplasticisme is onlosmakelijk verbonden met het werk van Piet Mondriaan. Zijn kenmerkende schilderijen waren bedoeld om de tijdloze, spirituele orde te onthullen die onder het voortdurend veranderende uiterlijk van de wereld ligt. Mondriaans theorieën werden bestudeerd door kunstenaars van het Nederlandse kunsttijdschrift *De Stijl*.

THEO VAN DOESBURG (1883–1931); **VILMOS HUSZÁR** (1884–1960); **J.J.P. OUD** (1890–1963); **PIET MONDRIAAN** (1872–1944); **GERRIT RIETVELD** (1888–1964); **GEORGES VANTONGERLOO** (1886–1965); **JAN WILS** (1891–1972)

rasters, primaire kleuren, zwart-wit, spirituele orde, gedecentraliseerd, perifeer, elementarisme

Het neoplasticisme verwijst, met betrekking tot Mondriaans geometrische, abstracte schilderijen, naar zwarte horizontale en verticale lijnen op een gebroken witte achtergrond, waarop hij vlakken met primaire kleuren (blauw, rood en geel) aanbracht. Mondriaan was een voorstander van schilderijen zonder een centrum, en veel van zijn werken hebben geen duidelijk punt waarop het oog kan rusten. De randen van zijn schilderijen zijn net zo belangrijk als het midden. De horizontale en verticale lijnen suggereren vaak een kalmte en spanning die ontstaat uit twee onderling tegengestelde krachten die elkaar in balans houden. Mondriaan werd gemotiveerd door het geloof dat zijn kunst de essentiële spirituele structuur liet zien die ten grondslag ligt aan de wereld zoals wij hem ervaren.

Mondriaans invloed breidde zich ver buiten de kunst uit. Zijn werk en theorieën beïnvloedden kunstenaars die bijdragen schreven voor het Nederlandse tijdschrift *De Stijl* en de constructivisten die op zoek waren naar nieuwe kunstvormen voor de moderne wereld. Deze groep bestond uit architecten, vooral zij die aangesloten waren bij het Bauhaus, en ontwerpers.

Na zijn verhuizing in 1940 naar de Verenigde Staten beïnvloedde Mondriaan de abstract-expressionisten, die vergelijkbare overtuigingen hadden over de psychospirituele orde die de basis vormt onder het menselijke bestaan.

BELANGRIJKSTE WERKEN in het Solomon R. Guggenheim Museum, New York

↖ *Tableau 2*, 1922, **PIET MONDRIAAN**
Er is een zwart raster geschilderd op een gebroken witte achtergrond waarop effen kleurvlakken in primaire kleuren zijn aangebracht. Mondriaan geloofde dat die de spirituele structuur beschreven die de wereld van ervaringen ondersteunt. *Tableau 2* heeft geen middelpunt. Mondriaan noemde dat 'perifeer', wat inhoudt dat het schilderij gedecentraliseerd is: als een op een raster gebaseerde stad zonder een duidelijk centrum of binnenstad.

↓ *Contracompositie VIII*, 1925–1926, **THEO VAN DOESBURG**
Van Doesburgs *Contracompositie VIII* is afgeleid van Mondriaans strakke raster. Van Doesburg noemde zijn variant 'elementarisme'. (Mondriaan noemde het ketterij en distantieerde zich van *De Stijl*.) Hoewel *Contracompositie VIII* dezelfde kleuren en vormen bevat die kenmerkend zijn voor het neoplasticisme, heeft Van Doesburgs werk een gevoel van beweging dat ontbreekt bij Mondriaans statische schilderijen.

ANDERE WERKEN in het Solomon R. Guggenheim Museum, New York

Compositie nr. 1, 1930, **PIET MONDRIAAN**

Compositie, 1938–1939, **PIET MONDRIAAN**

Compositie in grijs, 1919, **THEO VAN DOESBURG**

Constructie van volumetrische interrelaties afgeleid van het gegraveerde vierkant en het vierkant beschreven om een cirkel, 1924, **GEORGES VANTONGERLOO**

constructivisme, kubisme, suprematisme, conceptualisme

dadaïsme, surrealisme, expressionisme, primitivisme, renaissance, barok, rococo, academisme, neoclassicisme

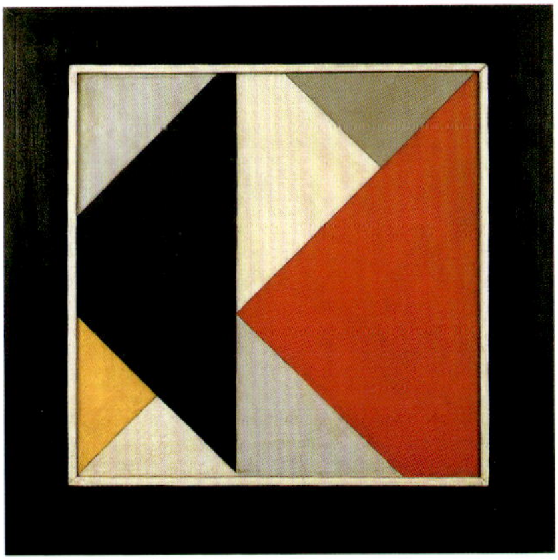

Surrealisme

Het surrealisme werd in 1924 in Parijs opgericht door de dichter André Breton en ging door met de dadaïstische bestudering van alles wat irrationeel is in de kunst. De surrealisten hielden zich explicieter bezig met het spiritualisme, de freudiaanse psychoanalyse en het marxisme dan de dadaïsten. Ze hadden als doel kunst te creëren die 'automatisch' was: uit het onderbewuste zonder tussenkomst van rationele, morele of esthetische oordelen.

HANS ARP (1886–1966); **SALVADOR DALÍ** (1904–1989); **MAX ERNST** (1891–1976); **FRIDA KAHLO** (1907–1954); **PAUL KLEE** (1879–1940); **RENÉ MAGRITTE** (1898–1967); **ANDRÉ MASSON** (1896–1987); **JOAN MIRÓ** (1893–1983); **YVES TANGUY** (1900–1955)

het onderbewuste, irrationeel, dromen, automatisme, nevenschikking, destructie, erotiek

Het onderbewustzijn stond centraal bij de surrealisten. Voor hen leek het op een enorm pakhuis vol met verbazingwekkende, tot dan toe onderdrukte artistieke creativiteit. Ze waren sterk beïnvloed door de psychoanalyse van Sigmund Freud en begonnen de ratio te zien als een bewaker die de deur tot dit pakhuis verspert. Ze gebruikten verschillende technieken om het onderbewustzijn te ontsluiten. Automatisch schrijven (ook wel automatisme genoemd) is wellicht hun bekendste techniek voor het vermijden van een bewuste controle op het artistieke proces. Ze streefden ernaar de meest geaccepteerde waarheden en conventies te ondermijnen, en deden die af als essentieel oncreatief. De surrealisten typeerden het naturalisme en realisme als wezenlijk burgerlijk.

De surrealisten bestudeerden ook droombeelden die Ernst en Dalí hadden geïntroduceerd in hun schilderijen met dezelfde aandacht voor details als de realistische schilders. Miró's schilderijen bevatten daarentegen biomorfe vormen die amoeben, virussen of gedachten kunnen voorstellen die de niet in kaart gebrachte, synaptische ruimten in de geest binnenglippen.

Het is niet echt revolutionair om te zeggen dat dromen vaak tegelijkertijd echt en bizar lijken, maar de surrealisten zochten deze ontwrichtende kwaliteiten in het alledaagse leven, als onderdeel van hun artistieke proces; ze openden zelfs een kantoor in Parijs waar mensen surrealistische ervaringen konden melden.

BELANGRIJKSTE WERKEN in het Solomon R. Guggenheim Museum, New York

→ *Het kleden van de bruid*, 1940, **MAX ERNST**
Dit werk ondermijnt het naturalisme van de westerse kunst door op een realistische manier een fantastisch, nachtmerrie-achtig onderwerp uit te beelden. Dalí gebruikte vaak dezelfde techniek. De klassieke architectuur zinspeelt op de rede en het rationele, maar is een omgeving geworden voor een verstorend, erotisch ritueel, waarin een gemaskerde vrouw met een cape naar haar bruiloft wordt geleid door een vogelmens. De surrealisten hielden ervan primitieve, vaak seksueel getinte invloeden te onthullen.

↓ *Vrouw met doorgesneden keel*, 1932, **ALBERTO GIACOMETTI**
Deze sculptuur toont een vrouw als een insectachtig wezen. De stekels langs de ruggengraat doen denken aan een val, wat suggereert dat de vrouw tegelijkertijd agressor en slachtoffer is, en de ruggengraat is gebogen, wat de dood of een orgasme suggereert. De surrealisten voegden verschillende elementen samen en plaatsten ze naast elkaar in één sculptuur als middel om onbewuste angsten en fantasieën op te roepen. De surrealistische houding tot vrouwen was vaak dubbelzinnig en soms erg negatief.

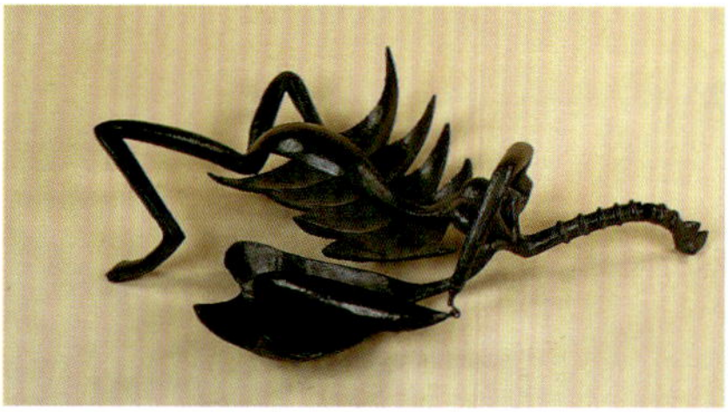

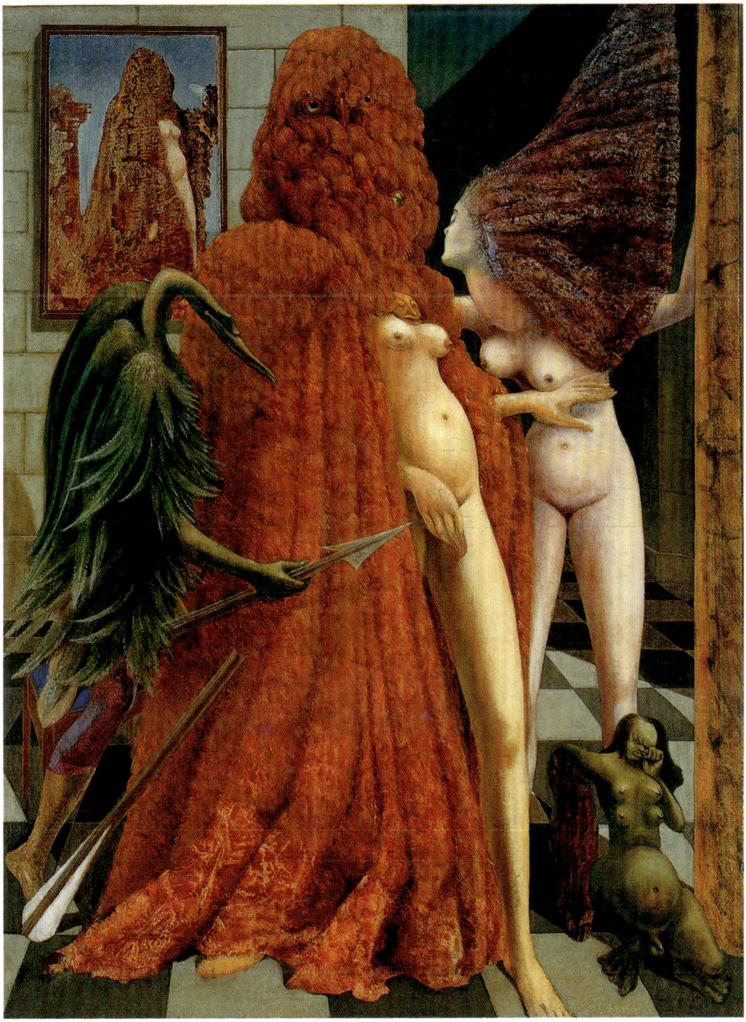

ANDERE WERKEN in het Solomon R. Guggenheim Museum, New York

De rode toren, 1913, **GIORGIO DE CHIRICO**

Omgevallen blauwe schoen met twee hielen onder een zwarte boog, ca. 1925, **JEAN ARP**

Geboorte van de vloeibare begeerten, 1931–1932, **SALVADOR DALÍ**

De stem van de ruimte, 1931, **RENÉ MAGRITTE**

dadaïsme, primitivisme, futurisme

expressionisme, abstract-expressionisme, renaissance, barok, rococo, academisme, neoclassicisme, neo-expressionisme

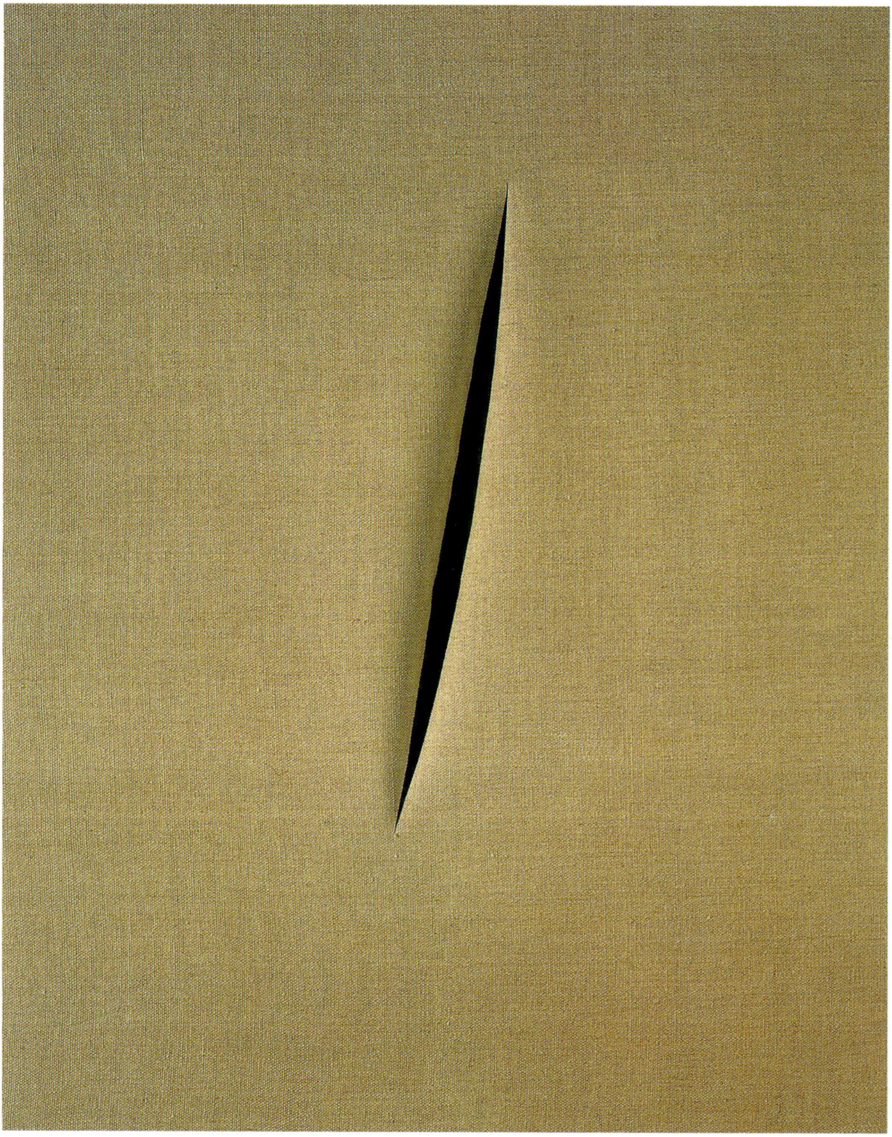

Spatialisme

Het spatialisme was een Italiaanse beweging geleid door de kunstenaar Lucio Fontana in de jaren direct na de Tweede Wereldoorlog. Fontana wilde kunst gebruiken om nieuwe fysieke omgevingen te maken en distantieerde zich van het traditionele vertrouwen van kunstenaars in de schilderkunst en de illusie van ruimtelijke diepte. Het spatialisme had veel invloed op latere kunststromingen, waaronder *performance-art* en *environmental-art*.

ROBERTO CRIPPA (1921–1972);
GIANNI DOVA (1925–1991);
LUCIO FONTANA (1899–1968)

kunst als omgeving, sneeën, proces, ruigheid

Fontana bepleitte een nieuwe kunst voor het tijdperk na de Tweede Wereldoorlog. Hij wilde nieuwe technologie, zoals neonverlichting en televisie, gebruiken in kunstwerken die waarneming, geluid, beweging en tijd omvatten. Praktisch gezien resulteerde dat in kunstwerken die de hele tentoonstellingsruimte omvatten, met muren geschilderd in effen kleuren en gevuld met geluid en kleurenprojecties. Dit is de voorloper van de environmental-art.

Fontano maakte ook sneeën in zijn doeken. Ook dat had veel invloed, omdat het meer belang gaf aan het proces van het maken van kunst dan aan het uiteindelijke kunstobject. (Het gebeurde ook in een vergelijkbare ontwikkeling van het abstract-expressionisme, waarin de energieke creatie van het werk belangrijker werd.) De 'besneden' doeken waren radicale statements van een nieuwe koers vanuit de artistieke traditie, maar werden, ironisch genoeg, vaak bewonderd om hun schoonheid als kunstobject.

BELANGRIJKSTE WERKEN in Tate Modern, Londen

← *Ruimtelijk concept 'Wachten'*, 1960, LUCIO FONTANA
Door het doek met een mes te bewerken en het verder niet te beschilderen, bekritiseerde Fontana de conventionele gevoeligheid van de westerse traditie. Hij legde ook bloot wat hij later bekritiseerde als de onechte of bedrieglijke aard van de westerse kunst, die het beschilderde canvas gebruikt als een venster waardoor we naar een andere wereld kijken. De snee ondermijnt dit door een letterlijke ruimte in het doek zelf te creëren. Zijn daad probeert onze aandacht te vestigen op de materiële werkelijkheid die aan de basis ligt van onze ideeën.

↓ *Natuur*, 1959–1960, LUCIO FONTANA
Fontana maakte een snee in een klomp klei en goot de klei vervolgens in brons. Hij liet het stuk klei met opzet zo ongevormd mogelijk om de aandacht te richten op de van alles doortrokken dichtheid – het echte materiaal – van de natuur. Fontana geloofde dat zijn kunstwerken de natuur effectiever onthulden dan de kunst die de vele uiterlijkheden van de natuur imiteerde.

ANDERE WERKEN in Tate Modern, Londen

Aurora Borealis, 1952, ROBERTO CRIPPA

Explosie, 1953, GIANNI DOVA

Ruimtelijk concept, 49–50 B4, 1949–1950, LUCIO FONTANA

primitivisme, expressionisme, dadaïsme, conceptualisme

kubisme, neoclassicisme, suprematisme, futurisme, renaissance, barok, rococo, academisme, neoclassicisme

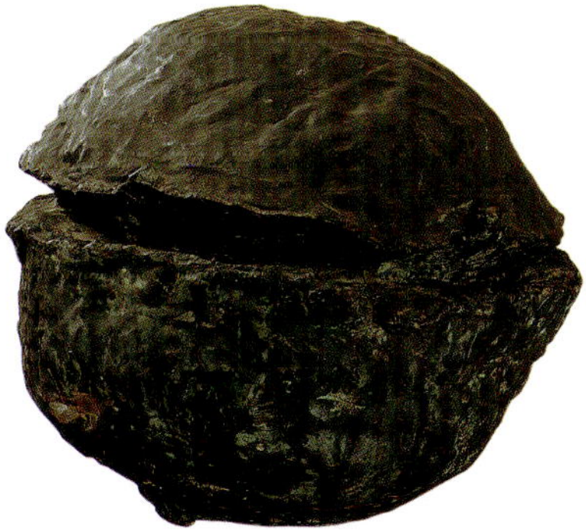

Abstract-expressionisme

Deze beweging ontwikkelde zich in New York tijdens de decennia meteen na de Tweede Wereldoorlog. Het wordt ook wel de New York School, of minder accuraat, 'Action Painting' genoemd en wordt gekenmerkt door de poging om universele emoties af te beelden. Het was de eerste volledig Amerikaanse beweging die internationale erkenning kreeg.

HELEN FRANKENTHALER (geb. 1928); **ARSHILE GORKY** (1904–1948); **ADOLPH GOTTLIEB** (1903–1974); **PHILIP GUSTON** (1913–1980); **ELLSWORTH KELLY** (geb. 1923); **WILLEM DE KOONING** (1904–1997); **LEE KRASNER** (1908–1984); **ROBERT MOTHERWELL** (1915–1991); **BARNETT NEWMAN** (1905–1970); **JACKSON POLLOCK** (1912–1956); **MARK ROTHKO** (1903–1970); **FRANK STELLA** (geb. 1936); **CLYFFORD STILL** (1904–1980)

universele orde, lichaamsgebaar, dans, lichaamsenergie, onbewuste symbolen, contemplatie, beeldend, stilte

De abstract-expressionisten concentreerden zich op het fysieke proces van het schilderen, waarvan de nauwere term 'action-painting' werd afgeleid. Vaak werd de verf op het doek gesmeten, op een expressieve en zeer ondermijnende manier vergeleken met de traditionele schildermethoden. Breton, Ernst en Masson, alle drie belangrijke surrealisten, verhuisden tijdens de Tweede Wereldoorlog naar New York en hadden invloed op de eerste ontwikkeling van het abstract-expressionisme. De surrealisten bestudeerden het onderbewustzijn echter met het doel de door de maatschappij gekoesterde conventies te verstoren, terwijl de abstract-expressionisten zich op het onderbewuste richtten voor symbolen van universele betekenis die de kunst en de maatschappij na de Tweede Wereldoorlog konden herstellen.

De psycholoog Carl Gustav Jung had veel invloed op hen. Hij beweerde dat archetypische, symboolgenererende emoties en gedragingen in elke psyche en cultuur te vinden zijn. De abstract-expressionisten geloofden dat ze deze universele symbolen in hun schilderijen uitdrukten. Colour field-painting lijkt precies het tegenovergestelde van action-painting. De ritmische kracht van deze variant is verdwenen en in plaats daarvan verzadigen heldere en broeiende kleuren het doek met een contemplatieve kalmte.

In de jaren zestig van de twintigste eeuw was de kunstenaar Philip Guston een van de kunstenaars die het abstract-expressionisme bekritiseerde omdat het te steriel was geworden, een decoratieve orthodoxe praktijk die de creativiteit de kop indrukte.

BELANGRIJKSTE WERKEN in het Solomon R. Guggenheim Museum, New York

→ ***Zonder titel (violet, zwart, oranje, geel op wit en rood)*, 1949, MARK ROTHKO**

Rothko's *Zonder titel* wordt gekenmerkt door heldere kleuren. Voor wie er rechtstreeks naar kijkt, heeft het een beeldende kwaliteit die typerend is voor veel abstract-expressionistische of colour field-schilderijen. De suggestie van een donkere horizon in het midden van het schilderij roept een universeel gevoel op van afstand en nabijheid, vertrek en aankomst, insluiting en vrijheid. *Zonder titel* is bedoeld om ons te bevrijden van het juk van onze individualiteit, onze stand, nationaliteit en sekse, en om ons gevoel van gemeenschappelijke menselijkheid te herstellen.

ANDERE WERKEN in het Solomon R. Guggenheim Museum, New York

Schilderij nr. 7, 1952, **FRANZ KLINE**

Compositie, 1955, **WILLEM DE KOONING**

Personage (zelfportret), 1943, **ROBERT MOTHERWELL**

Besnijdenis, 1946, **JACKSON POLLOCK**

Offer, 1946, **MARK ROTHKO**

1948, 1948, **CLYFFORD STILL**

fauvisme, primitivisme, expressionisme, neo-expressionisme kubisme, neoplasticisme,

suprematisme, futurisme, renaissance, barok, rococo, academisme, neoclassicisme, conceptualisme, neoconceptualisme

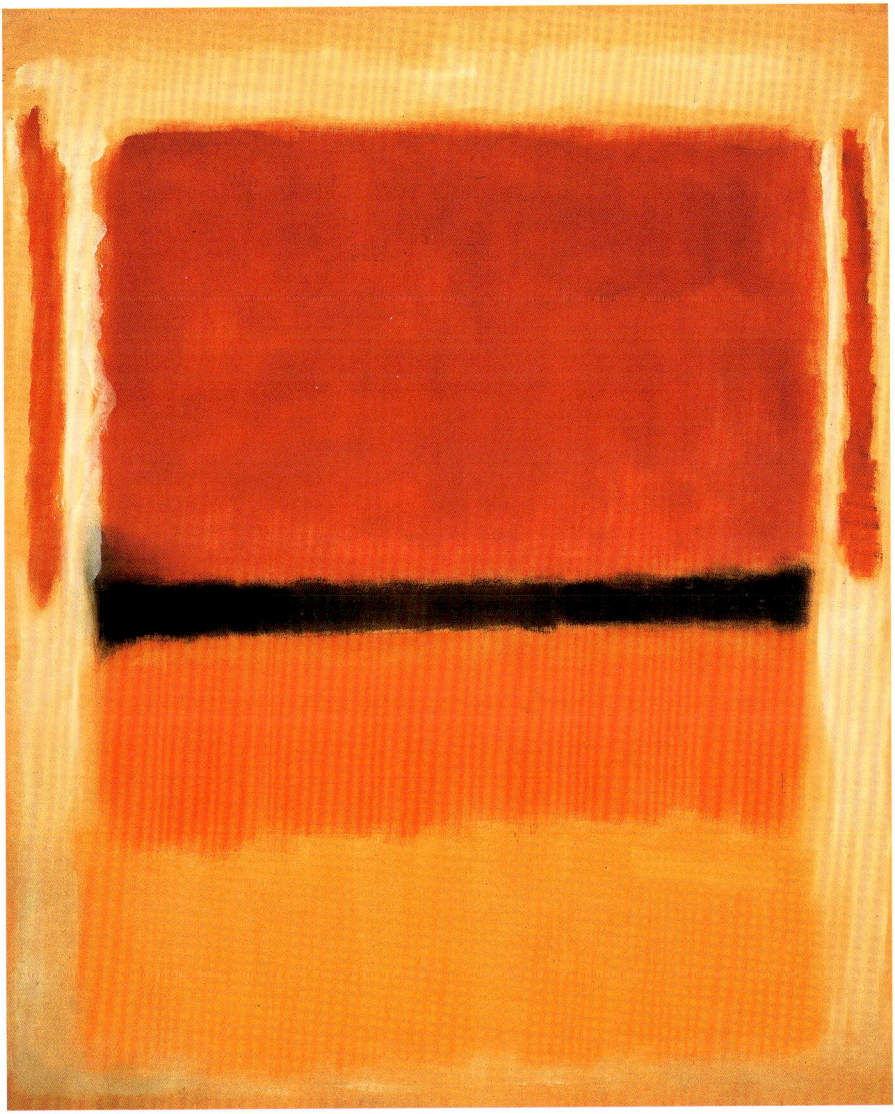

Abstract-expressionisme

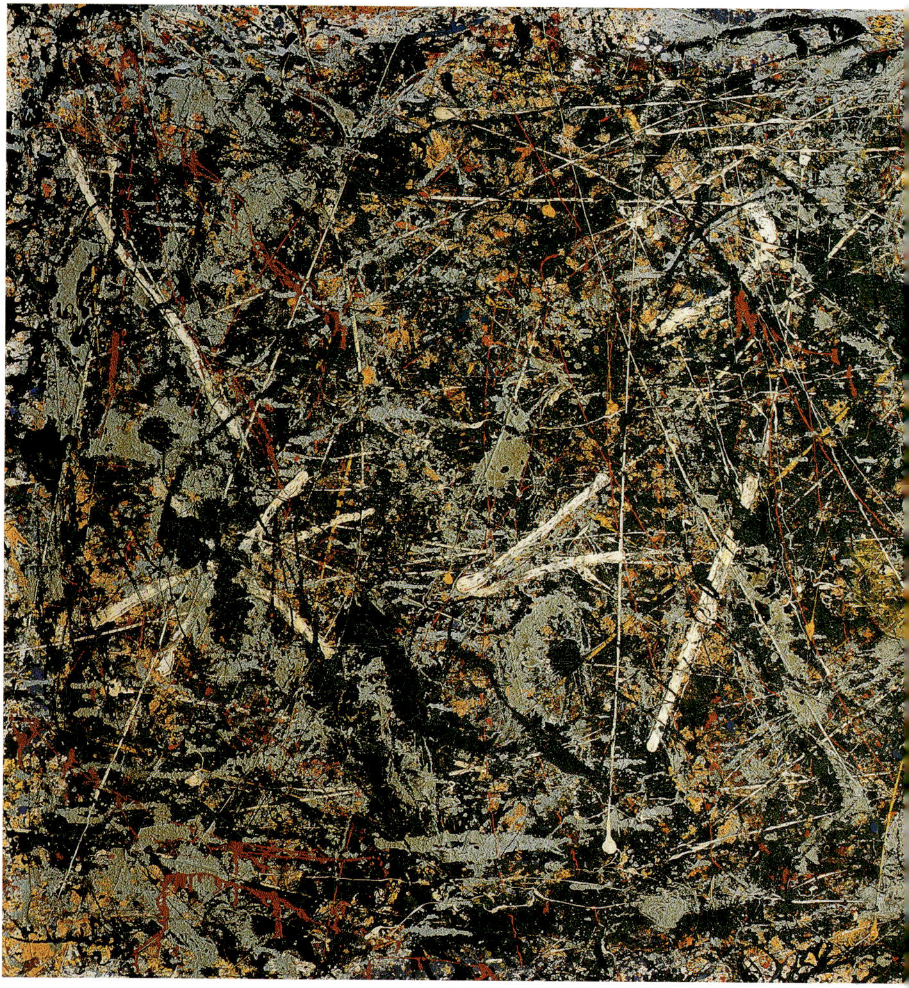

↑ *Alchemie*, 1947, JACKSON POLLOCK
Pollock druppelde rechtstreeks industriële verf over zijn doek, met behulp van een stok. Deze revolutionaire daad maakte het traditionele penseel en de schildersezel overbodig en betrok zijn hele lichaam bij de handeling van het schilderen. Het werk heeft een lichamelijkheid en energie die kenmerkend zijn voor veel abstract-expressionistisch werk, vooral van action-painting. 'Alchemie' verwijst naar de oeroude zoektocht naar een middel om materie in goud te veranderen, wat Jung zag als een symbool van psychologische transformatie.

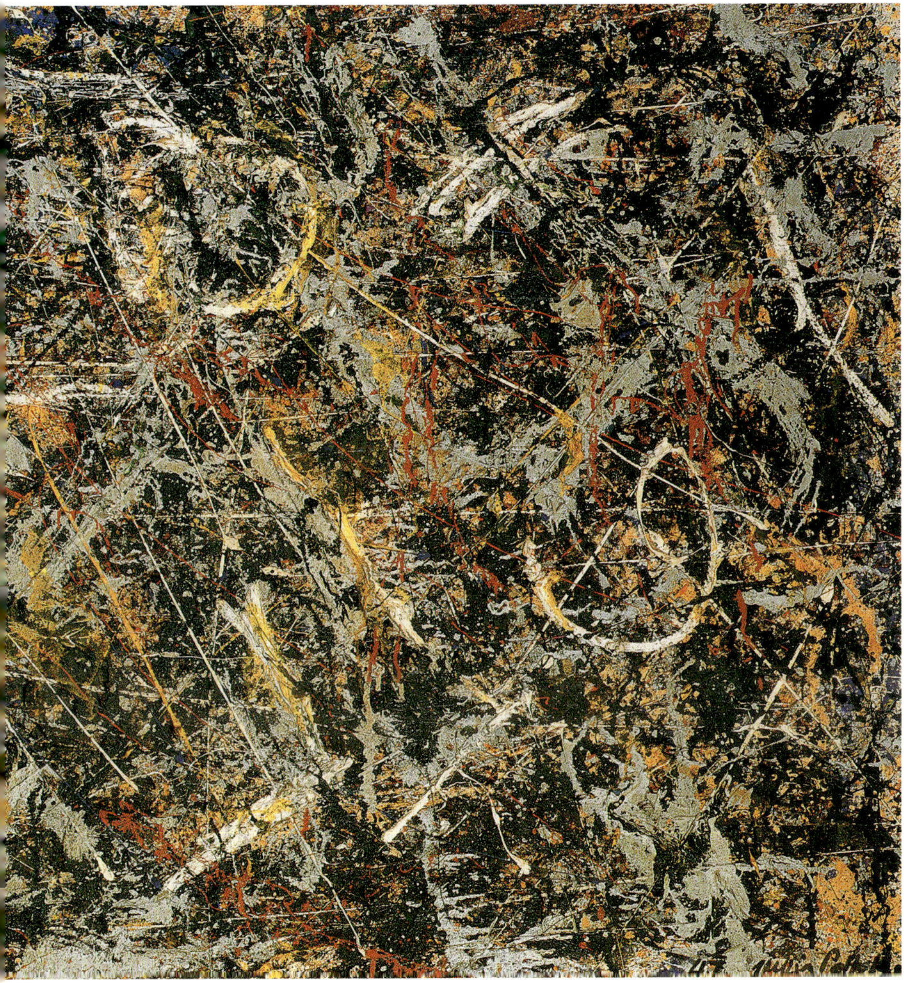

Sociaal-realisme

Het sociaal-realisme is eerder een stroming dan een beweging en is de term die wordt gebruikt om kunst te beschrijven die realistisch van stijl is en gewoonlijk duidelijk verwijst naar heersende sociale omstandigheden. De stroming heeft het meest bereikt in de film en de fotografie. Het is vaak links georiënteerd, maar mag niet worden verward met het socialistisch realisme, de kunst van de voormalige Sovjet-Unie.

JOHN BRATBY (1928–1992); **GILBERT EN GEORGE** (geb. 1943, geb. 1942); **NAN GOLDIN** (geb. 1953); **DEREK GREAVES** (geb. 1927); **WILLIAM MAW EGLEY** (1826–1916); **EDWARD MIDDLEDITCH** (1923–1987); **JACK SMITH** (geb. 1928)

sociale kritiek, sociale rechtvaardigheid, politieke strijd, lelijkheid, pijnlijke waarheden

Het sociaal-realisme ontwikkelde zich samen met een groeiend bewustzijn van de armoede die in sommige stedelijke en landelijke gemeenschappen ervaren werd. Het ontstond in de negentiende eeuw, hoewel het varieerde van land tot land, en gaf een sentimentele voorstelling van de benarde toestand van de armen, of koos ervoor om zich meer te richten op een politieke strijd. Het werk van de negentiende-eeuwse realist Gustave Courbet is een belangrijke inspiratiebron van het sociaal-realisme. Zijn voorstellingen van werkende mensen werden gevormd door zijn politieke denkbeelden. Over het algemeen gebruikt het sociaal-realisme het realisme voor politieke doeleinden en plaatst het vragen over sociale rechtvaardigheid vaak boven vragen over artistieke waarden en methoden.

Een van de specifieke sociaal-realistische stromingen is de *kitchen sink-school* in Groot-Brittannië. Kitchen sink-kunstenaars schilderden kleurloze, rommelige werken, waarop werd getoond wat zij dachten dat de noden van het Britse leven waren tijdens de grimmige periode na de Tweede Wereldoorlog. Kitchen sink-kunst was politiek en confronteerde de kijker met beelden van het 'echte leven', en eiste verandering en verbetering.

Het sociaal-realisme heeft geen vastomlijnde theorie over de rol van de staat. Het is vaak tegen het gebruik van staatsmacht, maar vraagt even vaak om meer staatsbemoeienis om sociale problemen op te lossen.

BELANGRIJKSTE WERKEN in Tate Modern, Londen

↓ ***Nan, één maand nadat ze in elkaar geslagen is*, 1984, NAN GOLDIN**

Dit werk documenteert Nan Goldins ervaring van huiselijk geweld. Goldin draagt felle lippenstift en sieraden, en heeft haar lelijke blauwe plekken niet geprobeerd te camoufleren. Het werk onderzoekt de druk waaronder vrouwen staan om er mooi uit te zien om een partner aan te trekken, die ze soms met kneuzingen en littekens achterlaat.

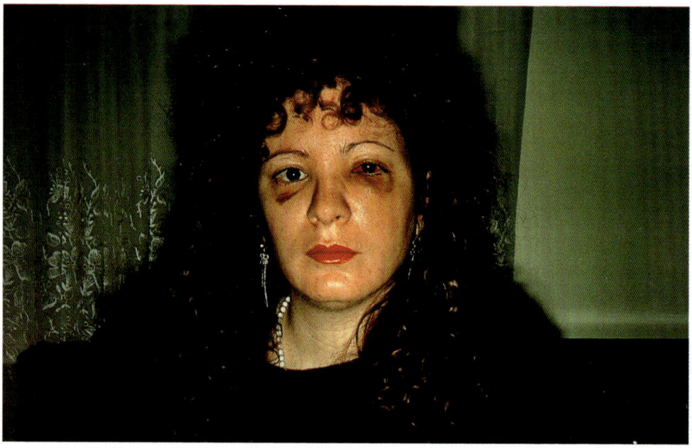

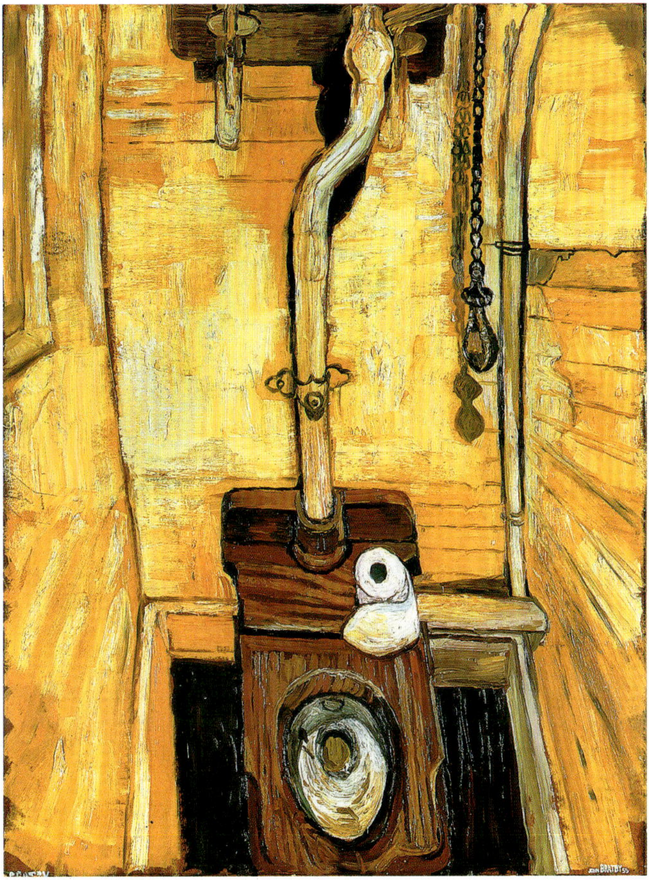

Het toilet, 1955, JOHN BRATBY

Bratby werd een *kitchen sink*-kunstenaar genoemd vanwege zijn interesse in huiselijke omgevingen. Het sociaalrealisme wordt gekenmerkt door de weigering om onderwerpen te idealiseren of mooier af te schilderen, en door de overtuiging het echte te zoeken in het alledaagse, het vuile en het deprimerende. Hier toont Bratby een typische scène uit het Britse leven in de jaren vijftig van de twintigste eeuw. Hij gunt de kijker een blik op een buitentoilet van een arbeider vanuit het perspectief van iemand die op het punt staat het te gebruiken of schoon te maken. De meeste kunstkopers in de jaren vijftig gebruikten binnentoiletten. Dit werk heeft ze er misschien aan herinnerd dat we, op het lichamelijke niveau, zoniet op het sociale, allemaal gelijk zijn.

ANDERE WERKEN in Tate Modern, Londen

Stilleven met patatbakker, 1954, JOHN BRATBY

Omnibusleven in Londen, 1859, WILLIAM MAW EGLEY

Gesloopt, 1996, RACHEL WHITEREAD

constructivisme, realisme, materialisme, neoconceptualisme

primitivisme, expressionisme, kubisme, suprematisme, neoplasticisme, dadaïsme, surrealisme, futurisme, abstract-expressionisme, renaissance, barok, rococo, academisme, neoclassicisme, conceptualisme, neo-expressionisme

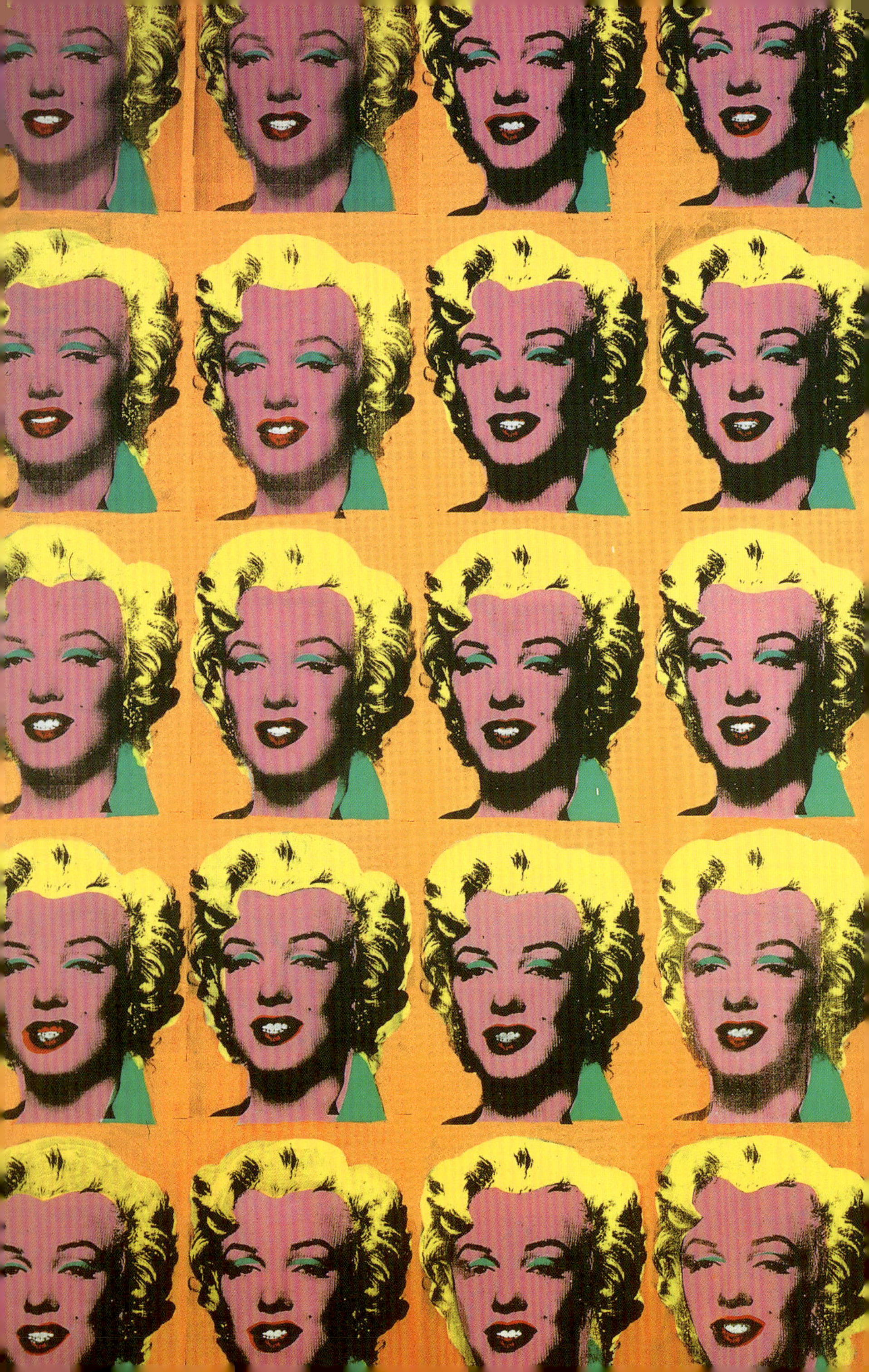

POSTMODERNISME

Postmodernisme

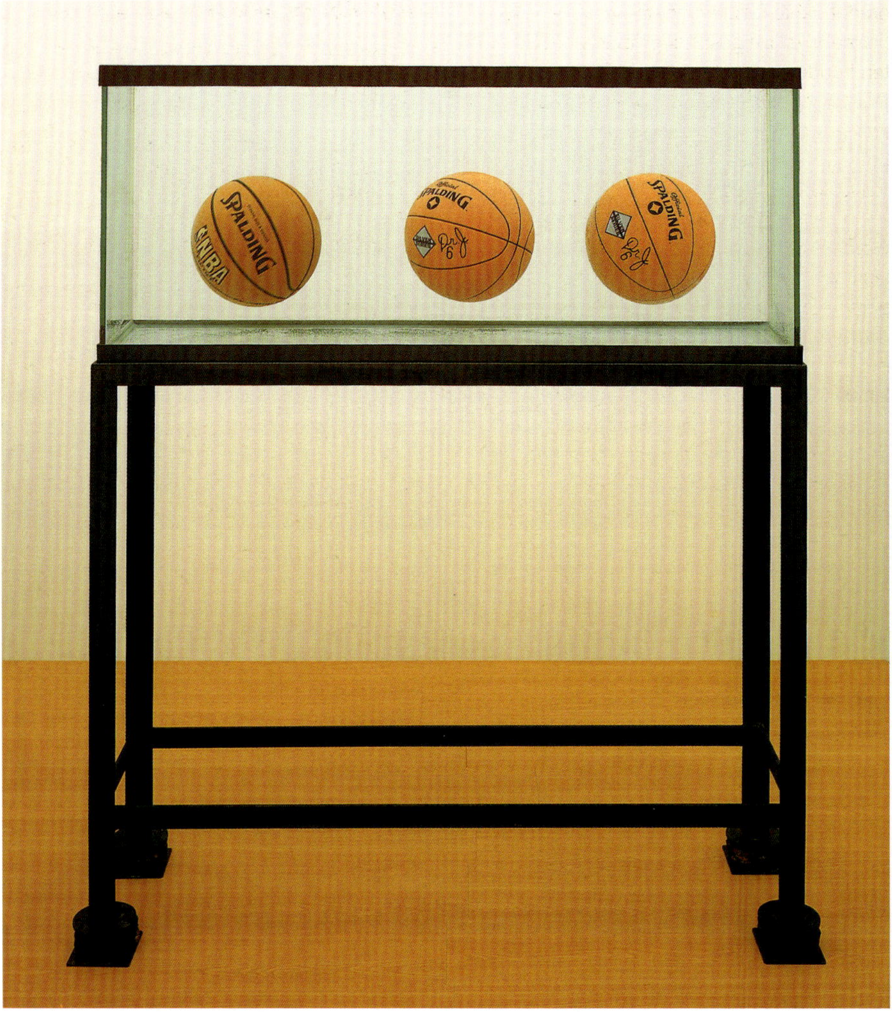

Het postmodernisme ontwikkelde zich uit de kritiek van het architectonische modernisme rond 1970. Rond 1980 werd beeldende kunst die de maatschappij bekritiseerde ook wel 'postmodern' genoemd. Het postmodernisme is in feite een laat modernisme waarvan veel kritiek kan worden teruggevoerd op het modernisme zelf.

eclecticisme, anticommercieel, kritiek op instituten, deconstructie, relativisme, massamedia

Architecten namen het voortouw in de ontwikkeling van het postmodernisme. Ze bekritiseerden de Internationale Stijl van de modernistische architectuur, omdat die te formeel, te streng en te functioneel was. De postmodernistische architecten hadden het gevoel dat de Internationale Stijl een onderdrukkende, orthodoxe stijl was geworden. Die stijl werd door het bedrijfsleven overgenomen en geëxploiteerd ten koste van zijn sociale visie.

In de postmodernistische architectuur worden meer eclectische materialen en stijlen gebruikt, op een speelsere manier. Een parodie op eerdere stijlen is een belangrijk postmodern kenmerk. Een ander kenmerk is de weigering om theorieën te ontwikkelen over architectuur en vooruitgang.

In de beeldende kunst wordt het postmodernisme vooral gekoppeld aan het neoconceptualisme. De ethische toetssteen van het postmodernisme is het relativisme: de overtuiging dat de ene maatschappij of cultuur niet belangrijker is dan de andere. Hoewel weinig postmoderne kunstenaars pure relativisten zijn, gebruiken ze hun kunst vaak om de manier te bestuderen waarop de maatschappij een traditionele hiërarchie van culturele waarden en betekenissen construeert en oplegt. Het postmodernisme onderzoekt ook macht en de manier waarop economische en sociale krachten die macht aanwenden om de identiteit van individuen en complete culturen te vormen.

De postmodernisten hechten weinig of geen geloof aan het onderbewuste als bron van creatieve en persoonlijke authenticiteit. Zij waarderen kunst niet omdat die universeel en tijdloos is, maar omdat kunst onvolmaakt, niet-intellectueel, toegankelijk, beschikbaar, lokaal en tijdelijk is.

Hoewel het postmodernisme vraagtekens zet bij de aard en de omvang van onze vrijheid en bij onze berusting in autoriteiten, is het postmodernisme vaak bekritiseerd om zijn pessimisme: het levert veel kritiek, maar slaagt er vaak niet in om een positief beeld of nieuwe definitie te bieden van wat het aanvalt.

BELANGRIJKSTE WERKEN in Tate Modern, Londen

← *Reservoir met drie ballen in totaal evenwicht (Twee Spalding NBA Tip-Off, Dr. Silver-serie)*, 1985, JEFF KOONS
Koons neemt massaal geproduceerde voorwerpen uit het alledaagse leven en stelt ze tentoon in kunstgaleries. Dat tart onze verwachting dat kunst authentiek en uniek is. Koons werk provoceert ons expres om ons te laten nadenken over hoe kunstinstituten voorwerpen een culturele en economische waarde opleggen, en valt onze acceptatie van hun definities van 'kunst' aan. Deze consumentenartikelen worden als kunst geëxposeerd om ons te laten nadenken over hoe onze persoonlijke dromen over succes (als basketbalspeler bijvoorbeeld) worden gevormd door de cultuur en economie waarin we leven.

↓ *Marilyn-diptiek*, 1962, ANDY WARHOL
De pop-art, met zijn interesse in massamedia, marketing en reclame, kan worden beschouwd als een vroege vorm van het postmodernisme. Warhols werk onderzoekt de cultus van de beroemdheid en de manier waarop een individu kan worden geconsumeerd door, of verloren kan gaan achter, zijn eigen beeld. Het verlies van een origineel en de vervangende kopieën vormen een belangrijke preoccupatie van de postmoderne kunst, waarvan de pop-art een voorloper was. Warhol produceerde dit diptiek in de maanden na de zelfmoord van Monroe. Het is een bestudering van de manier waarop individuen, na hun dood, onsterfelijk kunnen worden via eindeloos herhaalde beelden in tijdschriften en reclames.

ANDERE WERKEN in Tate Modern, Londen

Zonder titel (We worden niet meer gezien en gehoord), 1985, BARBARA KRUGER

Vest met aqualung, 1985, JEFF KOONS

Brillo, 1964, ANDY WARHOL

U rijdt een Volvo, 1996, JULIAN OPIE

Interieur met waterlelies, 1991, ROY LICHTENSTEIN

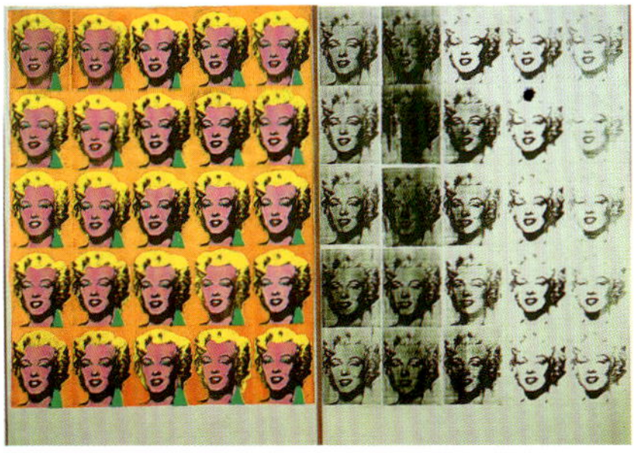

Conceptualisme

KGB

Het conceptualisme kwam op in de jaren zestig van de twintigste eeuw en werd voor het eerst als isme gedefinieerd en gepropageerd door Sol LeWitt in 1967. De belangrijkste claim van de conceptualisten was dat kunst een 'concept' is, in plaats van een materieel object.

JOHN BALDESSARI (geb. 1931); **JOSEPH BEUYS** (1921–1986); **JAN DIBBETS** (geb. 1941); **MARCEL DUCHAMP** (1887–1968); **JENNY HOLZER** (geb. 1950); **JOSEPH KOSUTH** (geb. 1945); **BARBARA KRUGER** (geb. 1945); **JEAN TINGUELY** (1925–1991); **LAWRENCE WEINER** (geb. 1940); **SOL LEWITT** (geb. 1928)

idee, concept, bedoeling, kritiek, taal

Het conceptualisme wordt gevormd door vier basisprincipes. Het eerste is dat het kunstwerk eerder een idee, of concept, is dan een materieel object. Om het idee dat een kunstwerk vormt te kunnen begrijpen, moet het werk zelf worden begrepen; het is dus mogelijk om een kunstwerk te begrijpen zonder het ooit gezien te hebben.

De conceptualisten vervagen met opzet het verschil tussen taal en kunst wanneer ze het kunstwerk als een idee of concept definiëren. Of er in een conceptualistisch kunstwerk nu hout of doek wordt gebruikt: het echte werk is het idee en de taal die gebruikt is om het te construeren, manipuleren en bestuderen. De bedoeling van de kunstenaar en de reactie van de toeschouwer zijn een integraal onderdeel van het kunstwerk zelf. Dat heeft een radicale invloed gehad op de materialen die gebruikt worden.

Het conceptualisme bekritiseert ook de vercommercialisering van de kunst. In een

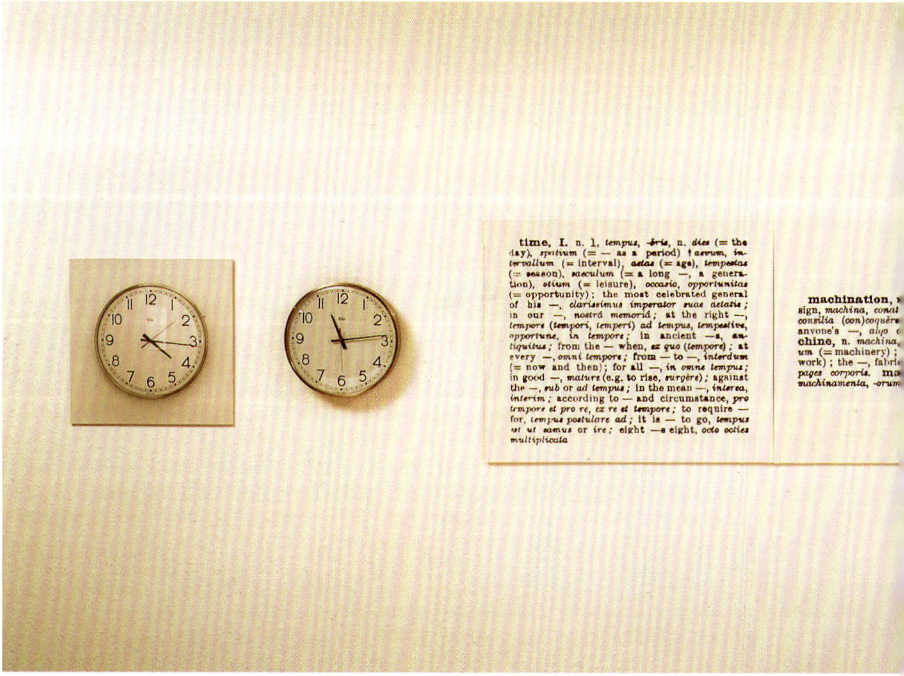

kapitalistische economie wordt commerciële waarde toegekend aan verhandelbare objecten. Het ontwerpen van een object als 'kunst' kan een goed middel zijn om de materiële waarde ervan te vergroten, zodat het voor enorme bedragen kan worden gekocht, verkocht en verzekerd. Wanneer de conceptualisten beweren dat het idee het kunstwerk is, en niet het materiële object, hopen ze deze handel te verstoren.

Door het concept boven het kunstwerk te stellen, proberen de conceptualisten ten slotte het proces te verstoren waarin eigendom vertaald wordt in sociale status en culturele autoriteit. Individuen kunnen belangrijke verzamelaars worden door hun rijkdom, niet door hun kennis over kunst. Instituten als musea en galeries kunnen onze ervaring van kunst echter vormen en beïnvloeden via hun macht van het selecteren en weglaten.

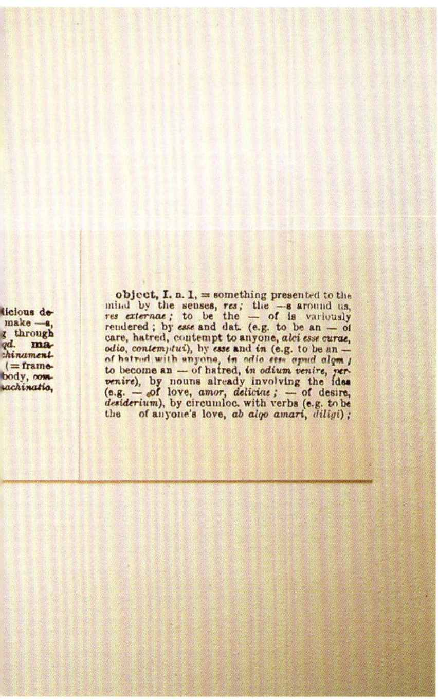

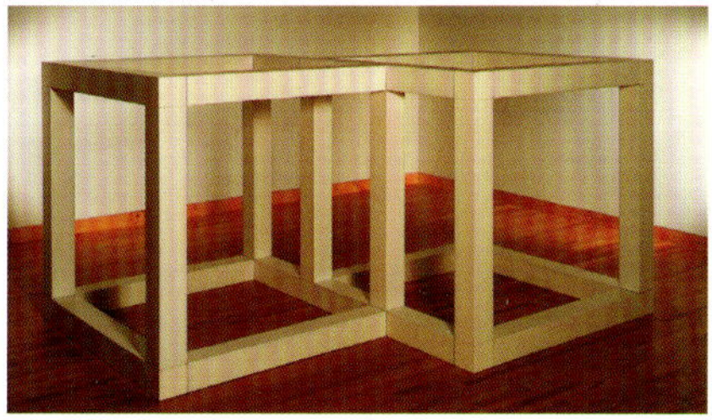

BELANGRIJKSTE WERKEN in Tate Modern, Londen

↑ *Twee open modulaire kubussen/Halfvrij, 1972,* SOL LEWITT
LeWitt heeft aluminium balken bedekt met email, samengevoegd tot een eenvoudige kubusvorm. De bedoeling van de kunstenaar is dat het werk wordt 'gecreëerd' via de waarneming van de toeschouwer. De 'creatie' verandert door de manier waarop ernaar gekeken wordt.

De mogelijkheid om kunst op verschillende manieren objectief te interpreteren om waarde toe te kennen aan het werk, tart de conventionele overtuiging dat kunstvoorwerpen de persoonlijke ervaringen van de kunstenaar uitdrukken of behandelen.

↙ *Klok (één en vijf), Engels/Latijnse versie (tentoonstellingsversie)*, 1965, 1997, JOSEPH KOSUTH
Dit werk is samengesteld uit vijf elementen: een foto van een klok, een klok en definities uit een woordenboek Engels/Latijn van de woorden 'time', 'machination' en 'object'. Door een echte klok naast een foto van een klok te plaatsen, zet Kosuth vraagtekens bij waarom we de foto en niet het voorwerp zelf als kunst beschouwen. Deze nevenschikking valt ook het idee aan dat kunst mooi en/of functieloos moet zijn.

ANDERE WERKEN in Tate Modern, Londen

Fontein, 1917, replica 1964, MARCEL DUCHAMP

De bruid helemaal uitgekleed op haar vrijgezellenavond (De groene doos), 1934, MARCEL DUCHAMP

Een muur verticaal verdeeld in vijftien gelijke stukken, elk met een andere lijnrichting en kleur, en allemaal combinaties, 1970, SOL LEWITT

Elf kleurenfoto's, 1966–1967, 1970, BRUCE NAUMAN

neoconceptualisme, minimalisme, perspectivisme, idealisme, dadaïsme, kubisme

neo-expressionisme, barok, rococo, academisme, neoclassicisme

Neoconceptualisme

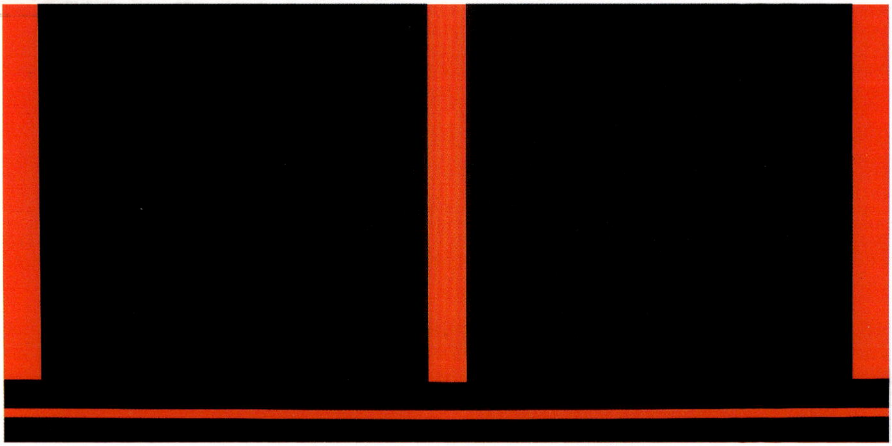

Het neo-conceptualisme omvat een aantal verschillende kunststromingen en -kritieken die ontstonden rond 1970. Het bekritiseert artistieke en culturele normen (zoals originaliteit en sekse) en bestudeert de relatie tussen kapitalisme en kunst, en tussen massamedia en individuele identiteit. Het neoconceptualisme wordt vaak genoemd als het beste voorbeeld van de bredere culturele stroming met de naam postmodernisme.

ROSS BLECKNER (geb. 1949); **PETER HALLEY** (geb. 1953); **JENNY HOLZER** (geb. 1950); **JEFF KOONS** (geb. 1955); **BARBARA KRUGER** (geb. 1945); **LOUISE LAWLER** (geb. 1947); **SHERRIE LEVINE** (geb. 1947); **RICHARD PRINCE** (geb. 1949); **CINDY SHERMAN** (geb. 1954); **HAIM STEINBACH** (geb. 1944); **PHILIP TAAFFE** (geb. 1955)

deconstructie, kritiek op macht, etniciteit, seksuele identiteit, ontwrichtend

In de neoconceptualistische kunst worden veel culturele waarden aangevallen waarin het belang of de betekenis van kunst wordt geuit. De neoconceptualisten hebben vooral de manier onderzocht waarop het idee van autoriteit, originaliteit en creatie is gebruikt om te bepalen wat kunst is en wat niet, en wie wel en wie geen kunstenaar is. Het neoconceptualisme omvat werk dat beïnvloed is door feministische theorieën, homoseksuele theorieën en etnische-rechtenorganisaties, die allemaal kritiek hebben op het gebruik van culturele waarden om bepaalde groepen uit te sluiten van het maken en beoordelen van kunst. De duidelijkste voorbeelden zijn het wijdverbreide gebruik van het vrouwelijk lichaam in de kunst dat gecreëerd is door en voor mannen, de neiging om openlijke erotiek te vermijden in afbeeldingen van het blanke, mannelijke lichaam en het associëren van etnische minderheden met primitieve motieven als felle kleuren, sensualiteit en bijgeloof.

Duchamp heeft een belangrijke invloed gehad op de neoconceptualisten, van wie er veel zijn idee van het 'ready-made' hebben onderzocht. Het poststructuralisme heeft de neoconceptualisten voorzien van een intellectueel wapen om de culturele veronderstellingen van kunstestablishments te kunnen aanvallen. Het meest wijdverbreide poststructuralistische concept dat overgenomen is door de neoconceptualisten is 'deconstructie'. Dat is een proces van 'uit elkaar halen', waarbij de eigenlijke ideeën die gebruikt zijn in dat proces worden losgemaakt. Slachtoffer en dader ruilen eindeloos van plaats, en de betekenissen van die termen worden radicaal en steeds minder stabiel. De implicaties voor wat we kunnen weten over de wereld en op welke basis ooit autoriteit kan worden geclaimd, zijn zeer ontwrichtend en verstorend. De beste neoconceptualistische werken worden ingegeven door dit bewustzijn dat deconstructie leidt tot een eindeloze stroom van begrip en niet tot een definitie van zekerheid.

BELANGRIJKSTE WERKEN in het Solomon R. Guggenheim Museum, New York

← *Twee cellen met waterleiding*, 1987, PETER HALLEY
Halleys werk lijkt minimalistisch, maar is eigenlijk een kritiek op het minimalisme en op andere vormen van abstracte kunst die gebaseerd zijn op geometrie en die beweren 'neutraal', 'puur' en losgekoppeld van elke sociale context te zijn. Halley constateert een gelijkenis tussen de geometrie van abstracte kunst en het stratenpatroon van de op rasters gebaseerde steden en hoge flats die kenmerkend zijn voor de moderne wereld.

→ *Filmfoto zonder titel, #15*, 1978, CINDY SHERMAN
Shermans serie filmfoto's zonder titel toont de kunstenaar vermomd als een reeks vrouwelijke personages uit B-films uit de jaren vijftig en zestig van de twintigste eeuw. De foto's onderzoeken de stereotiepe vrouwen die door de filmindustrie worden gepromoot. Sherman ondermijnt de conventionele filmfoto die er 'echt' en 'gewoon' probeert uit te zien. Ze gebruikt vreemde hoeken en rekwisieten om de aandacht te vestigen op het feit dat foto's, net als alle kunst en stereotypen, bewust geconstrueerd zijn.

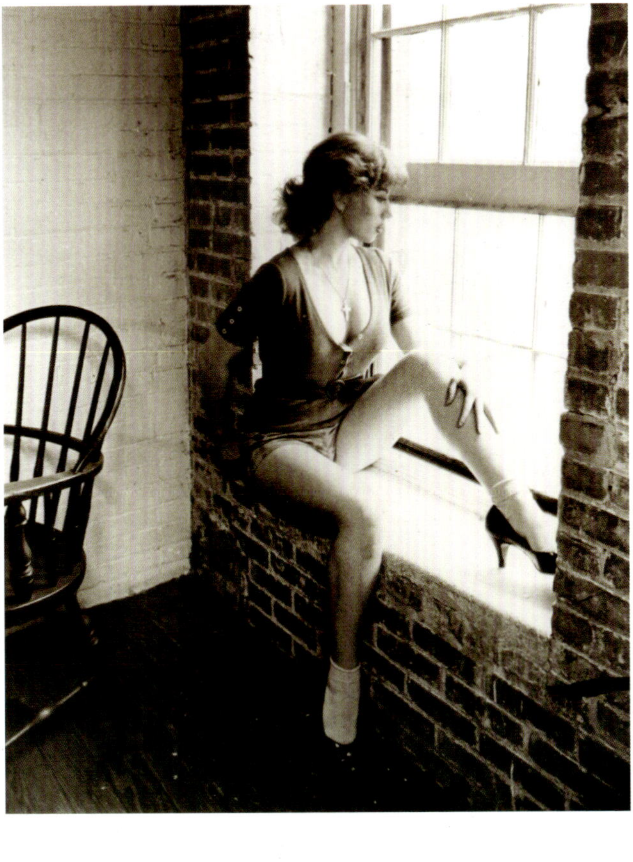

ANDERE WERKEN in het Solomon R. Guggenheim Museum, New York

Bonzende harten, 1994, ROSS BLECKNER

Zonder titel (publieke opinie), 1991 FELIX GONZALEZ-TORRES

Zonder titel, 1989, JENNY HOLZER

Zonder titel, #112, 1982, CINDY SHERMAN

conceptualisme, dadaïsme

renaissance, barok, rococo, academisme, neoclassicisme, modernisme, neo-expressionisme, minimalisme

Neo-expressionisme

Deze beweging kwam op rond 1970 en wordt gewoonlijk geassocieerd met schilderkunst, hoewel sommige beeldhouwwerken ook neo-expressionistisch worden genoemd. Het wordt gekenmerkt door een sterke, emotionele inhoud en een opzettelijke ruwheid in de materialen, wat tot de kritische omschrijving 'bad-painting' heeft geleid.

GEORG BASELITZ (geb.1938); **SANDRO CHIA** (geb.1946); **FRANCESCO CLEMENTE** (geb.1952); **PHILIP GUSTON** (1913–80); **ANSELM KIEFER** (geb.1945); **DAVID SALLE** (geb.1952); **JULIAN SCHNABEL** (geb.1951)

onafgewerkt, anti-abstract, primitief, ruig, figuratief, emotioneel

Het neo-expressionisme is ontstaan uit rebellie tegen de dominante plek van de abstractie in de moderne schilderkunst. Het avant-gardistische protest tegen abstracte kunst begon rond 1960 en bereikte zijn hoogtepunt aan het eind van de jaren zeventig. De belangrijkste figuren waren voorstanders van een figuratieve kunst die de vaak gewelddadige gevoelens van de kunstenaar weerspiegelde. Het doel was om de kunst opnieuw in contact te brengen met de psyche. Net als de abstract-expressionisten, waren de neo-expressionisten beïnvloed door Jung. Anselm Kiefer heeft zijn werk beschreven als een poging om het psychologische 'centrum van waaruit gebeurtenissen worden gecontroleerd' te benaderen, en hij heeft uitgebreid artistiek onderzoek gedaan naar de psychologische krachten die ten grondslag liggen aan de Duitse geschiedenis.

De neo-expressionisten waren beïnvloed door de *art brut* ('ruwe kunst') en waren, net als de expressionisten voor hen, gefascineerd door de rol die 'primitieve' emoties spelen in het vormgeven van de kunst en de maatschappij. Andere stromingen in het neo-expressionisme hebben negatieve reacties uitgelokt. Werk dat niet dezelfde emotionele kracht heeft als dat van Baselitz of Kiefer wordt soms afgedaan als slordig en opportunistisch. Julian Schnabels kunstwerken zijn bekritiseerd omdat ze de slechtste trekjes van het neo-expressionisme zouden belichamen.

BELANGRIJKSTE WERKEN in Tate Modern, Londen

→ ***Parsifal I*, 1973, ANSELM KIEFER**
Parsifal is een belangrijke figuur in de Germaanse mythologie. Hij was het onderwerp van een van de grootste muziekdrama's van Wagner, waarin hij op zoek gaat naar de heilige graal. Kiefers *Parsifal I* toont het huisje van de held en plaatst de heldhaftige associaties van de naam in contrast met een doek dat wordt gedomineerd door vloerplanken. Parsifal vecht zich naar het licht (gerepresenteerd door het raam), maar Kiefers nadruk op de vloer herinnert ons eraan dat Parsifals energie uit de verborgen, onbewuste krachten komt die in de duisternis werken.

→ ***Rebel*, 1965, GEORG BASELITZ**

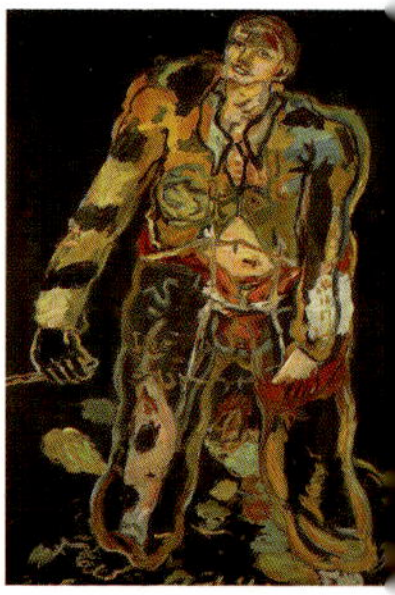

Deze rebel is typisch neo-expressionistisch vanwege zijn vreemde fysiek en de afwezigheid van een verband met een specifieke, historische gebeurtenis. In plaats daarvan belichaamt *Rebel* de mogelijkheid van rebellie als een gemoedstoestand of als onderdeel van de menselijke natuur. Baselitz' rebel heeft geen schoenen of wapens en lijkt gewond te zijn aan zijn been. De kunstenaar impliceert dat hiërarchie, autoriteit en rebellie allemaal onderdeel zijn van een onveranderlijke 'menselijke natuur'.

ANDERE WERKEN in Tate Modern, Londen

Groot hoofd, 1966, **GEORG BASELITZ**

Waterdrager, 1981, **SANDRO CHIA**

Lilith, 1987–1989, **ANSELM KIEFER**

De slapende mensheid, 1982, **JULIAN SCHNABEL**

expressionisme, primitivisme, abstract-expressionisme

conceptualisme, neo-conceptualisme, minimalisme, barok, rococo, academisme, neoclassicisme, constructivisme, neoplasticisme, suprematisme, kubisme

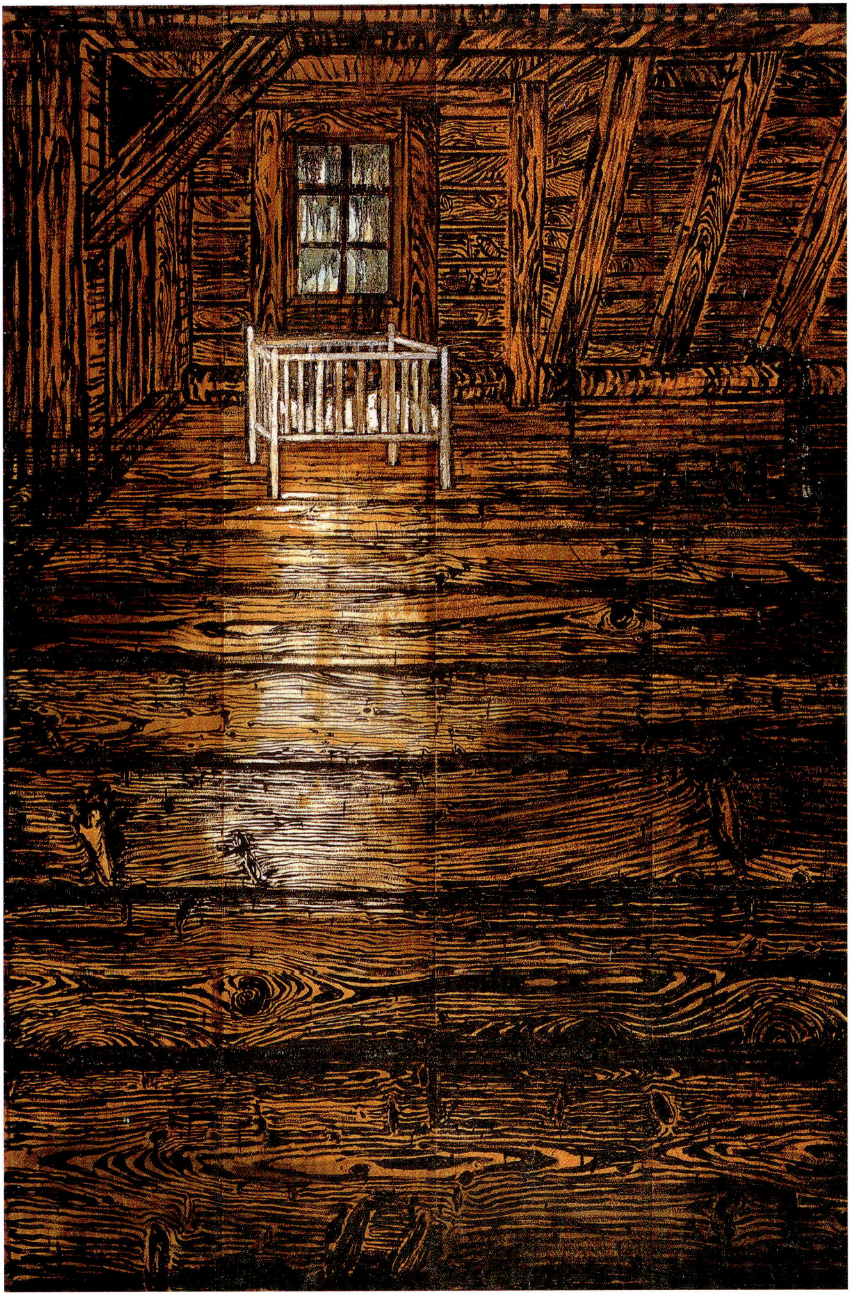

Minimalisme

De term werd algemeen gebruikt rond 1960 om beeldhouwkunst te beschrijven die zeer vereenvoudigd of sober is. Het werd beïnvloed door het abstract-expressionisme, vooral door de colour field-schilderijen van Barnett Newman en Mark Rothko. Minimalistische kunstwerken worden vaak samengesteld uit meerdere, gelijke elementen (bijvoorbeeld bakstenen of stukken buisverlichting) en industriële materialen.

CARL ANDRÉ (geb. 1935); **DAN FLAVIN** (1933–1996); **EVA HESSE** (1936–1970); **DONALD JUDD** (1928–1994); **YVES KLEIN** (1928–1962); **SOL LEWITT**; **ROBERT MORRIS** (geb. 1931); **ROBERT RAUSCHENBERG** (geb. 1925); **AD REINHARDT** (1913–1967); **FRANK STELLA**

eenvoud, soberheid, herhaling, specifiek object, niet-traditionele materialen, steriel, onpersoonlijk

Minimalisten hebben vaak een voorkeur voor het herhaaldelijke gebruik van een element dat een eigen formele eenvoud of compleetheid bezit. Elk onderdeel van de sculptuur is een zelfstandige eenheid of een zelfstandig geheel, en de constructie van het kunstwerk bestaat uit een vermenigvuldiging van deze basiseenheid.

De minimalisten geloven dat de basisvorm van een vierkant, rechthoek of cirkel onvermijdelijk bepaalde emoties bij de kijker oproept. Ze willen een type beeldhouwkunst ontwikkelen waarbij de compleetheid die ze vinden in bepaalde abstract-expressionistische schilderijen wordt toegepast in de drie dimensies van een beeldhouwwerk. Donald Judd verzon de term 'specifiek object': een kunstwerk was noch een schilderij noch een sculptuur, maar was samengesteld uit zelfstandige elementen, die allemaal onafhankelijk van elkaar konden bestaan.

De minimalistische beeldhouwkunst is onderdeel van een algemene tendens richting het conceptualisme in de hedendaagse kunst. Het is bekritiseerd om het verwijderen van de complexiteit en nuances in de beeldhouwkunst, om het ontkennen van de zinnelijkheid van materialen en vanwege de intellectuele steriliteit.

BELANGRIJKSTE WERKEN in Tate Modern, Londen

↓ *Vlak van staal en zink*, 1969, CARL ANDRÉ
Het 'minimalisme' van dit schaakbordpatroon is weergegeven via een simpele herhaling van plaatjes zink en staal. Bezoekers van Tate Modern mogen over het vlak lopen, omdat het zowel een omgeving is als een kunstwerk. Dat ondermijnt de traditionele relatie tussen kijker en sculptuur, en nodigt ons uit om ons af te vragen welke regels onze gebruikelijke interactie met kunst en de ander bepalen, en wat voor soort sociale spelletjes

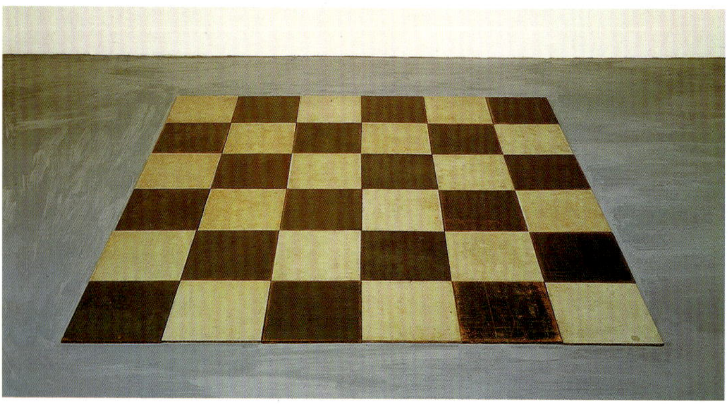

ons een gevoel van beloning en mislukking bezorgen in relatie tot kunst en menselijke relaties.

→ ***Monument voor V. Tatlin*, 1966–1969, DAN FLAVIN**
Flavin bewonderde het werk van de constructivistische kunstenaar Vladimir Tatlin, en dit kleine kunstwerk is een ironische ode aan het werk van Tatlin dat, als het gebouwd zou worden, groter zou zijn geweest dan de Eiffeltoren. Flavins *Monument* is gemaakt van identieke, niet-traditionele materialen (geprefabriceerde neonbuizen) geordend in een strak patroon.

ANDERE WERKEN in Tate Modern, Londen

Venus' smidse, 1980, **CARL ANDRÉ**

Equivalent VIII, 1968, **CARL ANDRÉ**

Addendum, 1967, **EVA HESSE**

Zonder titel, 1972, **DONALD JUDD**

Vijf vormen afgeleid van een kubus, 1982, **SOL LEWITT**

conceptualisme, idealisme, perspectivisme, constructivisme, neoplasticisme, suprematisme, kubisme, abstract-expressionisme

neo-expressionisme, neo-conceptualisme, barok, rococo, academisme, neoclassicisme

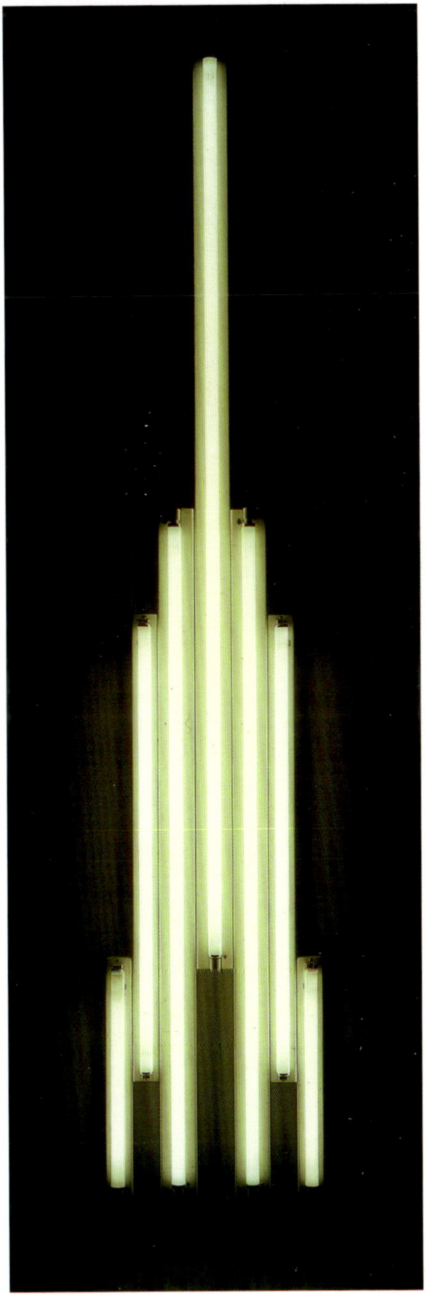

Sensationalisme

Deze term verwijst naar de 'Young British Artists' of YBA's die voor het eerst bekendheid kregen in 1980. Hun werk, dat beïnvloed is door het conceptualisme, wordt gekenmerkt door de ironie, de diverse materialen en het onderzoek naar het eigentijdse leven. De kunstenaars zelf worden erkend als deskundige onderzoekers van massamedia en zijn verbonden met verzamelaar en reclamebons Charles Saatchi.

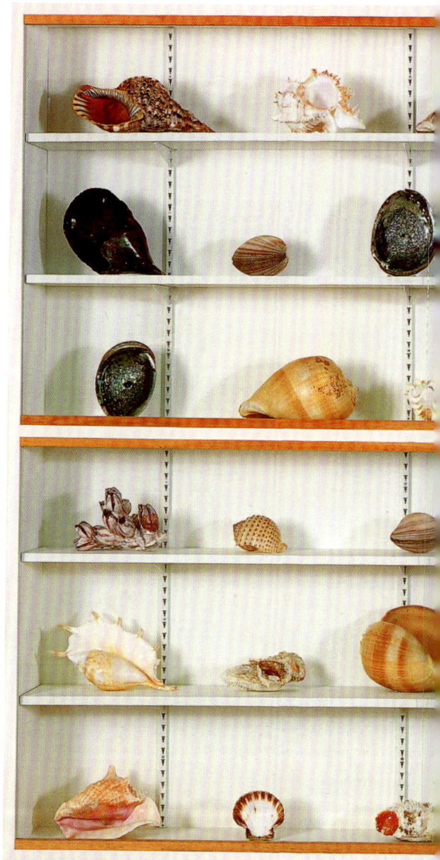

RICHARD BILLINGHAM (geb. 1970); JAKE EN DINOS CHAPMAN (geb. 1966, 1962); MAT COLLISHAW (1966); TRACEY EMIN (geb. 1963); MONA HATOUM (geb. 1952); DAMIEN HIRST (geb. 1965); GARY HUME (geb. 1962); LANGLANDS EN BELL (geb. 1955, 1959); SARAH LUCAS (geb. 1962); RON MUECK (geb. 1958); CHRIS OFILI (geb. 1968); SIMON PATTERSON (geb. 1967); MARC QUINN (geb. 1964); FIONA RAE (geb. 1963); JENNY SAVILLE (geb. 1970); SAM TAYLOR WOOD; GAVIN TURK (geb. 1967); MARK WALLINGER (geb. 1959); GILLIAN WEARING; RACHEL WHITEREAD (geb. 1963); CERITH WYN EVANS (geb. 1958)

eigentijdse ervaring, zwarte humor, diverse media, onoprechtheid, ironie, onbegrijpelijkheid, choquerend, Saatchi

De meeste Young British Artists ontmoetten elkaar aan het einde van de jaren tachtig van de twintigste eeuw op het Goldsmiths College in Londen. Ze maakten naam met 'Freeze', hun eerste groepsexpositie, die de aandacht op Londen vestigde als een levendig centrum van artistieke vernieuwing. Het werk van de YBA's is geprezen om zijn zwarte humor en vastbeslotenheid om het eigentijdse leven net als de traditionele grote thema's in de kunst, zoals sterfelijkheid en menselijke identiteit, te behandelen. Hun werk wordt gekenmerkt door een non-conformistische speelsheid, en alle genres en materialen worden gebruikt; een manier van werken die bewust werd aangemoedigd door het Goldsmiths College dat het traditionele onderscheid tussen departementen losliet om studenten zelf de controle te geven over hun creatieve ontwikkeling. Hoewel de YBA's werden beïnvloed door het conceptualisme, verruilden ze de schilderkunst nooit volledig voor ready-mades: beide hebben een prominente plek in hun werk. En ondanks hun reputatie voor zelfpromotie en mediageniekheid, hebben beelden uit de hedendaagse media en reclame geen belangrijke rol gespeeld in hun werk. Critici vielen hen aan op hun 'onoprechtheid' en 'onbegrijpelijkheid', maar deze aanvallen doen niets af aan het feit dat veel

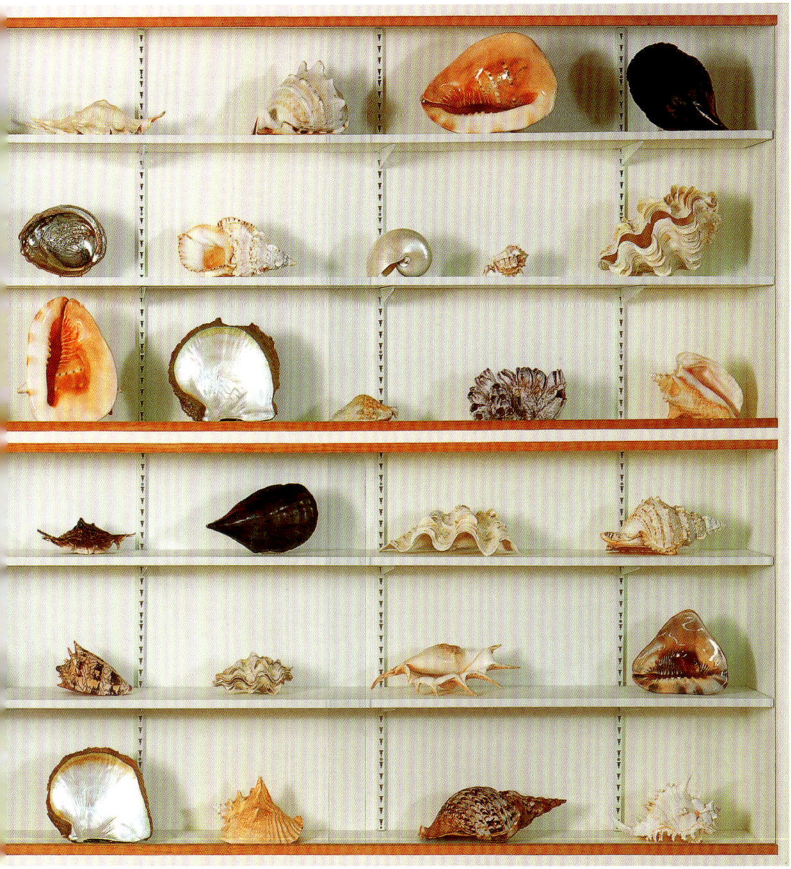

werk van YBA de populaire verbeeldingswereld is binnengetreden, de hype heeft doorstaan en overeind is gebleven.

BELANGRIJKSTE WERKEN in Tate Modern, Londen

↑ *Vormen zonder leven*, 1991, DAMIEN HIRST
In Hirsts werk worden de dood en doodgaan vaak in een ironische context geplaatst. In *Vormen zonder leven* presenteert hij schelpen in een glazen kast die doet denken aan een museumvitrine. Het werk herinnert ons eraan dat het verkrijgen van kennis vaak vereist dat we dingen doodmaken. Hirst wijst ons op het gevaar van het verkiezen van gecategoriseerde kennis boven levende ervaringen.

ANDERE WERKEN in Tate Modern, Londen

Zonder titel (luchtbed II), 1992, RACHEL WHITEREAD

De grote beer, 1992, SIMON PATTERSON (b.1967)

Geest, 1998, RON MUECK

Pauline Bunny, 1997, SARAH LUCAS

Oorlogsrampen, 1993, JAKE EN DINOS CHAPMAN

conceptualisme, neo-conceptualisme, neo-expressionisme, dadaïsme, surrealisme, expressionisme

idealisme, classicisme, perspectivisme, piëtisme, sektarisme, neoclassicisme, naturalisme, neoplasticisme, suprematisme

Digitalisme

Kunst die wordt gecreëerd, gepresenteerd of verspreid met behulp van digitale computertechnologie. Tot de eeuwwisseling gezien als een outsiderbeweging, maar nu een essentieel contemporain genre. Digitalisme bepleit het ontstoffelijken van de kunst en speelt met grenzen en formaten.

CORY ARCANGEL (1978–); **ROY ASCOTT** (1934–); **RICHARD HAMILTON** (1922–2011); **NAM JUNE PAIK** (1932–2006); **AMALIA ULMAN** (1989–)

cyber, data, multimedia, social media, technologie

De opkomst van de pc en het internet gaf geluids-, video- en fotokunstenaars een nieuw instrument om kunst mee te maken. In de jaren 1970 ontwikkelde pionier Harold Cohen het programma AARON. Daarmee konden mensen met kleuren op hun beeldscherm 'schilderen'. Dankzij de technische vooruitgang konden kunstenaars digitale technologie gebruiken om hun werk te manipuleren op manieren die voorheen ondenkbaar waren. Internet en digitale opslag stelden hen in staat om hun werk razendsnel op te slaan, te verplaatsen, bij te werken en te verspreiden in zowel de fysieke als de virtuele wereld.

Richard Hamilton en Row Ascott onderzochten de mogelijkheden van de computerwetenschap voor de kunst. Ascotts werk *Mind Map Groundcourse* (1963) onderzoekt digitale datastromen tussen kunst en maatschappij in een reeks foto's; Hamiltons *Diab DS-101 Computer* (1985-1989) bestaat uit een toren van vier lagen met werkende computers. In *Tiger is alive* (2004) creëerde oprichter van de videokunst Nam June Paik een satellietuitzending van bewerkte video's over hoop en kracht. Amalia Ulman creëert op sociale netwerken als Instagram virtuele personen. Pas later wordt onthuld dat het gaat om performancekunst. Zo stelt ze kwesties van de digitale werkelijkheid aan de orde. In 2016 creëerde designcollectief i-Dat (Institute of Digital Art & Technology) een evoluerende digitale sculptuur, genaamd *This is where we are* – een algoritmische interpretatie van data, gegenereerd door sensoren die beweging, aanraking, geluid en hartslag vastleggen van mensen die een ruimte in Tate Modern bezoeken.

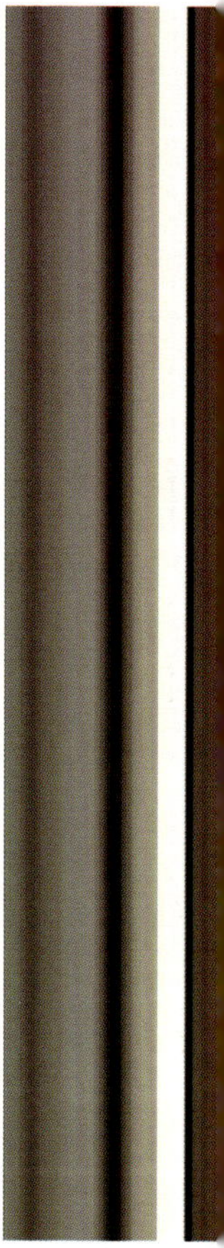

Digitaal kunstenaar Cory Arcangel herprogrammeerde spelcartridges van gameconsoles zodat de tekeningen verdwijnen of het spel heel traag wordt. Voor zijn werk *Punk Rock 101* (2006) zette hij de afscheidsbrief van zanger Kurt Cobain op internet, samen met gemanipuleerde Googleadvertenties voor de behandeling van angsten. Andere aspecten van digitale kunst zijn robots die schilderen op basis van algoritmen, kunstwerken in 3D geprint en virtual realitykunst. Omdat de beweging afhankelijk is van de ontwikkeling van digitale technologie verandert ze voortdurend en roept ze tal van vragen op. Opslaan, verspreiden en bewerken, vooral op internet, roepen vragen op met betrekking tot eigendom en het concept van 'origineel'. Tijdelijke werken kunnen direct worden opgeslagen en digitaal worden opgeroepen.

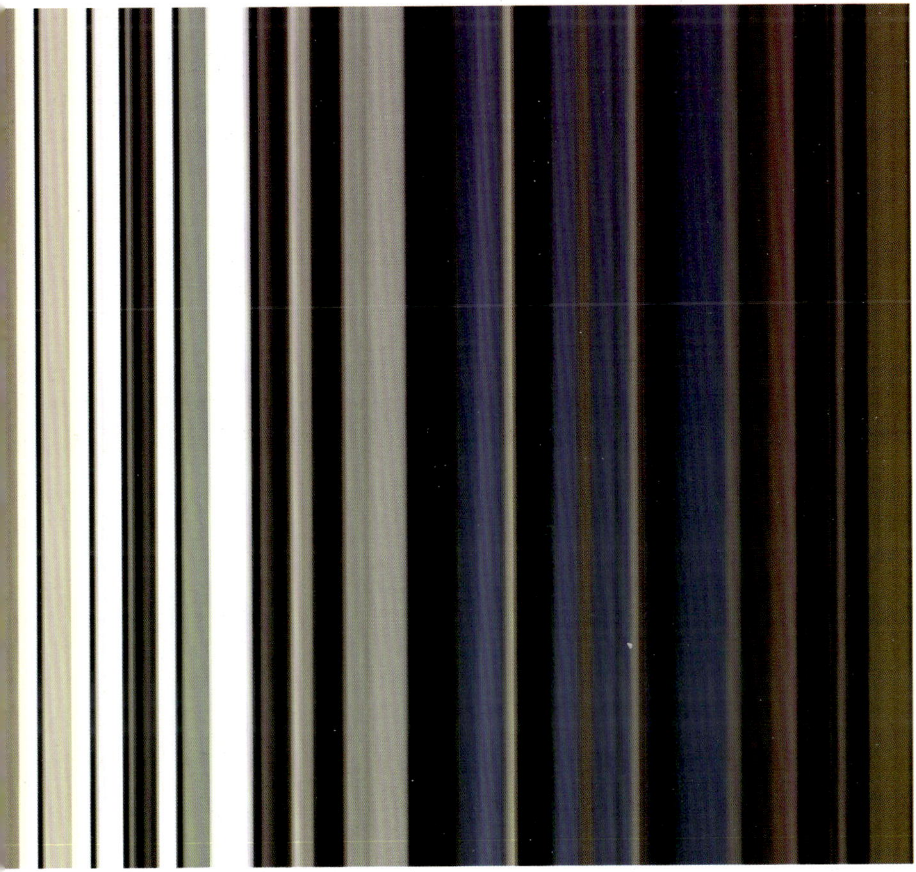

BELANGRIJKSTE WERKEN in Tate, Groot-Brittannië

Colors, 2006, CORY ARCANGEL
Arcangel bedacht een programma dat de Dennis Hopperfilm *Colors* uit 1988 verandert in lijnen van pixels die over het scherm naar beneden lopen. Het werk heeft 33 dagen nodig om de hele film te verwerken; het wordt getoond op een digitaal beeldscherm.

ANDERE WERKEN in Tate, Groot-Brittannië

Untitled Computer Drawing, 1982, HAROLD COHEN

Typo/Typography of Marcel Duchamp's Large Glass, 2003, RICHARD HAMILTON

Three Eggs, 1975–1982, NAM JUNE PAIK

futurisme, surrealisme, postmodernisme, conceptualisme, neoconceptualisme

romantiek, materialisme, primitivisme, suprematisme, minimalisme

Activisme

Kunst die betrokken is bij sociale bewegingen, vaak gemaakt om verandering te bevorderen die moet leiden tot een betere maatschappij – variërend van een collectieve strijd voor mondiale verandering tot een individuele kunstenaar die zich inzet voor een persoonlijk doel. De werken worden vaak bewust niet in de traditionele galerie getoond.

MARLENE DUMAS (1953–); **SHEPARD FAIREY** (1970–); **GUERILLA GIRLS** (ONBEKEND); **LUCY + JORGE ORTA** (1966-/1953–); **AI WEIWEI** (1957–)

milieu, feminisme, protest, politiek, ras

Activistische kunst, niet te verwarren met kunst die een politieke agenda heeft, kwam op aan het einde van de jaren 1960, in een poging om de maatschappij wakker te schudden en verandering te bevorderen. Tegenwoordig is het een instrument waarmee kunstenaars die zich onderdrukt voelen hun boodschap verspreiden naar een mondiaal verbonden publiek. Geïnspireerd door vroege activistische kunstenaars als Yayoi Kusama, die in de jaren 1960 naakt in de straten van New York stond, en het anonieme collectief Guerilla Girls, dat in de jaren 1980 sociaal-politieke kwesties aan de kaak stelde door middel van performanceprotesten, spreken hedendaagse kunstenaars mensen rechtstreeks

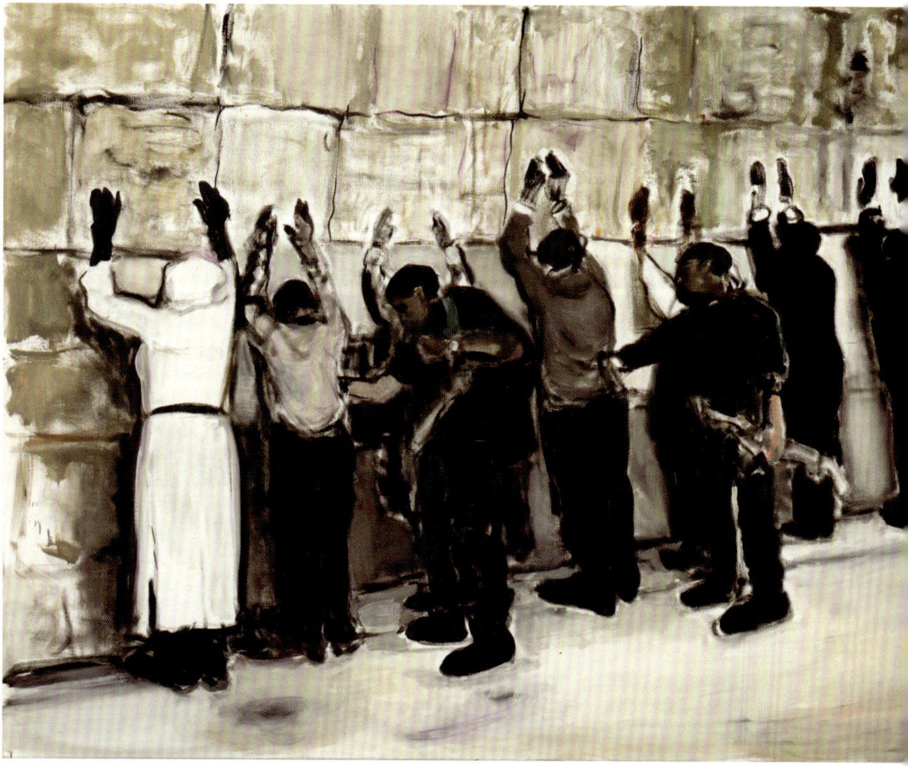

aan met hun zelfgeorganiseerde acties.

In 2005 ontwierp Guerilla Girls een reeks posters voor de Biënnale van Venetië en vestigde zo de aandacht op het feit dat voor het eerst in de 110-jarige geschiedenis van de Biënnale de tentoonstelling door vrouwen was georganiseerd. Hun werken worden nu vaak getoond in de instituten waarop ze zo veel kritiek hebben en zijn zeer gewild bij kunstverzamelaars. Andere kunstenaars, zoals Marlene Dumas en Ai Weiwei, hebben hun kunst gebruikt om te protesteren tegen politieke regimes. Dumas' portrettenreeks 'The second coming' toont gezichten van overleden politieke gevangenen in hun cellen, gemaakt naar foto's uit politieke bladen. Weiwei, die eerder werd uitgeroepen tot 'klassenvijand' in zijn thuisland China en langdurig huisarrest had, reisde in 2012 de wereld over en fotografeerde zichzelf terwijl hij zijn middelvinger opstak naar historische monumenten, waaronder het Witte Huis en het Tiananmenplein, als uiting van zijn recente vrijheid.

In de afgelopen vijftien jaar maakten Lucy + Jorge Orta draagbare ecotenten en waterzuiverende beelden. Ze organiseerden protestmaaltijden en stichtten over de hele wereld gemeenschappen om kwesties als voedsel- en watertekort, ecologie en sociale vereniging aan de kaak te stellen. Shepard Faireys iconische portretserie *Hope* van Barack Obama uit 2008, die begon als een illegale postercampagne, zou de president hebben geholpen om de verkiezingen te winnen. Een origineel hangt nu in de National Portrait Gallery in Washington DC, waarmee de macht van activistische kunst wordt bevestigd.

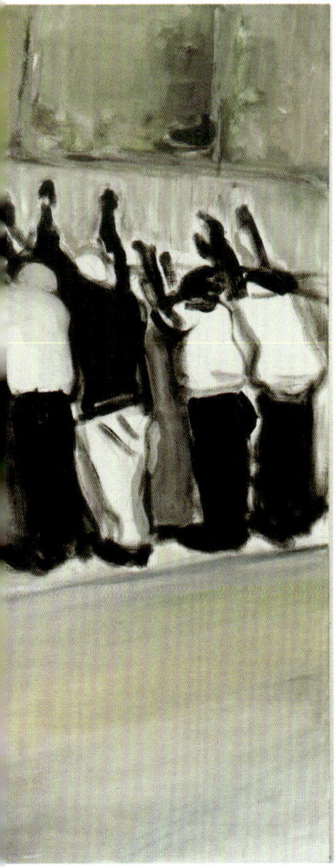

BELANGRIJKSTE WERKEN in het Museum of Modern Art, New York

← *Wall Wailing*, 2009, MARLENE DUMAS
De verborgen gezichten van burgers die onder bedreiging van een geweer worden gefouilleerd door soldaten bij de Klaagmuur in Jeruzalem suggereren collectieve frustratie over moderne politiek en religie.

ANDERE WERKEN in het Museum of Modern Art, New York

Ladies, Please, 1995-2000, MARLENE DUMAS

Obama Hope Gold from Artists for Obama, 2008, SHEPARD FAIREY

Study of Perspective – Hong Kong, 1995–2003, AI WEIWEI

expressionisme, sociaal realisme, postmodernisme, conceptualisme, neoconceptualisme

impressionisme, suprematisme, surrealisme, abstract expressionisme, minimalisme

Superflat

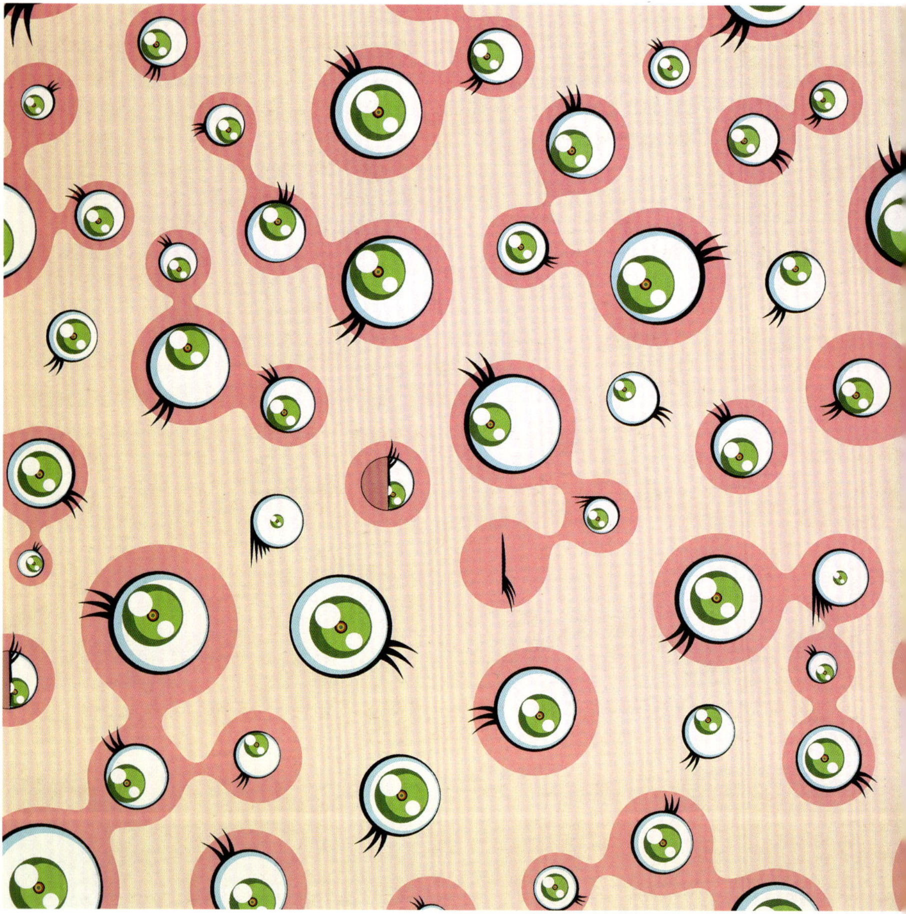

Superflat is een nieuwe golf van popart, bedacht door Takashi Murakami en sterk beïnvloed door de Japanse manga en anime. De levendige kleuren en imaginaire vormen zijn vaak dromerig en de beelden zijn tweedimensionaal.

CHIHO AOSHIMA (1974–); **MARK GROTJAHN** (1968–); **KAWS (BRIAN DONNELLY)** (1974–); **TAKASHI MURAKAMI** (1962–)

anime, consumentisme, schattig, popcultuur

Superflat werd opgericht in de jaren 1990. Deze kunststijl gebruikt de iconografie van de Japanse anime en manga en traditionele houtsneden, en combineert deze met de massaproductieprincipes van Andy Warhols popartbeweging. Cartoonachtige figuren zijn geplaatst in een neonkleurige, tweedimensionale psychedelische wereld met *kawaii*, schattige dieren en jonge meisjes in een typisch Japanse stijl. De stijl onderzoekt de Japanse obsessie voor animatiefiguren die sinds de jaren negentig

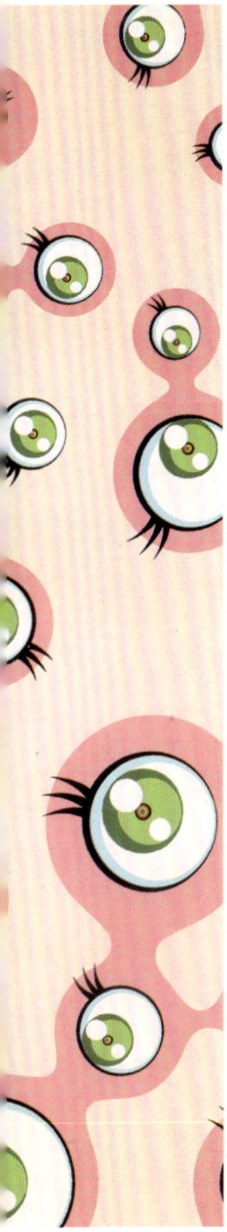

massaal door productiemaatschappijen worden voortgebracht, op dezelfde manier als Warhols en later Jeff Koons' onderzoek naar massaproductie en massamedia.

Murakami maakte een reeks handtassen voor het Franse modehuis Louis Vuitton en een albumhoes voor de Amerikaanse rapper Kanye West. Honderden medewerkers produceren zijn werk in werkplaatsen in Oost en West, zodat de Japanse beeldcultuur mondiaal kan worden geproduceerd en geconsumeerd. In 2009-2010 exposeerde Murakami op de tentoonstelling 'Pop Life: art in a material world' in het Tate Modern in Londen. Hij vergeleek de opkomst van zijn bedrijf Kaikai Kiki Co., Ltd., opgericht in de jaren 1990, met andere pop- en neopopart. Murakami toonde werk van Koons, Tracey Emin, Damien Hirst, Keith Haring en Richard Prince, die hun werk op een unieke manier produceren, promoten en verkopen, met pop-upshows, sponsordeals, tijdschriftadvertenties en zelfs prostitutie.

Superflat suggereert met felle kleuren en vrolijke beelden van glimlachende figuren de oppervlakkige leegte van de contemporaine consumptiecultuur, en kijkt naar de invloed van seksueel fetisjisme in de Japanse naoorlogse cultuur, waaronder cartoonbeelden van giechelende jonge meisjes die verwijzen naar een Lolitacomplex. Murakami's *Self-Portrait of the Manifold Worries of a Manifoldly Distressed Artist* (2012) toont het verstoorde gezicht van de kunstenaar voor een achtergrond van felgekleurde, lachende bloemen en wil zo ontevredenheid laten zien over de hedendaagse visuele wereld. Chiho Aoshima, lid van Murakami's Kaikai Kiki Co., Ltd., produceert grootschalige werken met bloederige messen, jonge cheerleaders en mythische beesten, vaak in zachte kleuren en dromerige omgevingen. Een ander lid, Mark Grotjahn, begon zijn carrière met het natekenen van winkelborden in Los Angeles met felgekleurde potloden. De Amerikaanse kunstenaar KAWS past de principes van superflat toe op de Amerikaanse cultuur en maakt grote sculpturen van cartoonfiguren als The Simpsons en Mickey Mouse.

BELANGRIJKSTE WERKEN in het Museum of Contemporary Art Chicago

← *Jellyfish Eyes*, 2002, TAKASHI MURAKAMI
Dit behang met een zich herhalend patroon verwijst naar traditionele Japanse houtsneden. Het motief bestaat uit ogen die bekend zijn van animekarakters. Het onderzoekt de oosterse beeldtaal in een door consumentisme gedreven markt.

ANDERE WERKEN in het Museum of Contemporary Art Chicago

Sublime Grave Dweller Shinko (2004), CHIHO AOSHIMA

Untitled (S II Some of us didn't know we were Indian, Painting for RH, Face 41.72), 2011, MARK GROTJAHN

Wink Sculpture (Pink), 2001, TAKASHI MURAKAMI

fauvisme, postmodernisme, neoplasticisme, sensationalisme

abstract expressionisme, neoconceptualisme, minimalisme

Internationalisme

Onder invloed van de mogelijkheden van directe communicatie, goedkoop reizen en massamedia bevolken kunst en kunstenaars steeds vaker een gemeenschappelijke wereld met gedeelde waarden en normen, ideeën en zorgen die de traditionele landsgrenzen overschrijden.

EL ANATSUI (1944–); **KADER ATTIA** (1970–); **SHEELA GOWDA** (1957–); **SUBODH GUPTA** (1964–); **AI WEIWEI** (1957–)

grenzen, mondialisering, identiteit, migratie, politiek

In de superverbonden 21e eeuw is de kunstwereld steeds mondialer geworden. Grote musea als het Parijse Louvre en het Solomon R. Guggenheim Museum in New York hebben of willen extra vestigingen in het Midden-Oosten, Venetië en Bilbao. De succesvolste commerciële galeries hebben locaties in Londen, Parijs en New York, en vaak ruimtes in tal van andere steden. Op alle continenten vinden kunstbeurzen plaats, waardoor de agenda's van kunsthandelaren, kunstenaars en verzamelaars vol blijven. De mondiale zichtbaarheid van kunst is een broedplaats geworden voor kruisbestuiving; kunstenaars uit voorgaande generaties die van oudsher werden ingedeeld naar geboorteland, maken plaats voor een nieuwe generatie van 'internationale' kunstenaars die zijn opgegroeid in een wereld rijk aan culturen en esthetiek.

Het mondiale bewustzijn van hedendaagse kunstenaars is duidelijk zichtbaar in hun werk, waarin inheemse invloeden versmelten met mondiale ideeën. De Ghanese beeldhouwer El Anatsui maakt grote installaties bestaande uit dekens van kroonkurken van bierflessen, die in heel Afrika zijn verzameld bij recyclingfabrieken en met koperdraad aan elkaar zijn genaaid. Ze verwijzen naar de internationale handel, consumptie en de wereldwijde dominantie van conglomeraten. Sheela Gowda gebruikt materialen als koemest, menselijk haar en lokale pigmentpoeders in haar procesgeoriënteerde installaties, die de aandacht vestigen op de toestand van de armere gemeenschappen in haar geboorteland India in vergelijking met Europa. Ze heeft geëxposeerd in Londen, Parijs, Oslo en Kopenhagen. In Subodh Gupta's *Everyday* (2009) wordt keukengereedschap op een overdreven groot bord neergelegd. Daarmee onderstreept ze de klassenkwestie en de snelle industrialisatie en export in haar land.

Een van de bekendste internationale kunstenaars, Ai Weiwei, exposeert overal ter wereld, terwijl zijn werk in zijn thuisland

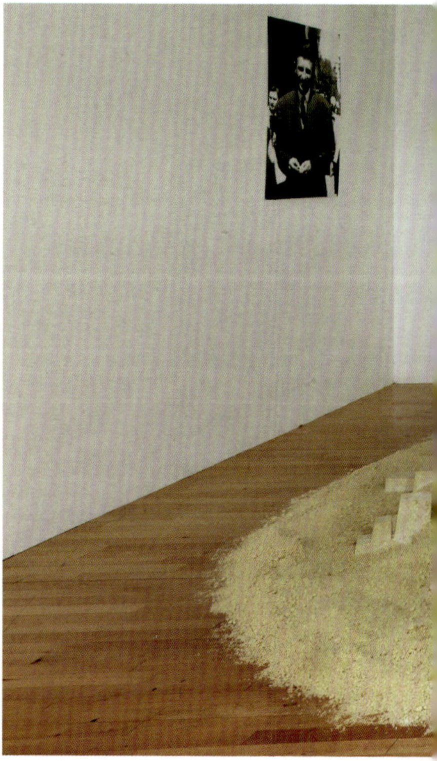

China door achtereenvolgende regeringen wordt genegeerd. In 2010-2011 exposeerde hij 8 miljoen porseleinen zonnebloempitten in het Tate Modern in Londen, elk met de hand gemaakt door Chinese arbeiders. Daarmee verwees hij naar een belangrijk gelukssymbool als commentaar op de recente snelle mechanisatie van het land.

BELANGRIJK WERK in Tate Modern, Londen

(Zonder titel) Ghardaïa, 2009, KADER ATTIA
Een schaalmodel van de oude stad Ghardaïa in Algerije, gemaakt van couscous, portretten van Franse architecten en een exemplaar van het Werelderfgoedrapport van UNESCO over de M'Zabvallei creëren samen een dialoog tussen het Franse koloniale verleden in Afrika en de internationale import en export van ideeën versus materialen.

ANDERE WERKEN in Tate, Groot-Brittannië

Ink Splash II, 2012, EL ANATSUI

'Zonder titel' (Betonblokken), 2008, KADER ATTIA

Behold, 2009, SHEELA GOWDA

Tree, 2010, AI WEIWEI

postmodernisme, conceptualisme, neoconceptualisme, sensationalisme

surrealisme, abstract expressionisme, minimalisme

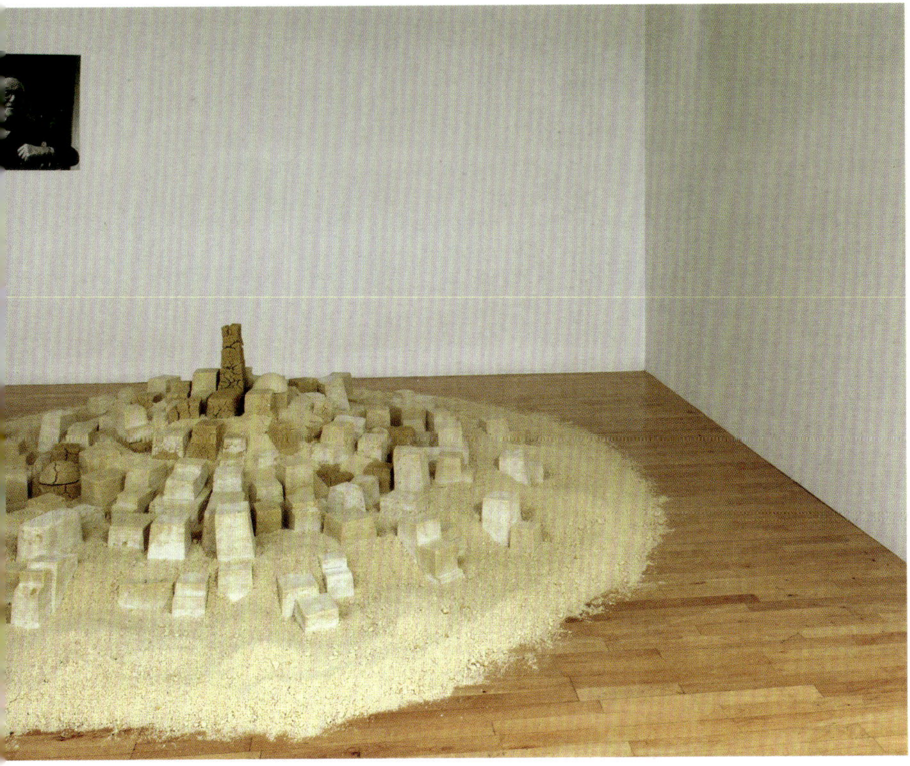

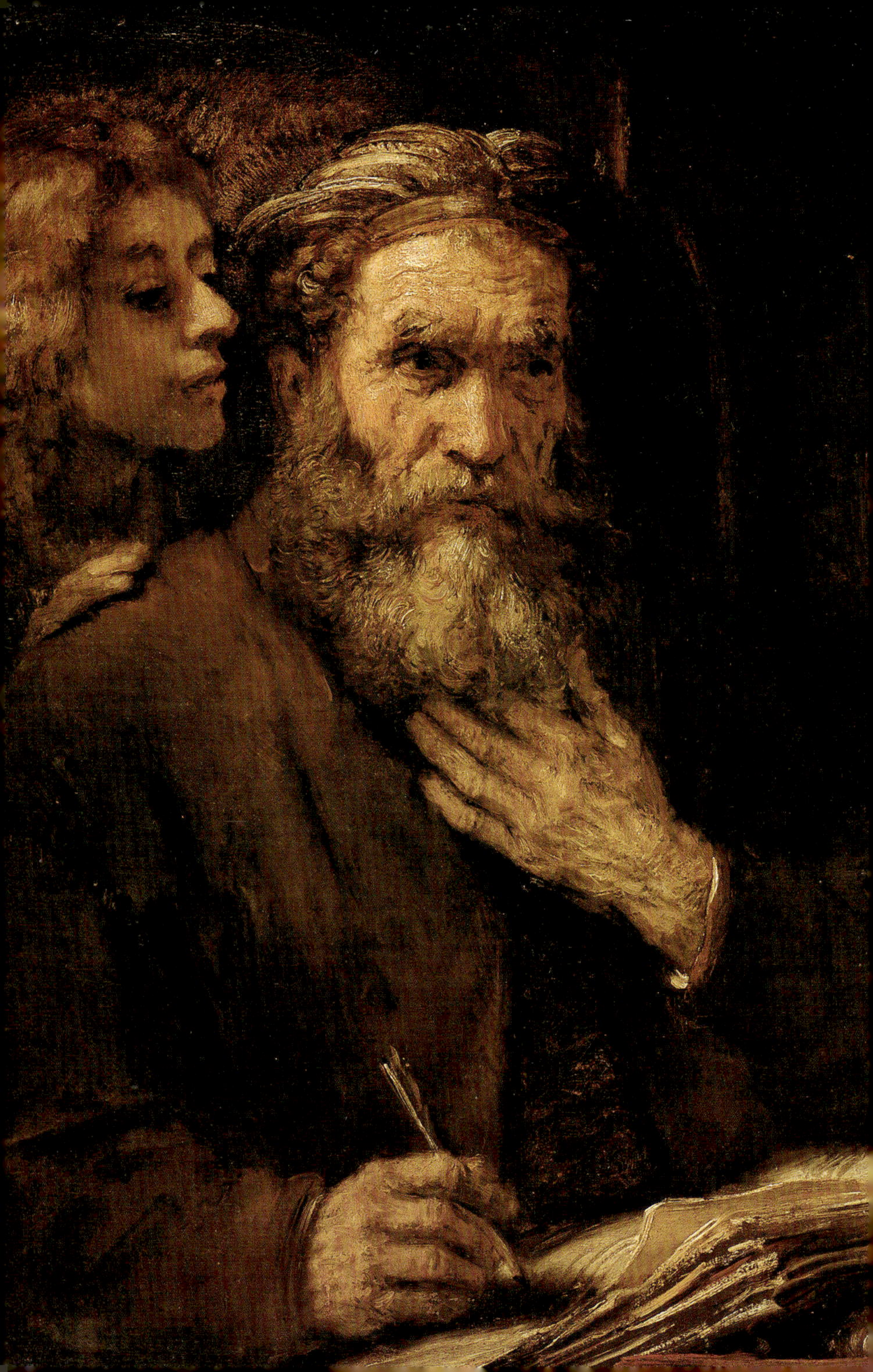

6 BIJLAGEN

Lijst van kunstenaars

A

ABATE, Niccolò dell' (ca. 1510–1571) maniërisme

ALBERTI, Leon Battista (1404–1472) renaissance, classicisme

ALLORI, Alessandro (1535–1607) maniërisme

ALMA-TADEMA, Lawrence (1836–1912) mediëvalisme, estheticisme, classicisme

ALTDORFER, Albrecht (ca. 1480–1538) renaissance, naturalisme

ALVEREZ CUBERO, José (1768–1827) neoclassicisme

AMMANATI, Bartolommeo (1511–1592) maniërisme

ANATSUI, El (1944–) internationalisme

ANDRE, Carl (geb. 1935) minimalisme

ANGELICO, FRA (ca. 1395–1455) internationale gotiek, renaissance, perspectivisme, naturalisme

AOSHIMA, Chiho (1974–) superflat

APPEL, Karel (geb. 1921) modernisme, expressionisme, neo-expressionisme

APPIANI, Andrea (1754–1817) neoclassicisme

ARCANGEL, Cory (1978–) digitalisme

ARCIMBOLDO, Giuseppi (1527–1593) maniërisme

ARP, Jean (of Hans) (1886–1966) modernisme, expressionisme, dadaïsme, surrealisme

ASCOTT, Roy (1934–) digitalisme

ASPERTINI, Amico (ca. 1475–1552) maniërisme

ATTIA, Kader (1970–) internationalisme

AUERBACH, Frank (geb. 1931) modernisme, expressionisme, neo-expressionisme

B

BABUREN, Dirck van (ca. 1595?–1624) barok, caravaggisme

BACON, Francis (1909–1992) modernisme, expressionisme, surrealisme, neo-expressionisme

BALDESSARI, John (geb. 1931) postmodernisme, conceptualisme

BALLA, Giacomo (1871–1958) modernisme, futurisme

BANKS, Thomas (1735–1805) neoclassicisme

BARLACH, Ernst (1870–1938) modernisme, expressionisme

BARTOLOMMEO, FRA (1472–1517) renaissance, idealisme, naturalisme

BASELITZ, Georg (geb. 1938) modernisme, neo-expressionisme

BASSANO, Jacopo (ca. 1515–1592) renaissance, naturalisme, realisme

BASTIEN-LEPAGE, Jules (1848–1884) impressionisme

BAZILLE, Frédéric (1841–1870) impressionisme

BEARDLSEY, Aubrey (1872–1898) estheticisme

BECKMANN, Max (1884–1950) modernisme, expressionisme

BELL, Vanessa (1879–1961) modernisme, postimpressionisme

BELLANY, John (geb. 1942) modernisme, expressionisme

BELLINI, Giovanni (ca. 1433–1516) renaissance, perspectivisme, naturalisme

BERCHEM, Nicolaes (1620–1683) barok-classicisme

BERNARD, Émile (1868–1941) symbolisme, modernisme, postimpressionisme

BERNINI, Gianlorenzo (1598–1680) barok, piëtisme, sektarisme, gesturalisme, emotionalisme, absolutisme

BEUYS, Joseph (1921–86) postmodernisme, conceptualisme

BLAKE, Peter (geb. 1932) postmodernisme

BLAKE, William (1757–1827) romantiek

BLOEMART, Abraham (1566–1651) maniërisme, caravaggisme, naturalisme, neoclassicisme

BOCCIONI, Umberto (1882–1916) modernisme, futurisme

BÖCKLIN, Arnold (1827–1901) symbolisme

BOLTRAFFIO, Giovanni Antonio (ca. 1467–1516) secularisme

BOMBERG, David (1890–1957) modernisme, futurisme, kubisme, expressionisme

BONNARD, Pierre (1867–1947) impressionisme

BOSCH, Hiëronymus (ca. 1450–1516) renaissance

BOSCHAERT, Ambrosius (1573–1621) barok

BOTH, Jan (ca. 1618–1652) barok-classicisme

BOTTICELLI, Sandro (ca. 1445–1510) renaissance, secularisme, classicisme

BOUCHER, François (1703–1770) rococo

BOUGUEREAU, William (1825–1905) academisme

BOURGEOIS, Louise (geb. 1911) modernisme, postmodernisme, conceptualisme

BRAMANTE, Donato (ca. 1444–1514) renaissance, classicisme, monumentalisme, illusionisme

BRANCUSI, Constantin (1876–1957)
idealisme, modernisme

BRAQUE, Georges (1882–1963)
modernisme, fauvisme, kubisme

BRATBY, John (1928–1992)
realisme, sociaal-realisme

BRONZINO, Agnolo (1503–1572)
maniërisme

BROWN, Ford Madox (1821–1893)
mediëvalisme, realisme

BRUEGEL, Pieter de Oudere (ca. 1525–1569)
renaissance, naturalisme

BRUNELLESCHI, Filippo (1377–1446)
renaissance, perspectivisme, classicisme, secularisme

BURNE-JONES, Edward (1833–1898) estheticisme

C

CAILLEBOTTE, Gustave (1848–1894)
naturalisme, realisme, impressionisme

CALDER, Alexander (1898–1976)
modernisme, surrealisme

CANALETTO, Giovanni Antonio Canal, bekend als (1697–1768)
academisme

CANO, Alonso (1610–67)
barok, piëtisme, sektarisme, barok-classicisme

CANOVA, Antonio (1757–1822)
neoclassicisme, naturalisme

CARACCIOLO, Giovanni Battista (1578–1635)
maniërisme, barok, caravaggisme, barok-classicisme

CARAVAGGIO, Michelangelo Merisi da (1571/2–1610)
barok, piëtisme, realisme, caravaggisme

CARL, Jacon van (ca. 1705–1765)
academisme, rococo

CARPACCIO, Vittore (ca. 1460–ca. 1526)
secularisme

CARRÀ, Carlo (1881–1966)
modernisme, futurisme, realisme

CARRACCI
Agostino (1557–1602)
Annibale (1560–1609)
Lodovico (1555–1619)
academisme, classicisme

CARREÑO DE MIRANDA, Juan (1614–1685)
barok, absolutisme

CASSATT, Mary (1844–1926)
impressionisme

CASTAGNO, Andrea del (ca. 1418–1457)
renaissance, monumentalisme, perspectivisme

CELLINI, Benvenuto (1500–1571)
maniërisme

CÉZANNE, Paul (1839–1906)
modernisme, postimpressionisme

CHAGALL, Marc (1887–1985)
modernisme, expressionisme

CHAMPAIGNE, Philippe de (1602–1674)
barok, absolutisme, piëtisme, sektarisme

CHARDIN, Jean-Siméon (1699–1779)
rococo

CHIA, Sandro (geb. 1946)
neo-expressionisme

CHIRICO, Giorgio de (1888–1978)
modernisme, dadaïsme, surrealisme

CHRISTO (geb. 1935)
postmodernisme, conceptualisme

CIONE, Jacopo di (ca. 1362–ca. 1398)
internationale gotiek

CLOSE, Chuck (geb. 1940)
modernisme, abstract-expressionisme, realisme

COELLO, Claudio (1642–1693)
piëtisme

COHEN, Harold (1928-2016)
digitalisme

CONSTABLE, John (1776–1837)
naturalisme, romantiek

COPLEY, John Singleton (1738–1815)
rococo, academisme

COROT, Jean-Baptiste-Camille (1796–1875)
naturalisme, classicisme

CORREGGIO, Antonio Allegri, bekend als (ca. 1494–1534)
renaissance, illusionisme, monumentalisme

COURBET, Gustave (1819–1877)
realisme, sociaal-realisme

CRANACH, Lucas de Oudere (1472–1553)
renaissance, naturalisme, secularisme

CRIPPA, Roberto (1921–1972)
spatialisme

D

DA VINCI, Leonardo (1452–1519)
renaissance, naturalisme, idealisme, secularisme

DALÍ, Salvador (1904–1989)
modernisme, surrealisme

DAUMIER, Honoré (1798–1879)
realisme

DAVID, Jacques-Louis (1748–1825)
neoclassicisme, realisme

DEGAS, Edgar (1834–1917)
impressionisme, postimpressionisme, modernisme

DE KOONING, Willem (1904–1997)
modernisme, abstract-expressionisme

DEL SARTO, Andrea (1486–1530)
maniërisme

DEL PIOMBO, of Veneziano, Sebastiano (ca. 1485–1547)
renaissance, monumentalisme, classicisme

DELACROIX, Eugène (1798–1863)
romantiek

DELAUNAY, Robert (1885–1941)
impressionisme, modernisme, neo-impressionisme, kubisme

DELAUNAY-TERK, Sonia (1885–1979)
modernisme

DENIS, Maurice (1870–1943)
neo-impressionisme, symbolisme, postimpressionisme

DERAIN, André (1880–1954)
modernisme, primitivisme, neo-impressionisme, kubisme, classicisme

DIX, Otto (1891–1969)
modernisme, expressionisme, sociaal-realisme

DIBBETS, Jan (geb. 1941)
postmodernisme, conceptualisme

DOESBURG, Theo van (1883–1931)
modernisme, neoplasticisme, dadaïsme, constructivisme

DOMENICO Veneziano (ca. 1410–1461)
renaissance, idealisme, naturalisme

DONATELLO, Donato di Betto Bardi, bekend als (ca. 1386–1466)
renaissance, classicisme, naturalisme, perspectivisme, illusionisme

DONGEN, Kees van (1877–1968)
modernisme, fauvisme, expressionisme

DOU, Gerard (1613–1675)
barok, allegorisme

DOVA, Gianni (1925–1991)
spatialisme

DUBUFFET, Jean (1901–1985)
modernisme, primitivisme, expressionisme

DUCHAMP, Marcel (1887–1968)
modernisme, dadaïsme, postmodernisme, conceptualisme

DUCHAMP-VILLON, Raymond (1876–1918)
kubisme

DUMAS, Marlene (1953–)
activisme

DÜRER, Albrecht (1471–1528)
renaissance, classicisme, idealisme, perspectivisme, naturalisme

E

EMIN, Tracey (1963–)
Sensationalisme, Superflat

ENSOR, James (1860–1949)
symbolisme, modernisme, primitivisme, expressionisme

EPSTEIN, Jacob (1880–1959)
modernisme, primitivisme, vorticisme

ERNST, Max (1891–1976)
modernisme, dadaïsme, surrealisme

EXTER, Alexandra (1882–1949)
modernisme, kubisme, futurisme, suprematisme, constructivisme

EYCK, Jan van (ca. 1390–1441)
renaissance, naturalisme

F

FAIREY, Shepard (1970–)
activisme

FALCONET, Étienne-Maurice (1716–1791)
rococo

FANTIN LATOUR, Henri (1836–1904)
realisme

FAUTRIER, Jean (1898–1964)
modernisme, expressionisme

FLAVIN, Dan (1933–1996)
minimalisme

FLAXMAN, John (1755–1828)
neoclassicisme, academisme

FONTANA, Lucio (1899–1968)
modernisme, spatialisme

FOUQUET, Jean (ca. 1420–ca. 1481)
renaissance, perspectivisme

FRAGONARD, Jean-Honoré (1732–1806)
rococo

FRANKENTHALER, Helen (geb. 1928)
abstract-expressionisme

FRIEDRICH, Casper David (1774–1840)
romantiek

FUSELI, Henry (1741–1825)
romantiek

G

GABO, Naum (1890–1977)
modernisme, constructivisme

GAINSBOROUGH, Thomas (1727–1788)
academisme, naturalisme

GAUDIER-BRZESKA, Henri (1891–1915)
modernisme, kubisme, futurisme

GAUGUIN, Paul (1848–1903)
symbolisme, primitivisme, modernisme

GAULLI, Giovanni Battista (1639–1709)
piëtisme

GELDER, Aert of Arent de (1645–1727)
barok

GENTILE de Fabriano (ca. 1385–1427)
internationale gotiek, naturalisme

GENTILESCHI, Artemisia (1593–ca. 1652)
caravaggisme

GENTILESCHI, Orazio (1563–1639)
barok, emotionalisme, caravaggisme

GÉRARD, François-Pascal (1770–1837)
neoclassicisme, academisme

GERICAULT, Théodore (1791–1824)
romantiek

GÉRÔME, Jean-Léon (1824–1904)
oriëntalisme

GHIBERTI, Lorenzo (1378–1455)
renaissance, monumentalisme, humanisme

GHIRLANDAIO, Domenico Bigordi, bekend als (ca. 1448–1494)
renaissance, humanisme, perspectivisme, classicisme

GIACOMETTI, Alberto (1901–1966)
modernisme, primitivisme, surrealisme, expressionisme

GIAMBOLOGNA, Jean de Bolougne, bekend als (1529–1608)
monumentalisme, maniërisme

GILBERT en GEORGE (geb. 1943, geb. 1942)
postmodernisme, conceptualisme

GIORGIONE, Giorgio da'Castelfranco, bekend als (ca. 1477–1510)
renaissance, naturalisme, monumentalisme, secularisme

GIOTTO di Bondone (ca. 1270–1337)
renaissance, perspectivisme

GLEIZES, Albert (1881–1953)
modernisme, kubisme

GLEYRE, Charles (1806–1874)
academisme

GOES, Hugo van der (ca. 1440–1482)
renaissance, naturalisme, monumentalisme

GOGH, Vincent van (1853–1890)
modernisme, postimpressionisme, expressionisme

GOLDIN, Nan (geb. 1953)
sociaal-realisme

GORKY, Arshile (1905–1948)
modernisme, surrealisme, abstract-expressionisme

GOTTLIEB, Adolph (1903–1974)
abstract-expressionisme

GOWDA, Sheela (1957–)
Internationalisme

GOYA, Francisco de (1746–1828)
romantiek

GRANT, Duncan (1885–1978)
modernisme, postimpressionisme

GRASSI, Giovanni dei (fl. 1375–1400)
internationale gotiek

GRECO, EL, Domeniko Theotocopoulos, bekend als (1541–1614)
maniërisme, barok, piëtisme, sektarisme, emotionalisme, gesturalisme

GRIS, Juan (1887–1927)
kubisme

GROS, Baron Antoine-Jean (1771–1835)
neoclassicisme, romantiek

GROSZ, George (1893–1959)
modernisme, expressionisme, sociaal-realisme

GROTJAHN, Mark (1968–)
superflat

GRÜNEWALD, Matthias (ca. 1470–1528)
renaissance

GUERCINO, Giovanni Francesco Barbieri, bekend als (1591–1666)
barok, emotionalisme, barokclassicisme

GUERILLA GIRLS (onbekend)
activisme

GUPTA, Subodh (1964–)
internationalisme

GUSTON, Philip (1913–1980)
modernisme, abstract-expressionisme, postmodernisme

H

HACKE, Hans (geb.1936)
postmodernisme, conceptualisme

HALLEY, Peter (geb. 1953)
Neoconceptualisme

HALS, Frans (1581/5–1666)
barok, gesturalisme

HAMILTON, Richard (1922–2011)
digitalisme

HARING, Keith (1958–1990)
superflat

HECKEL, Erich (1883–1970)
expressionisme

HEPWORTH, Barbara (1903–1975)
modernisme, primitivisme, classicisme

HERON, Patrick (1920–1999)
abstract-expressionisme

HESSE, Eva (1936–1970)
minimalisme

HEYDEN, Jan van der (1637–1712)
barok

HILLIARD, Nicholas (ca. 1547–1619)
renaissance, idealisme

HIRST, Damien (1965-)
superflat

HOCH, Hannah (1889–1978)
dadaïsme

HOCKNEY, David (geb. 1937)
postmodernisme, classicisme

HODLER, Ferdinand (1853–1918)
naturalisme, symbolisme, impressionisme

HOGARTH, William (1697–1764)
rococo

HOLBEIN, Hans de Oudere (ca. 1463–1524)
renaissance, naturalisme

HOLBEIN, Hans de Jongere (ca. 1497–1543)
renaissance, idealisme

HOLZER, Jenny (geb. 1950)
postmodernisme, conceptualisme

HOMER, Winslow (1836–1910)
naturalisme

HOOCH, Pieter de (1629–ca. 1684)
barok

HOOGSTRAETEN, Samuel van (1627–1678)
barok

HOPPER, Edward (1882–1967)
realisme

HOUDON, Jean-Antoine (1741–1828)
rococo, academisme, realisme

HUSZÁR, Vilmos (1884–1960)
neoplasticisme

HUYSUM of Huijsum, Jan van (1682–1749)
barok, allegorisme

I

I-DAT (Institute of Digital Art & Technology) (collectief)
digitalisme

INGRES, Jean-Auguste-Dominique (1780–1867)
classicisme, oriëntalisme

J

JAWLENSKY, Alexei von (1864–1941)
modernisme, expressionisme

JOHNS, Jasper (geb. 1930)
postmodernisme

JORDAENS, Jacob (1593–1678)
barok

JOUVENET, Jean (1644–1717)
barok, emotionalisme, piëtisme, sektarisme

JUDD, Donald (1928–1994)
postmodernisme, minimalisme

K

KAHLO, Frida (1907–1954)
modernisme, surrealisme

KANDINSKY, Wassily (1866–1944)
symbolisme, modernisme, expressionisme, surrealisme

KAPOOR, Anish (geb. 1954)
postmodernisme

KAUFMANN, Angelica (1741–1807)
neoclassicisme

KAWS (Brian Donnelly) (1974-)
superflat

KELLY, Ellsworth (geb. 1923)
abstract-expressionisme

KIEFER, Anselm (geb. 1945)
postmodernisme, neo-expressionisme

KING, Philip (geb. 1934)
postmodernisme

KIRCHNER, Ernst Ludwig (1880–1938)
primitivisme

KITAJ, R.B. (geb. 1932)
postmodernisme

KLEE, Paul (1879–1940)
modernisme

KLEIN, Yves (1928–1962)
conceptualisme

KLIMT, Gustav (1862–1918)
secessionisme, symbolisme

KOKOSCHKA, Oskar (1886–1980)
modernisme, expressionisme

KOLLWITZ, Käthe (1867–1945)
modernisme, sociaal-realisme

KOONS, Jeff (geb. 1955)
postmodernisme, conceptualisme

KOSUTH, Joseph (geb. 1945)
postmodernisme, conceptualisme

KRASNER, Lee (1908–1984)
abstract-expressionisme

KRUGER, Barbara (geb. 1945)
postmodernisme, conceptualisme

KUSAMA, Yayoi (1929–)
activisme

L

LABRADOR, EL, Juan Fernandez bekend als, (rond 1630)
barok, illusionisme

LANDSEER, Edwin (1802–1873)
academisme

LANFRANCO, Giovanni (1582–1647)
barok, illusionisme

LA TOUR, Georges de (1593–1652)
barok, caravaggisme, gesturalisme

LATOUR, Maurice-Quentin de (1704–1788)
rococo

LAWLER, Louise (geb. 1947)
neoconceptualisme

LAWRENCE, Thomas (1769–1830)
academisme

LE BRUN, Charles (1619–1690)
barok-classicisme, academisme

LE CORBUSIER, Charles-Edouard Jeanneret, bekend als (1887–1965)
modernisme

LÉGER, Fernand (1881–1955)
modernisme, fauvisme, futurisme, neoclassicisme, kubisme

LEIGHTON, Lord Frederic (1830–1896)
mediëvalisme, academisme

LELY, Sir Peter (1618–1680)
barok

LEMOYNE, François (1688–1737)
rococo

LEMOYNE, Jean-Baptiste (1704–1778)
rococo

LE NAIN, Gebroeders
Antoine (ca. 1600–1648)
Louis (ca. 1600–1648)
Mathieu (ca. 1607–1677)
barok, academisme

LEVINE, Sherrie (geb. 1947)
neoconceptualisme

LEWITT, Sol (geb. 1928)
postmodernisme, conceptualisme

LICHTENSTEIN, Roy (1923–1997)
postmodernisme

LIMBURG, Gebroeders van (allen overleden omstreeks 1416)
internationale gotiek

LIPCHITZ, Jacques (1891–1973)
modernisme, kubisme

LIPPI, Fra Filippo (1406/7–1469)
renaissance

LISSITZKY, El (1890–1947)
modernisme, neoplasticisme, constructivisme

LONG, Richard (geb. 1945)
postmodernisme, conceptualisme

LORRAIN, Claude Gelée, bekend als (1600–1682)
barok-classicisme

LOTTO, Lorenzo (ca. 1480–1556/7)
renaissance, naturalisme

M

MACKE, August (1887–1914)
impressionisme, modernisme, fauvisme, expressionisme

MAGRITTE, René (1898–1967)
modernisme, surrealisme

MAILLOL, Aristide (1861–1944)
modernisme, primitivisme, classicisme

MALEVICH, Kasimir (1878–1935)
modernisme, suprematisme

MANET, Édouard (1832–1883)
realisme

MANFREDI, Bartolommeo (1582–1622)
barok, caravaggisme

MAN RAY (1890–1976)
modernisme, surrealisme

MANTEGNA, Andrea
(ca. 1431–1506)
renaissance, perspectivisme, classicisme

MARC, Franz (1880–1916)
modernisme, expressionisme

MASACCIO, Tommaso Guidi, bekend als (1401–1428)
renaissance, perspectivisme, classicisme

MASSON, André (1896–1987)
modernisme, kubisme, surrealisme

MATISSE, Henri (1869–1954)
impressionisme, neo-impressionisme, modernisme, postimpressionisme

MEULEN, Adam Frans van der
(1632–1690)
absolutisme

MICHELANGELO BUONARROTI
(1475–1564)
renaissance, idealisme, classicisme, monumentalisme, humanisme

MIDDLEDITCH, Edward
(1923–1987)
sociaal-realisme

MILLAIS, John Everett
(1829–1896)
mediëvalisme, naturalisme, academisme

MILLET, Jean-François
(1814–1875)
realisme

MIRÓ, Joan (1893–1983)
modernisme, surrealisme, kubisme, primitivisme

MODERSOHN-BECKER, Paula
(1876–1907)
modernisme, postimpressionisme, primitivisme

MODIGLIANI, Amadeo
(1884–1920)
modernisme

MOHOLY-NAGY, László
(1895–1946)
modernisme, constructivisme

MONDRIAAN, Piet
(1872–1944)
modernisme, neoplasticisme

MONACO, Lorenzo
(ca. 1370–ca. 1425)
internationale gotiek

MONET, Claude (1840–1926)
impressionisme

MOORE, Henry (1898–1986)
modernisme, primitivisme

MORANDI, Giorgio (1890–1964)
modernisme

MOREAU, Gustave (1826–98)
estheticisme, symbolisme

MORISOT, Berthe
(ca. 1841–1895)
impressionisme

MORRIS, William (1834–1896)
mediëvalisme, estheticisme

MOTHERWELL, Robert
(1915–1991)
modernisme, abstract-expressionisme

MUNCH, Edvard (1863–1944)
symbolisme

MURAKAMI, Takashi (1962–)
superflat

MURILLO, Bartolomé Esteban
(ca. 1617–1682)
barok, piëtisme, sektarisme

N

NEWMAN, Barnett (1905–1970)
modernisme, abstract-expressionisme

NICHOLSON, Ben (1894–1982)
modernisme, primitivisme, constructivisme

NOLDE, Emil (1867–1956)
modernisme, expressionisme

O

O'KEEFE, Georgia (1887–1986)
modernisme

OLDENBURG, Claes (geb. 1929)
postmodernisme

ORTA, Lucy + Jorge
(1966–/1953–)
activisme

OUD, J.J.P. (1890–1963)
neoplasticisme

OPIE, Julian (geb. 1958)
postmodernisme, conceptualisme

OUDRY, Jean-Baptiste
(1686–1755)
rococo

P

PAIK, Nam June (1932–2006)
digitalisme

PALMER, Samuel (1805–1881)
naturalisme

PAOLOZZI, Eduardo (geb. 1924)
postmodernisme

PARET Y ALCÁZAR, Luis
(1746–1799)
rococo

PARMIGIANINO, Girolamo Francesco Maria Mazzola, bekend als (1503–1540)
maniërisme

PARROCEL, Joseph
(1646–1704)
absolutisme

PASMORE, Victor (1908–1998)
modernisme, constructivisme

PATINIR of **PAINIER** of **PATENIER**, Joachim
(ca. 1475–1524)
renaissance

PECHSTEIN, Max (1881–1955)
expressionisme

PELLEGRINI, Giovanni Antonio
(1675–1741)
rococo

PERINO DEL VAGO, Piero Buonaccorsi, bekend als
(ca. 1500–1547)
renaissance

PERUGINO, Pietro Vanucci, bekend als (ca. 1450–1523)
renaissance

PERRIER, Francois
(ca. 1590–1650)
barok-classicisme

PEVSNER, Antoine (1886–1962)
modernisme

PHILLIPS, Tom (geb. 1937)
postmodernisme

PICABIA, Francis (1879–1953)
dadaïsme

PIAZZETTA, Giovanni Battista (1683–1754)
barok, caravaggisme

PICASSO, Pablo (1881–1973)
modernisme, kubisme, surrealisme, classicisme

PIERO DELLA FRANCESCA (ca. 1415–1492)
renaissance, classicisme, perspectivisme

PIETRO DA CORTONA, Pietro Berrettini, bekend als (1596–1669)
barok, illusionisme, barok-classicisme

PIGALLE, Jean-Baptiste (1714–1785)
naturalisme

PINTORICCHIO, Bernardino di Betto, bekend als (ca. 1454–1513)
renaissance

PIRANESI, Giovanni Battista (1720–1778)
classicisme, romantiek

PISANELLO, Antonio Pisano, bekend als (ca. 1395–1455)
internationale gotiek

PISSARRO, Camille (1839–1903)
impressionisme, neo-impressionisme

PISSARRO, Lucien (1863–1944)
impressionisme, neoimpressionisme

POLLAIULO
Antonio (ca. 1432–98)
Piero (ca. 1441–96)
renaissance, classicisme

POLLOCK, Jackson (1912–1956)
modernisme, abstractexpressionisme

PONTE, Giovanni dal (1385–1437)
internationale gotiek

PONTORMO, Jacopo Carucci, bekend als (1494–1557)
maniërisme

POUSSIN, Nicolas (1594–1665)
barok-classicisme

POZZO, Andrea (1642–1709)
sektarisme

PRIMATICCIO, Francesco (1504–1570)
maniërisme

PRINCE, Richard (1949-)
superflat

PRUD'HON, Pierre-Paul (1758–1823)
neoclassicisme

PUVIS DE CHAVANNES, Pierre (1824–1898)
symbolisme

R

RAEBURN, Henry (1756–1823)
academisme, naturalisme

RAFAEL Raffaello Sanzio, bekend als (1483–1520)
renaissance, idealisme, classicisme

RAUSCHENBERG, Robert (geb. 1925)
postmodernisme

REDON, Odilon (1840–1916)
symbolisme, estheticisme

VAN RIJN, Rembrandt Hermensz. (1606–1669)
barok, piëtisme, sektarisme, gesturalisme, emotionalisme

REPIN, Ilya (1844–1930)
realisme

REYNOLDS, Joshua (1723–1792)
academisme

RIBERA, Jusepe de (1591–1652)
barok, piëtisme, barok

RICCI, Sebastiano (1659–1734)
rococo

RIETVELD, Gerrit (1888–1964)
neoplasticisme

RIGAUD, Hyacinth (1659–1743)
barok, absolutisme

RIVERA, Diego (1886–1957)
kubisme, realisme

RODCHENKO, Aleksandr (1891–1956)
modernisme, suprematisme, constructivisme

RODIN, Auguste (1840–1917)
naturalisme, realisme

ROMNEY, George (1734–1802)
academisme, classicisme

ROSA, Salvator (1615–1673)
barok

ROSSETTI, Dante Gabriel (1828–1882)
naturalisme, mediëvalisme

ROSSO FIORENTINO, Giovanni Battista di Jacopo, bekend als (1494–1540)
maniërisme

ROTHKO, Mark (1903–1970)
modernisme, abstract-expressionisme

ROUAULT, Georges (1871–1958)
expressionisme

ROUSSEAU, Henri (1844–1910)
primitivisme

RUBENS, Peter Paul (1577–1640)
barok, allegorisme, absolutisme, emotionalisme, gesturalisme

RUISDAEL, Jacob van (1628–1682)
barok, naturalisme, romantiek

RUSSOLO, Luigi (1885–1947)
futurisme

S

SARGENT, John Singer (1856–1924)
academisme, impressionisme

SCHMIDT-ROTLUFF, Karl (1884–1976)
expressionisme

SCHNABEL, Julian (geb. 1951)
postmodernisme, neoexpressionisme

SCHWITTERS, Kurt (1887–1948)
modernisme, dadaïsme

SCOREL, Jan van (1495–1562)
renaissance, classicisme

SEURAT, Georges (1859–1891)
impressionisme, neoimpressionisme

SEVERINI, Gino (1883–1966)
modernisme, futurisme

SHERMAN, Cindy (geb. 1954)
postmodernisme, neoconceptualisme

SIBERECHTS, Jan (1627–ca. 1701)
barok

SICKERT, Walter Richard (1860–1947)
impressionisme, realisme

SISLEY, Alfred (1839–1899)
impressionisme

SMITH, Jack (geb. 1928)
sociaal-realisme

SOUTINE, Chaim (1894–1943)
modernisme

SPENCER, Stanley
(1891–1959)
modernisme, realisme

SPRANGER, Bartolomeus
(1546–1611)
maniërisme

STEINBACH, Haim (geb. 1944)
neoconceptualisme

STELLA, Frank (geb. 1936)
postmodernisme, abstract-expressionisme, minimalisme

STEPANOVA, Varvara
(1894–1958)
constructivisme

STILL, Clyfford (1904–1980)
modernisme, abstract-expressionisme

STUART, Gilbert (1755–1828)
academisme

STUBBS, George (1724–1806)
academisme, naturalisme

T

TAAFFE, Philip (geb.1955)
neoconceptualisme

TANGUY, Yves (1900–1955)
modernisme, surrealisme

TÀPIES, Antonio (geb. 1932)
modernisme, surrealisme

TATLIN, Vladimir (1885–1953)
modernisme, constructivisme

TERBRUGGHEN, Henrick
(1588–1629)
barok, caravaggisme

THULDEN, Theodoor van
(1606–1669)
absolutisme

TIBALDI, Pellegrino (1527–1596)
barok

TIEPOLO, Giovanni Battista
(1696–1770)
rococo

TINGUELY, Jean (1925–1991)
postmodernisme, conceptualisme

TINTORETTO, Jacopo Robusti, bekend als (1518–1594)
renaissance, naturalisme

TISSOT, James of Jacques
(1836–1902)
impressionisme, realisme

TITIAN, Tiziano Vecellio, bekend als (ca. 1485–1576)
renaissance, naturalisme, classicisme, secularisme

TOULOUSE-LAUTREC, Henri de
(1864–1901)
impressionisme, naturalisme, realisme

TOURNIER, Nicolas
(1590–1638/9)
caravaggisme

TURNER, Joseph Mallord William
(1775–1851)
romantiek, classicisme, impressionisme

TWOMBLY, Cy (geb. 1929)
postmodernisme, neoexpressionisme

U

UCCELLO, Paolo (1397–1475)
renaissance, perspectivisme, classicisme

ULMAN, Amalia (1989–)
digitalisme

V

DE VALENCIENNES, Pierre-Henri
(1750–1819)
classicisme

VANTONGERLOO, Georges
(1886–1965)
modernisme, constructivisme

VASARI, Giorgio (1511–1574)
renaissance, classicisme, humanisme

VELÁZQUEZ, Diego (1599–1660)
barok, realisme, absolutisme, piëtisme, gesturalisme, emotionalisme, sektarisme

VERMEER, Jan (1632–1675)
barok, allegorisme

VERONESE, Paolo
(ca. 1528–1588)
renaissance, naturalisme, illusionisme

VERROCHIO, Andrea del
(ca. 1435–1488)
renaissance

VLAMINCK, Maurice de
(1876–1958)
modernisme, fauvisme

VOUET, Simon (1590–1649)
barok, absolutisme

W

WARHOL, Andy (1928–1987)
postmodernisme

WATTEAU, Jean-Antoine
(1684–1721)
rococo

WEIWEI, Ai (1957–)
Activisme, internationalisme

WEST, Benjamin (1738–1820)
academisme

WEYDEN, Rogier van der
(ca. 1399–1464)
renaissance, naturalisme

WHISTLER, James Abbott McNeill (1834–1903)
estheticisme

WHITEREAD, Rachel (geb. 1963)
postmodernisme, conceptualisme

WILS, Jan (1891–1972)
neoplasticisme

WIT, Jacob de (1695–1754)
barok, illusionisme, sektarisme

WOUWERMAN, Philips
(1619–1668)
barok, naturalisme

Z

ZOFFANY, Johann (1733–1810)
academisme, neoclassicisme

ZURBARÁN, Francisco de
(1598–1664)
barok, piëtisme, sektarisme

Lijst met begrippen

ABSTRACT
Kunst die niet imiteert of rechtstreeks verwijst naar het uiterlijk van voorwerpen in de wereld.

ART BRUT
Betekent letterlijk 'ruwe kunst', bedacht door de Franse kunstenaar Jean Dubuffet (1901–1985). Wordt gebruikt om kunst te beschrijven die gemaakt is door mensen buiten de kunstwereld en/of buiten de normale 'volwassenenwereld', bijvoorbeeld kinderen of criminelen.

ARTE POVERA
Of 'arme kunst'. Een vorm van minimalistische of conceptuele kunst. Gebruikt alledaagse materialen zoals afval en kranten, en verwerpt de vercommercialisering van kunst en verhandelbare kunstvoorwerpen.

BODY-ART
Kunst waarin de kunstenaar zijn of haar lichaam gebruikt als medium. Verbonden met performance-art.

BOZZETTO
Een klein model van was of klei, gemaakt als voorbereiding voor een groter beeldhouwwerk.

BYZANTIJNSE KUNST
De kunst van het Oost-Romeinse keizerrijk (330–1453 n.Chr.). Wordt soms gebruikt om kunst te beschrijven die priesterlijk, formeel en zeer decoratief is.

CAMERA LUCIDA
Een apparaat voor het projecteren en kopiëren van beelden. Bestaat gewoonlijk uit een prisma op een metalen arm. Wanneer de kunstenaar in het prisma kijkt, ziet hij of zij een beeld geprojecteerd op het papier dat kan worden gekopieerd (zie ook Camera obscura).

CAMERA OBSCURA
Apparaat voor het projecteren en kopiëren van beelden. Traditioneel een klein doosje met spiegels waarin een beeld wordt geprojecteerd op het papier of het doek van de kunstenaar om kopiëren te vergemakkelijken (zie ook Camera lucida).

CLAIR-OBSCUR
Het contrast tussen donkere en lichte delen in een schilderij of tekening, vaak gebruikt voor een dramatisch effect, en vooral geassocieerd met bepaalde barokkunstenaars, met name Caravaggio en Rembrandt.

CLAUDE-GLAS
Een kleine spiegel die volledige landschappen in het klein weergeeft, zodat de kunstenaar het kleurbereik van het landschap kan beoordelen. Werd gebruikt door Claude Lorrain (ca. 1600–1682), aan wie de spiegel zijn naam dankt.

COLLAGE
De term verwijst zowel naar een kunsttechniek als naar het kunstwerk dat het resultaat is van die techniek. Bij een collage worden verschillende materialen, zoals kranten, kaartjes of stoffen, op een platte ondergrond aangebracht, vaak naast geschilderde of getekende stukken. In de kunstgeschiedenis wordt de collage het meest geassocieerd met het kubisme.

COLORIST
In de ruimste zin wordt deze term gebruikt om een kunstenaar te beschrijven wiens werk zeer kleurrijk is, of die zich klaarblijkelijk bezighoudt met bepaalde bereiken of kwaliteiten van kleur. In nauwere zin beschrijft de term een kunstenaar die beelden opbouwt uit kleur in plaats van uit omtreklijnen waarin kleur wordt aangebracht. (Zie ook Venetiaanse school, Disegno.)

COMPOSITIE
De ordening van vormen waaruit het kunstwerk wordt samengesteld. Vandaar 'een gebalanceerde compositie' of 'een lelijke compositie, waarin de vormen totaal niet met elkaar in verband staan'.

CONCRETE KUNST
Abstracte, vaak geometrische kunst, zonder een representatieve of symbolische inhoud of betekenis behalve het kunstwerk zelf.

CONTRAPOST
Beschrijft de draaiingen of bochten van een menselijke figuur in de beeldhouw- of schilderkunst. Renaissancekunstenaars maakten er vaak gebruik van.

DIEPDRUK
(Zie Intaglio)

DISEGNO
Het ontwerp van het kunstwerk (gewoonlijk in een schets) waarin de vorm en omtrek zorgvuldig zijn geordend om de optimale compositie te verkrijgen. Kleur wordt later aangebracht en is van secundair belang in het proces van disegno. (Zie ook Venetiaanse school, colorist, renaissance, idealisme.)

DROGENAALD
Een diepdrukmethode. Het beeld wordt rechtstreeks met een scherp gereedschap in een koperplaat getekend of gekrast. (Zie Intaglio)

ENVIRONMENTAL-ART
Een kunststroming aan het einde van de twintigste eeuw. Wordt gekenmerkt door aparte omgevingen die opzettelijk zijn gecreëerd door de kunstenaar en die de kijker moet binnengaan om ze te ervaren. Niet te verwarren met land-art.

ETS
Een diepdrukmethode. Een koperplaat wordt met was bedekt, en de kunstenaar krast vervolgens een ontwerp of beeld in de was, waardoor het koper bloot komt te liggen. De plaat wordt dan behandeld met zuur. De blootgelegen delen worden uitgebeten door het zuur en kunnen vervolgens ingeïnkt worden. Hoe langer de blootgelegen gebieden in aanraking zijn geweest met het zuur, hoe donkerder ze worden afgedrukt. (Zie Intaglio)

FANCY PICTURE
Een achttiende-eeuwse term die wordt gebruikt om schilderijen te beschrijven die conventionele, vaak sentimentele taferelen uitbeelden, zoals kinderen die met huisdieren

spelen. Bedoeld om in huis opgehangen te worden.

FIGURATIEF
Een term die wordt gebruikt om kunst te beschrijven die op een realistische manier de natuur en de mens weergeeft.

FOTOREALISME
Een kunstbeweging aan het eind van de jaren zestig van de twintigste eeuw die in Amerika werd ontwikkeld als reactie op het minimalisme en de abstracte kunst. Fotorealisme is een extreme vorm van realisme. De fotorealisten vertrouwen sterk, en overduidelijk, op de fotografie; ze projecteren vaak foto's op doek en schilderen vervolgens een replica van de foto op het doek. Belangrijke kunstenaars zijn: Chuck Close (geb. 1940) en Richard Estes (geb. 1936).

FRESCO
Een muurschildermethode. Het pigment wordt direct aangebracht op natte kalk. Wanneer de kalk opdroogt, hecht de schildering zich aan de muur zelf. De techniek is het succesvolst gebruikt in landen met een droog klimaat, zoals Italië.

GENRE
Genre is Frans voor 'soort' of 'categorie' en is een methode voor het classificeren van verschillende 'typen' kunst. Traditioneel wordt de hiërarchie van genres nu geassocieerd met het academisme van de zeventiende tot de negentiende eeuw. De genrehiërarchie liep van de historieschilderkunst bovenaan, tot landschappen onderaan, via portretten, genrestukken (beelden van alledaagse voorwerpen) en stillevens. Tegenwoordig bestaat er geen hiërarchie van genres meer. (Zie academisme)

GRAFFITIKUNST
Kunst die gebruikmaakt van de stijlen en/of methoden van graffiti, maar die gewoonlijk wordt geëxposeerd in galeries.

GRAND MANNER
Verheven stijl. Achttiende-eeuwse Engelse term voor het genre van de historieschilderkunst. (Zie Genre)

GRAND TOUR
Voornamelijk een achttiende-eeuws Brits fenomeen waarbij rijke of aristocratische mensen, gewoonlijk mannen, Italië rondreisden om hun opleiding in de kunst en cultuur te voltooien.

GRAVURE
Een diepdrukmethode. Een gereedschap wordt gebruikt om in het oppervlak van een metalen plaat te kunnen graveren. (Zie Intaglio)

GULDEN SNEDE
Een verhouding bedacht door de Griekse wiskundige Euclides die in de kunst wordt gebruikt sinds de renaissance. Het is een verdeling van de picturale ruimte, waarbij het kleinere deel hetzelfde proportionele verband heeft met het grotere deel, als het grotere deel met de totale picturale ruimte.

HAPPENING
Een kunstevenement waarin bezoekers actief moeten deelnemen om de kunst te laten 'gebeuren' (happen). (Zie ook Performance-art)

HISTORIESCHILDERKUNST
(Zie Genre)

HOUTSNEDE
De oudste techniek voor het maken van afdrukken. De term wordt vaak in algemene zin gebruikt om elke afdruk van hout te beschrijven. De term verwijst zowel naar het houtblok waar de afdruk op wordt gemaakt als naar de afdruk zelf en moet alleen worden gebruikt om een blok, of afdruk van een blok, te beschrijven waarop de nerf in de lengte van boven naar beneden loopt en niet overdwars van links naar rechts.

ICONOGRAFIE
De studie van de specifieke betekenis van beelden of delen van beelden, inclusief hun symbolische betekenis; in de studie van de iconografie van doornen zou bijvoorbeeld onderzocht worden hoe kunstenaars doornen hebben gebruikt om verschillende soorten symbolische, theoretische of filosofische betekenissen op te roepen.

ICOON
Een religieuze voorstelling bedoeld om bekeken en vereerd te worden als onderdeel van een gebed. Wordt gewoonlijk geassocieerd met de kunst en cultuur van Byzantium.

INSTALLATION-ART
Installation-art kwam op in de jaren zestig van de twintigste eeuw. Het wordt gekenmerkt door kunstwerken die gemaakt zijn voor specifieke omgevingen en die alleen bestaan zolang ze geïnstalleerd zijn. Verzamelbare installaties kunnen op verschillende locaties opnieuw worden geïnstalleerd.

INTAGLIO
Overkoepelende term voor drukmethoden waarbij het oppervlak van een metalen plaat (gewoonlijk koper) wordt bewerkt. Vervolgens wordt inkt aangebracht op de metalen plaat. De inkt verzamelt zich in de markeringen en blijft daar nadat de niet-gemarkeerde delen van de plaat zijn schoongeveegd. Daarna wordt er vochtig papier op de plaat gelegd en er tegenaan gedrukt, zodat het papier het geïnkte beeld van de plaat 'tilt'. (Zie Drogenaald, Gravure, Ets)

INTIMISME
Een kunststijl die verbonden is met de Franse kunstenaars Pierre Bonnard (1867–1947) en Edouard Vuillard (1868–1940) en die wordt gekenmerkt door intieme, huiselijke scènes uit het dagelijks leven, zoals kleding maken, koken en boeken lezen.

JUNK-ART
Kunst gemaakt van afval. De beweging was op zijn hoogtepunt in de jaren vijftig en zestig van de twintigste eeuw en had expliciete kritiek op de dominante commerciële en culturele preoccupaties van de kunstwereld. (Zie ook Installation-art)

KABINETSTUK
Klein schilderij voor de huiselijke omgeving.

KARIKATUUR
Beeld dat de lichamelijke trekken van figuren overdrijft of vervormt voor komische, satirische of andere doeleinden.

KINETISCHE KUNST
Kunst die beweegt, of lijkt te bewegen, en die vaak alleen 'echt' bestaat wanneer ze beweegt.
(Zie Constructivisme)

LAND-ART
Stroming in de beeldhouwkunst van de jaren zestig en zeventig van de twintigste eeuw die vervormde natuurlijke of landelijke landschappen gebruikte om kunst te maken. Omvatte ook het gebruik van natuurlijke elementen zoals modder, takjes en ijs. Verwant aan het conceptualisme.

LANDSCHAP
(Zie Genre)

LITHOGRAFIE
Een drukmethode waarbij het ontwerp of beeld direct op steen of een ander plaatmateriaal wordt getekend met vetkrijt. De plaat wordt natgemaakt voordat hij wordt ingerold met inkt. De inkt hecht zich aan het vettige beeld, maar niet aan de natte plaat. Er kunnen vervolgens afdrukken worden gemaakt door het papier op de plaat te drukken of te rollen.

MAGISCH REALISME
Elke schilderstijl waarbij een naturalistische of fotografische stijl wordt gebruikt voor schilderijen met een bizar of fantastisch onderwerp.

METAFYSISCHE SCHILDERKUNST
Een kunststijl die wordt geassocieerd met de Italiaanse kunstenaar De Chirico (1888–1978) en wordt gekenmerkt door vreemde perspectieven, rare voorstellingen en een sterk gevoel voor de Italiaanse renaissancistische architectuur.

MEZZOTINT
Een drukmethode. Een stukje staalwol wordt gebruikt om een ontwerp in een metalen plaat aan te brengen. De inkt blijft zitten op de plek waar de plaat ruw is, de ruwere gebieden worden donkerder afgedrukt, de mindere ruwe lichter. Deze methode, die ook wel zwartekunst wordt genoemd, wordt gewaardeerd om zijn kleurbereik. Vrijwel verdwenen door de opkomst van de fotografie in de negentiende eeuw.

MODELLO
Een schets voor een groter werk. Gewoonlijk zeer goed afgewerkt om indruk te maken op potentiële klanten.

MONOTYPE
Een drukmethode. Het ontwerp of beeld wordt rechtstreeks op een plaat getekend of geschilderd en vervolgens op papier gedrukt. Gewoonlijk wordt maar één afdruk gemaakt van de plaat, vandaar 'monotype'.

MULTIPEL
Deze term wordt gebruikt voor identieke of vergelijkbare kunstwerken die in grote hoeveelheden worden geproduceerd, soms zonder de directe bemoeienis van de kunstenaar. Multipels waren populair in de jaren zestig van de twintigste eeuw en waren bedoeld om commerciële kunstgaleries te ontwijken.

NABIS
Een groep Franse schilders die aan het einde van de negentiende eeuw actief was in Parijs. Beïnvloed door Paul Gauguin (1848–1903) en geassocieerd met het symbolisme. De belangrijkste kunstenaars zijn Pierre Bonnard (1867–1947), Maurice Denis (1870–1943), Aristide Maillol (1861–1944), Paul Sérusier (1864–1927), Félix Vallotton (1865–1925) en Édouard Vuillard (1868–1940).

NAZARENERS
Een groep Duitse kunstenaars die aan het begin van de negentiende eeuw streefde naar moreelbewuste kunst. Ze bewonderden de Middeleeuwen en waren, net als de prerafaëlieten in Engeland, typerend voor het negentiende-eeuwse mediëvalisme. Belangrijke kunstenaars waren Julius Schnorr von Carolsfeld (1794–1872), Peter von Cornelius (1783–1867), Friedrich Johann Overbeck (1789–1869) en Wilhelm von Schadow (1788–1862).

NEUE SACHLICHKEIT
Nieuwe zakelijkheid. Een stroming in de Duitse kunst van de jaren twintig en dertig van de twintigste eeuw die gekenmerkt wordt door de grote aandacht voor details en gewelddadige sociale satire, waardoor het sterk werd verbonden met het expressionisme, ondanks het gebrek aan een coherente stijl. Belangrijke kunstenaars waren Otto Dix (1891–1969) en George Grosz (1893–1959).

NEW IMAGE PAINTING
Een term die sinds 1970 wordt gebruikt voor kunst die wordt gekenmerkt door ruwe, schetsachtige beelden. Belangrijkste kunstenaar: Philip Guston (1913–80).

NIET-OBJECTIEVE KUNST
Niet-objectieve kunst is abstract en stelt letterlijk niets voor. De term wordt gewoonlijk beperkt tot zeer wiskundige kunst en werd voor het eerst gebruikt door Aleksandr Rodchenko (1891–1956), de aanvoerder van het suprematisme.

OBJET TROUVÉ
Een object dat gevonden is door een kunstenaar en vervolgens is geëxposeerd, zodat anderen kunnen genieten van zijn esthetische kwaliteiten. Gevonden objecten werden voor het eerst tentoongesteld door de dadaïsten die erop gebrand waren het onderscheid tussen kunst en het alledaagse leven af te breken.
(Zie ook Readymade)

OP-ART
Van optical art. Een kunststroming die op zijn sterkst was in de jaren zestig van de twintigste eeuw. De naam van

de beweging is afgeleid van de voorkeur van op-artkunstenaars voor schildertechnieken die laten lijken dat een werk beweegt of flikkert. Op-art wordt gewoonlijk gemaakt om specifieke optische effecten te maken. Belangrijke kunstenaars zijn Bridget Riley (geb. 1941) en Victor Vasarely (1908–1997).

PASTEL
Pigment gemengd met hars of gom om stevige kleurstaafjes te maken waarmee kleur op papier kan worden aangebracht. Het medium stelt kunstenaars in staat rechtstreeks in kleur te werken zonder de lijn- en toonschetsen met potlood.

PERFORMANCE-ART
Verwant aan Happenings (zie eerder). Het kunstwerk bestaat uit het evenement of de performance. Performance-art is vaak extremer dan toneel.

PIËTA
Term uit het Italiaans die 'erbarmen' betekent; verwijst naar een schilderij of beeldhouwwerk dat de maagd Maria toont die het lichaam van de dode Christus vasthoudt.

POST-PAINTERLY ABSTRACTION
Een term bedacht door de Amerikaanse criticus Clement Greenberg om abstracte kunst te beschrijven die kalmer en beheerster was dan het abstract-expressionisme. Belangrijke kunstenaars: Helen Frankenthaler (geb. 1928), Morris Louis (1912–1962) en Kenneth Noland (geb. 1924).

QUATTROCENTO
De vijftiende eeuw (1400–1500). Gewoonlijk gebruikt met betrekking tot de Italiaanse kunst. De zestiende eeuw (1500–1600) wordt het cinquecento genoemd.

READYMADE
Een term bedacht door Marcel Duchamp (1887–1968) die wordt gebruikt om een industrieel of massaal geproduceerd voorwerp te beschrijven dat geëxposeerd wordt in een kunstgalerie, bijvoorbeeld een stoel of een fiets.

REPRESENTATIEVE KUNST
Kunst die we erkennen als imitatie of verwijzing naar het uiterlijk van voorwerpen in de wereld. Representatieve kunst varieert van het naturalisme tot het realisme, en van het impressionisme tot het postimpressionisme. Alle representatieve kunst nodigt een vergelijking van haarzelf uit met het onderwerp zoals het bestaat in de wereld. (Zie ook Abstractie)

ROMAANS
Een architectonische term die verwijst naar de Romaanse invloed op de Europese architectuur, maar ook in bredere zin wordt gebruikt om het effect van dezelfde invloed op de kunst en cultuur in dezelfde periode aan te geven. De Romaanse stijl was tussen 1100 en 1200 dominant in het middeleeuwse Europa.

SCHETS
Een voortekening die wordt gebruikt om de omtrek van een afbeelding op een doek over te brengen voor het schilderen.

SERIËLE KUNST
Een term die soms wordt gebruikt om te verwijzen naar het minimalisme of naar hedendaagse kunstwerken die gemaakt zijn van een serie onderdelen of als onderdeel van een grotere serie werken.

SFUMATO
Deze term beschrijft de manier waarop een kleur of toon verandert in een andere kleur of toon in hetzelfde schilderij.

STICHTERSPORTRET
Religieuze kunst waarin, vanaf de renaissance, de persoon of familie die opdracht gaf tot het kunstwerk afgebeeld wordt als deelnemer aan een geschikte godsdienstige activiteit, zoals naar de kerk gaan of bidden.

STILLEVEN
Schilderij van objecten, variërend van fruit en bloemen tot schalen en violen, gewoonlijk geordend op een tafelblad of in een vensterbank. Op stillevens staat nooit een menselijke figuur, hoewel er vaak wordt gespeeld met de afwezigheid van een gesuggereerde persoon. Een intiem genre dat geschikt is voor meditatieve thema's en subtiele voorstellingen van virtuoze schilderkunst. (Zie ook Genre en Vanitas)

TEMPERA
Een verfsoort gemaakt van pigment gemengd met eiwit. Van 1300 tot 1500 was eitempera het meest gebruikte medium voor het schilderen op paneel; het werd geleidelijk vervangen door olieverf.

VANITAS
Latijnse term die 'vergankelijkheid' of 'ijdelheid' betekent; het is een stilleven waarin een verzameling voorwerpen de sterfelijkheid van de mens en de vluchtigheid van alle aardse geneugten en successen symboliseert. Vooral populair in de Nederlandse en Spaanse kunst van de zeventiende eeuw.

VENETIAANSE SCHOOL
Venetië was een centrum van de Italiaanse renaissance. In tegenstelling tot de Florentijnse kunstenaars, verkozen Venetiaanse kunstenaars kleur- en sfeereffecten boven lijn en vorm. Belangrijke kunstenaars: Giovanni Bellini (ca. 1431–1516), Giorgione (ca. 1476–1510), Tintoretto (1518–1594), Titiaan (ca. 1480–1576) en Veronese (1528–1588).

VERISME
Een extreme vorm van realisme, waarin de kunstenaar als doel heeft uiterlijkheden exact te repliceren zonder artistieke overwegingen.

VERKORTEN
Een methode om voorwerpen af te beelden volgens de regels van het lineaire perspectief. De lengte van een voorwerp wordt verkort om de indruk te geven dat het vanaf één kant wordt bekeken, waardoor de indruk van de kijker wordt versterkt dat het werk ruimtelijk is.

Chronologie van stromingen

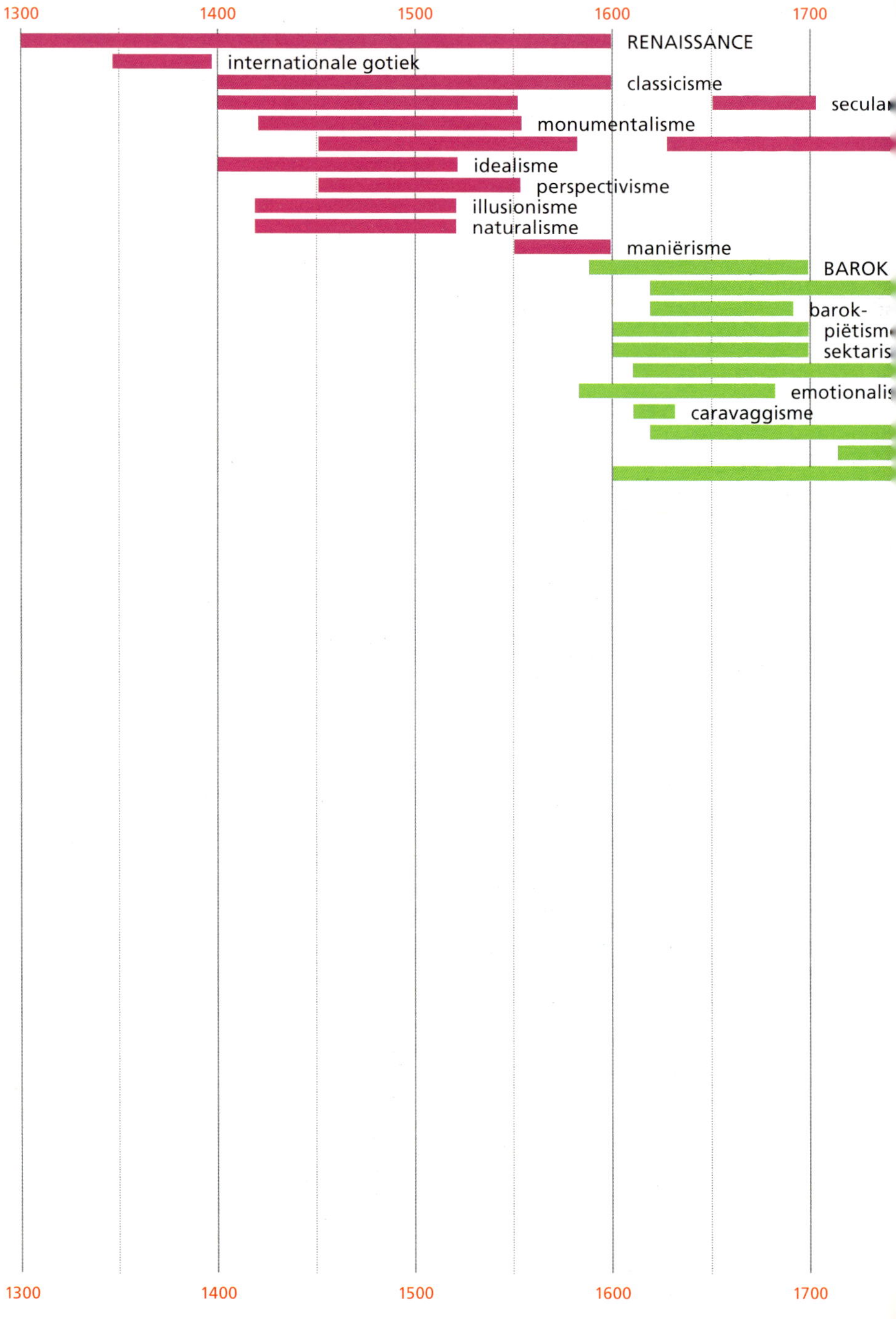

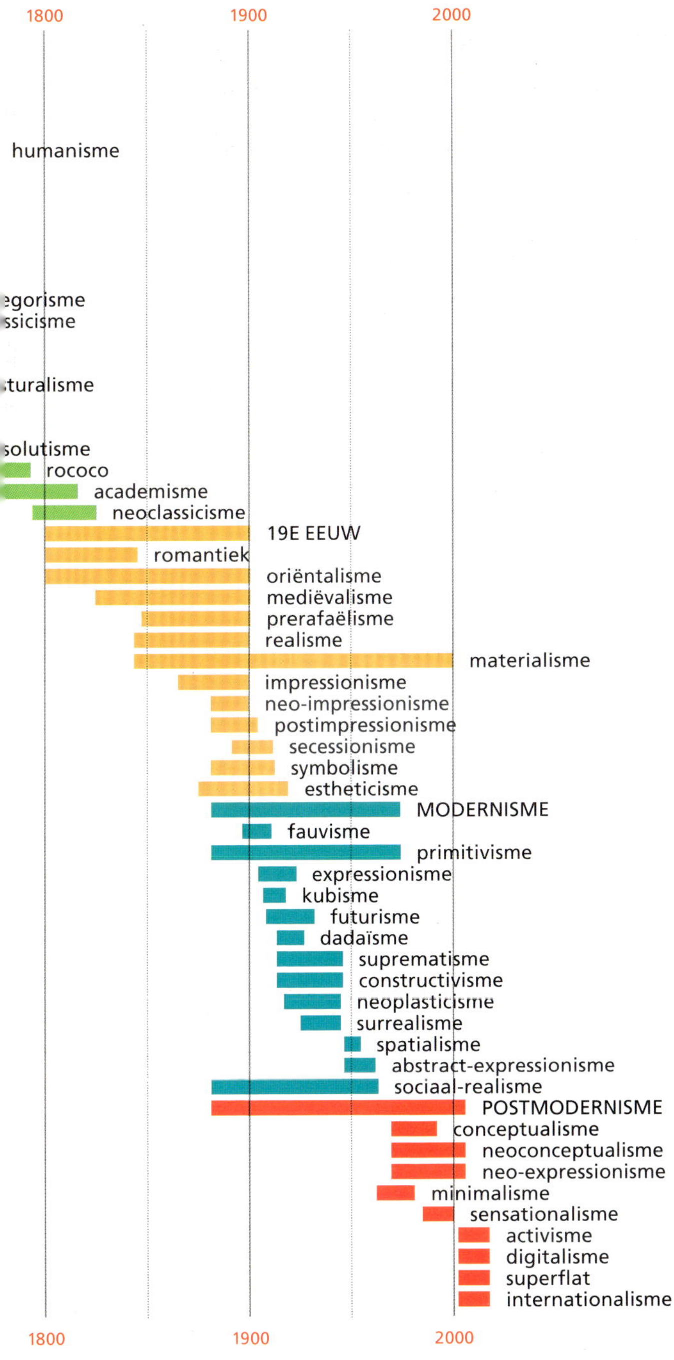
1800
1900
2000
humanisme
egorisme
ssicisme
turalisme
solutisme
rococo
academisme
neoclassicisme
19E EEUW
romantiek
oriëntalisme
mediëvalisme
prerafaëlisme
realisme
materialisme
impressionisme
neo-impressionisme
postimpressionisme
secessionisme
symbolisme
estheticisme
MODERNISME
fauvisme
primitivisme
expressionisme
kubisme
futurisme
dadaïsme
suprematisme
constructivisme
neoplasticisme
surrealisme
spatialisme
abstract-expressionisme
sociaal-realisme
POSTMODERNISME
conceptualisme
neoconceptualisme
neo-expressionisme
minimalisme
sensationalisme
activisme
digitalisme
superflat
internationalisme
1800
1900
2000

Lijst van te bezoeken musea

NATIONAL GALLERY
Londen
internationale gotiek, idealisme, naturalisme, maniërisme, caravaggisme, academisme, neo-impressionisme

TATE GALLERY
(Tate Britain en **Tate Modern, Londen**; **Tate Liverpool)**
mediëvalisme, prerafaëlisme, estheticisme, constructivisme, sociaal-realisme, kubisme, spatialisme, postmodernisme, conceptualisme, neo-expressionisme, minimalisme, sensationalisme, digitalisme, internationalisme

UFFIZI, Florence
renaissance, secularisme, perspectivisme

VATICAAN, Rome:
classicisme, monumentalisme, illusionisme

LOUVRE, Parijs:
humanisme, allegorisme, sektarisme, gesturalisme, absolutisme, rococo, neoclassicisme, romantiek; oriëntalisme

MUSÉE D'ORSAY, Parijs:
realisme, materialisme, impressionisme

PRADO, Madrid:
barok, barok-classicisme, piëtisme, emotionalisme

ÖSTERREICHISCHE GALERIE BELVEDERE,
Wenen
secessionisme

MUSEUM OF MODERN ART,
New York
symbolisme, fauvisme, primitivisme, futurisme, suprematisme, activisme

SOLOMON R, GUGGENHEIM MUSEUM,
New York
postimpressionisme, modernisme, expressionisme, dadaïsme, neoplasticisme, surrealisme, abstract-expressionisme, neoconceptualisme

MUSEUM OF CONTEMPORARY ART,
Chicago
superflat

BELANGRIJK:
Deze lijst is natuurlijk niet compleet; het is slechts een leidraad. De collecties in elk museum en elke galerie hierboven bevatten ook voorbeelden van andere stromingen.

Alle cijfers verwijzen naar paginanummers

De uitgever wil de volgende medewerkers bedanken:

LOUVRE
Parijs
foto's © RMN 26, 49;
foto's © RMN-J.G. Berizzi 10 (detail van 27), 27, 47, 62;
foto's © RMN-R.G. Ojeda 46, 48;
foto © RMN-Jean Schormans 52;
foto © RMN-Hervé Lewandowski 53, 55, 72–73, 142 (detail van 53);
foto © RMN-Gérard Blot 54, 60, 68 (detail van 74), 74;
foto © RMN-Ojeda/Le Mage 61, 63;
foto © RMN-G. Blot/C.Jean 66–67;
foto © RMN-Le Mage: 75

MUSÉE D'ORSAY
Parijs
foto © RMN 84;
foto © RMN-Gérard Blot detail omslag & 70;
foto © RMN-Hervé Lewandowski 71, 80, detail omslag & 81, 82–83, 85

GALERIA DEGLI UFFIZI
Florence
© foto SCALA, Florence 13 (Galeria degli Uffizi © 1990, ter beschikking gesteld door Ministero Beni e Att. Culturali)
© foto Bridgeman Art Library, Londen, omslag (details van 22–23 & 32–33), 14, 20–21, 22–23, 30–31, 32–33

MUSEI VATICANI,
Het Vaticaan, Rome:
© foto Bridgeman Art Library, Londen, detail omslag & 19;
foto © Musei Vaticani 25

NATIONAL GALLERY,
Londen
© National Gallery, Londen, omslag (details van 17, 59 & 86–87), binnenkant omslag (detail van 29), 4 (detail van 38), 16, 17, 28, 29, 36, 37, 38, 39, 40 (detail van 59), 58, 59, 64, 65, 86–87, 107

PALAZZO DUCALE VAN DE FAMILIE GONZAGA
Mantua
© foto Bridgeman Art Library, Londen, detail omslag & 35

MUSEO NACIONAL DEL PRADO, **Madrid**
Alle rechten voorbehouden © Museo Nacional del Prado-Madrid, detail omslag & 43, 44–45, 50, 51, 56, 57

CAMPIDOGLIO
Rome
Foto © Esko Koskimies 24

TATE GALLERY
Londen en Liverpool
© Tate, Londen,omslag (detail van 137), 76, 77, 78–79, 90, 91, 106, 115, 120, 121, 126, 127, 128 (detail van 131), 130, 131, 132, 133, 136, 137, 138, 139, 140–1
Het werk van Naum Gabo © Nina Williams 114

ÖSTERREICHISCHE GALERIE BELVEDERE
Wenen
© foto Bridgeman Art Library, Londen, detail omslag & 88, 89

MUSEUM OF MODERN ART (MOMA)
New York
© Foto SCALA 2003, Florence/MoMA, New York 92 (Lillie P. Bliss Collection), 93 (Schenking van Mr en Mrs H. Irgens Larsen en verworven via de Lillie P. Bliss en Abby Aldrich Rockefeller Funds), 96 (detail van 102),100 (Schenking van Mr en Mrs Peter A. Rübel), detail omslag & 101 (The William S. Paley Collection), 103 (Lillie P. Bliss Collection), 108, 109 (Schenking van Richard S. Zeisler), detail omslag & 112 (Katherine S. Dreier Bequest), 113 (Aanwinst bevestigd in 1999, goedgekeurd door de Estate of Kasimir Malevich en mogelijk gemaakt door fondsen van de Mrs John Hay Whitney Bequest)
MoMA, New York/© foto Bridgeman Art Library, Londen 102

SOLOMON R. GUGGENHEIM MUSEUM
New York
© The Solomon R. Guggenheim Foundation, New York 94 (Thannhauser Collection, schenking, Justin K. Thannhauser, 1978), 95 & detail omslag (Thannhauser Collection, schenking, Justin K. Thannhauser, 1978), 98 (Peggy Guggenheim Collection, Venetië, 1976), 99 (schenking, Solomon R. Guggenheim, 1937), 104 (schenking, Solomon R. Guggenheim, 1937), 105 (Verworven door uitwisseling, 1988), 110 (schenking, Estate of Katherine S. Dreier, 1953), 111, 116, 117 (Peggy Guggenheim Collection, Venetië, 1976), 118 (Peggy Guggenheim Collection, Venetië, 1976), 119 (Peggy Guggenheim Collection, Venetië, 1976), 123 (schenking, Elaine en Werner Dannheisser en The Dannheisser Foundation, 1978), 124–5 (Peggy Guggenheim Collection, Venetië, 1976), 134 (Aangekocht met fondsen van Denise en Andrew Saul en Ellyn en Saul Dennison, 1987), 135 (Thannhauser Collection, schenking, Justin K. Thannhauser, 1978)

De volgende beelden vallen nog onder copyright (copyrighttoestemming verkregen en de uitgever verontschuldigt zich voor eventuele omissies):

© DACS 2004, copyrighthouders in Groot-Brittannië voor kunstenaars wier werk is opgenomen: 93, 96, 100, 101, 102, 106, 108–9, 109, 110, 111, 115, 118, 119, 123, 124–5, 128, 131, 132–3, 133, 138, 139

Dank gaat ook uit naar de volgende kunstenaars en/of hun copyrighthouders:
© Georg Baselitz 136
© John Bratby 127
© Fondazione Lucio Fontana 120, 121
© Nan Goldin 126
© Peter Halley 134
© Damien Hirst 140–1
© Anselm Kiefer 137
© Jeff Koons 130
© Cindy Sherman 135
Wassily Kandinsky © 1912 104
El Lissitzky © 1922 112
Kasimir Malevich © 1918 113
© Cory Arcangel. Met toestemming van Cory Arcangel 142-143
© Marlene Dumas. Met toestemming van David Zwirner, New York 144-145
© 2002 Takashi Murakami/Kaikai Kiki Co., Ltd. Alle rechten voorbehouden.
Foto: MCA Chicago 146-147
© Kader Attia. Beeld © Tate, Londen, 2016 148-149

Oorspronkelijke titel: *...isms. Understanding Art*

tekst: Stephen Little
uitgever, concept en leiding: David Breuer
lay-out: Isambard Thomas
redactie en fotoresearch: Elizabeth Bacon (1e editie) en
Caroline Ellerby (herziene editie)

De hoofdstukken 57-60 in deze herziene uitgave zijn geschreven door Harry Seymour, een historicus, curator, auteur en consultant die samenwerkte met talloze galerieën, musea en die meewerkte aan diverse publicaties.

Productie Nederlandstalige editie:
Textcase, Utrecht
Vertaling: Carlo Gremmen

Printed in China

ISBN 978-90-8998-819-5

Omslagillustraties:

Het Wilton-diptiek (blz. 17)

Rafaël, *De school van Athene* (blz. 19)

Sandro Botticelli, *De geboorte van Venus* (blz. 22–23)

Paolo Uccello, *Episodes uit de Slag bij San Romano* (blz. 32–33)

Andrea Mantegna, *Bruidskamer, Palazzo Ducale van de familie Gonzaga* (blz. 35)

Juan van der Hamen, *Stilleven met zoetigheden en glas* (blz. 43)

Michelangelo Merisi da Caravaggio, *De maaltijd in Emmaüs* (blz. 59)

Paul Gauguin, *Het witte paard* (blz. 70)

Edouard Manet, *Olympia* (blz. 81)

Georges Seurat, *Baders bij Asnières* (blz. 86–87)

Gustav Klimt, *De kus* (blz. 88)

Paul Cézanne, Stilleven: *fles, glas en kruik* (blz. 95)

André Derain, *Brug over de Riou* (blz. 101)

El Lissitzky, *Proun 19D* (blz. 112)

Anselm Kiefer, *Parsifal I* (blz. 137)